Le Dalaï-Lama parle de Jésus

Du même auteur
aux Éditions J'ai lu

LE SENS DE LA VIE

N° 4977

LA VOIE DE LA LUMIÈRE

N° 5370

L'ART DU BONHEUR

N° 5615

L'ART DU BONHEUR - 2

N° 6980

PAIX DES ÂMES, PAIX DES CŒURS

N° 6598

L'ART DE LA COMPASSION

N° 6959

L'HARMONIE INTÉRIEURE

N° 7472

VAINCRE LA MORT ET VIVRE UNE VIE MEILLEURE

N° 7482

SAGESSE DU BOUDDHISME TIBÉTAIN

N° 8622

Le Dalaï-Lama parle de Jésus

Une perspective bouddhiste sur les enseignements de Jésus

Présentation de Jean-Paul Ribes
Préface de Robert Kiely
Introduction du père Laurence Freeman O.S.B.

Traduit de l'anglais
par Dominique Lablanche

J'AI LU

Collection dirigée
par Ahmed Djouder

La traduction de Dominique Lablanche
a été relue par Anne Benson
au nom du comité Padmakara en France

Titre original
THE GOOD HEART

Published by Wisdom Publications, Boston (U.S.A.)
in association with Medio Media, London (England)

REMERCIEMENTS DE L'ÉDITEUR

L'éditeur tient à marquer sa reconnaissance à la Gere Foundation qui a bien voulu aider financièrement la réalisation de ce livre. Depuis des années, Richard Gere soutient les efforts de Sa Sainteté le Dalaï-lama pour mettre un terme aux souffrances du peuple tibétain et pour que leur patrie leur soit restituée. En même temps, Richard contribue à faire connaître le message de responsabilité universelle, de compassion et de paix de Sa Sainteté, dans ses prises de parole publiques et en aidant Wisdom Publications à publier les livres importants de Sa Sainteté. Nous louons ses efforts et apprécions son soutien.

Merci également aux amis et soutiens de longue date de Wisdom, les Drs Pendred E. Noyce et Leo X. Liu pour leur aide financière à la réalisation de ce livre.

Enfin, nous remercions tout spécialement Dom Laurence Freeman, benédictin O.S.B., et la World Community for Christian Meditation de Londres d'avoir confié la publication de cet ouvrage important à Wisdom aux États-Unis et à Brepols en France.

NOTE AU LECTEUR

Ce livre explore les Évangiles avec le Dalaï-lama et les participants du Séminaire John Main 1994. Outre le compte rendu des interventions, on trouvera des éléments d'information sur les traditions chrétienne et bouddhique de manière à en faire un instrument efficace du futur dialogue interreligieux.

La partie centrale du livre est constituée d'une série de commentaires du Dalaï-lama sur des extraits des Évangiles. Chaque chapitre commence par la lecture et le commentaire d'un passage particulier par Sa Sainteté. La traduction française de la Bible choisie est celle des moines de Maredsous (Brepols, 1983).

La présentation de Robert Kiely évoque le climat dans lequel s'est déroulée cette rencontre. La dixième partie de cet ouvrage, écrite par Laurence Freeman, traite des conditions du dialogue interreligieux en général, et du dialogue entre chrétiens et bouddhistes en particulier.

Occasionnellement, apparaît la voix d'un narrateur qui décrit la scène (en italique dans le texte). Il s'agit de Robert Kiely qui a rendu compte des quelques temps forts qui ont ponctué le séminaire. À la fin de certains chapitres, on trouvera les comptes rendus des discussions entre des intervenants dont les noms sont mentionnés.

Dans la dernière partie du livre, des informations complémentaires permettent d'approfondir la compréhension des deux traditions spirituelles. Le père Laurence a rédigé la section intitulée « Le Contexte chrétien » où il donne une interprétation chrétienne des passages commentés par le Dalaï-lama, et le « Glossaire des termes chrétiens » apparaissant dans le dialogue.

Geshe Thupten Jinpa, l'interprète du Dalaï-lama, a rédigé la section intitulée « Le Contexte bouddhiste » qui présente quelques concepts centraux du bouddhisme, et le « Glossaire des termes bouddhiques ».

Tout au long du livre, mais surtout dans la dernière partie, des termes tibétains et sanskrits sont employés. La plupart du temps, les termes sanskrits ont été restitués sous leur forme savante appropriée, à l'exception des noms propres dont l'orthographe vise à faciliter la prononciation. Les termes tibétains sont orthographiés phonétiquement, dans le même but. Les orthographes savantes de tous les noms, propres et communs, figurent dans le « Glossaire des termes bouddhiques ».

Le tableau ci-contre aidera à prononcer les termes sanskrits.

SANSKRIT	FRANÇAIS	SANSKRIT	FRANÇAIS
a	a	ā	a long
i	i	ī	i long
u	ou	ū	ou long
ṛ et ṝ	r	ḷ et ḹ	l
ṃ	m	ṅ	ng
c et ch	tch	ñ	gn
ṭ, ṭh, t et th	t	ḍ	d
ṇ	n	ś et ṣ	ch

PRÉSENTATION

Un homme parle. Sa voix est celle d'une tradition spirituelle plus de deux fois millénaire, le Dharma, la « bonne loi » enseignée par le Bouddha.

Autour de lui sont rassemblés des disciples du Christ. Ils l'ont invité à lire et à commenter « la bonne nouvelle », l'Évangile annoncé par Jésus.

Entre eux naît plus qu'un dialogue ; voici un de ces moments privilégiés où l'unité fondamentale du genre humain s'affirme et se ressent, par les mots aussi bien que dans le silence.

Il n'est pas question de gommer ou d'occulter ses différences mais de les célébrer, sachant qu'à travers elles de nouvelles convergences, voire des complémentarités viendront se dessiner.

Le yack doit rester yack et le mouton doit garder sa tête de mouton, comme le rappelle un proverbe tibétain, cité par le Dalaï-lama. Mais vouloir faire de sa diversité richesse, trouver au sein du multiple la même quête de l'unique, esquisser une « ère de l'Esprit » loin des lieux communs, des sectarismes ou des afféteries à la mode, retracer en commun les sentiers anciens du voyage intérieur, sans pour autant refuser le monde moderne, le monde tel qu'il est, est-ce pure folie ? Sans doute. Mais le miracle de la simplicité, de la véracité qui vainc tous les obstacles, malgré la condescendance des uns ou les réticences des autres se met à opérer. Ce livre en est le produit. Il nous prouve l'existence d'un antipode au continent intégriste et à ses prosélytes ; un pays où l'universel refuse d'être l'uniforme et où les identités, même gravement menacées, récusent l'usage de la violence comme moyen de leur survie.

Ce propos s'adresse tout d'abord aux chrétiens et aux bouddhistes. L'esprit de la rencontre d'Assise dès 1986 avait donné le ton ; voici la méthode en application.

En clair : après vingt siècles de piètre communication, souvenons-nous des erreurs et des contresens sur le bouddhisme qui prévalurent de Rubrouck jusqu'à des temps extrêmement récents. On va suspendre tout jugement *a priori,* toute idée reçue pour s'exercer à une lecture en commun d'un texte fondamental : l'Évangile. On ne s'attardera guère sur l'historicité des messagers pour s'attacher entièrement au message. Non qu'il soit sans intérêt de rechercher dans l'histoire les traces et les échos que les paroles de l'Ainsi-venu (Tathagata) ont suscités dans la Palestine qui verra naître Jésus, et plus généralement dans la Méditerranée gréco-romaine. De jeunes chercheurs en histoire ou en philosophie y travaillent. Il s'agit ici d'une autre urgence. Un peu comme dans la parabole utilisée par le Bouddha, qui parle de cet homme atteint par une flèche et qui s'écroule à nos pieds. Irons-nous rechercher l'identité du tireur ? celle de l'armurier ? la qualité du bois dont est faite la flèche ? Non. Il nous faut immédiatement trouver un remède à la souffrance du blessé.

Eh bien là, nous pouvons dire que chrétiens et bouddhistes se retrouvent.

Entre le Rédempteur venu alléger le fardeau des humains en pardonnant les péchés du monde et le Bienheureux enseignant les Quatre Nobles Vérités et l'Octuple sentier pour sortir du cycle de la souffrance, on reconnaîtra, au moins, une certaine communauté d'intention.

Plus précisément lorsque Jésus le thaumaturge relève les paralysés ou console les lépreux, ne leur dit-il pas : « Va, tes péchés te sont remis » ?

En d'autres termes : « Te voici à nouveau doté de l'esprit infiniment pur des origines, ton corps en témoigne. » Cette croyance en la pureté et en la liberté originelles de l'esprit est à la base de toute méditation bouddhiste. Beaucoup de chrétiens la partagent.

Thomas Merton, moine trappiste, affirme : « Au centre de notre être se trouve un lieu de pure lumière, un lieu inviolé par le péché ou l'illusion. »

Les lecteurs remarqueront sans doute avec quelle insistance le Dalaï-lama et ses interlocuteurs s'attachent à comparer, encore une fois sans les confondre, cette « étincelle divine » qui gît en chaque créature, du moins pour ceux qui s'affirment enfants d'un Dieu créateur, et cette « étincelle d'éveil », la bodhi, présente, pour les bouddhistes, chez tous les êtres sensibles.

C'est qu'en effet s'il nous faut cheminer ensemble à la recherche de l'Esprit, ni la lecture des textes ni le commentaire, nous le savons, n'y suffiront.

Le sceau de l'esprit est à l'intérieur, dans la profondeur silencieuse de chacun. Il ne peut être atteint que par la méditation.

Il est facile de souligner que ni le Bouddha ni le Christ n'ont écrit ; ils ont laissé à leurs disciples le soin de transcrire le message *tel qu'ils l'avaient perçu,* avec toute leur humanité. Ainsi devons-nous à notre tour retrouver le message en nous-même : en deçà et au-delà de l'écrit. Cette limite au *logos* (fût-il théologique) dont les chrétiens admettent l'existence, puisqu'il fallait que le Verbe se fît chair, qu'on l'appelle mystère, apophatisme ou tout simplement nécessité de l'expérience, me semble une des leçons majeures de cette rencontre. La capacité d'éveiller le « quelque chose au-delà des mots » fait évidemment partie du rayonnement spirituel des maîtres accomplis.

Avec beaucoup de modestie le Dalaï-lama affirme souvent que l'ayant peu étudié il connaît mal le Christianisme, même si ses rencontres avec des chrétiens se sont multipliées au cours de ces dix dernières années. Pourtant nous le voyons entrer de plain-pied, sans fausses pudeurs, dans la logique de l'Évangile, comme si la parole de Jésus lui était familière et que le langage des paraboles n'avait pour lui aucun secret. Et cette aisance qui touche si fortement les auditeurs présents est en fait infiniment révélatrice de l'intention commune qui peut animer les pratiquants d'une voie spirituelle authentique. L'empathie apporte à l'évidence ici ce que le logos évoqué plus haut pourrait parfois laisser dans l'ombre.

Pour moi, qui n'ai pas suivi ce séminaire, mais qui me souviens des heures passées à l'écoute du maître tibétain, il résulte de ce livre un véritable enthousiasme pour l'action spirituelle. Deux mots que l'on serait *a priori* tenté d'opposer. Non. Méditer c'est agir, et parfois agir c'est méditer. Jamais cela ne m'a paru plus clair. Tout comme le retrait du monde est parfois le chemin le plus rapide et le plus nécessaire pour le retrouver dans sa réalité, chargé de sens, d'équilibre, de goût.

L'idée de pèlerinages communs aux grandes traditions, parfaitement enthousiasmante elle aussi, ne pouvait venir que du fils de ce pays nomade, le Tibet, que les pratiquants traversent parfois en touchant le sol du front après chaque enjambée.

Cette terre de l'Esprit libre est aujourd'hui meurtrie, occupée, étouffée par des « campagnes de rééducation patriotique » menées par des commissaires chinois qui ne tolèrent ni liberté de conscience ni affirmation de l'identité tibétaine.

Ce Tibet et ses habitants ont besoin de notre soutien, nous rappelle avec discrétion le Dalaï-lama. Sa spiritualité, ajoute-t-il, si elle arrive à survivre à la menace profitera non seulement aux Tibétains, « mais contribuera grandement au bien-être du peuple chinois ». Aimez vos ennemis, priez pour ceux qui vous maltraitent et vous persécutent, dit le Christ (Matthieu 5, 43-48).

Au-delà de l'impressionnant exercice de style qu'il nous offre, c'est à notre contribution joyeuse et aimante à l'exercice de vie que ce livre nous aide à faire face.

Jean-Paul Ribes
Président du Comité de soutien
au Tibet en France

PRÉFACE

Ce qu'il y a de rassurant, entre autres choses, chez Sa Sainteté le quatorzième Dalaï-lama, Tenzin Gyatso, c'est qu'en dehors des temps de méditation, il semble incapable de rester assis sans bouger. S'exprimant dans l'amphithéâtre de la Middlesex University à Londres en septembre 1994, devant un auditoire de trois cent cinquante chrétiens auxquels s'était jointe une poignée de bouddhistes, son corps et son visage étaient l'illustration même de la doctrine bouddhiste du flux perpétuel. Non seulement ponctuait-il ses remarques de gestes appuyés de la main, de légers sourires, de mouvements de sourcils et de grands éclats de rire, mais il était constamment en train de replier ou d'agiter les extrémités des manches de son habit marron, de saisir le bras des invités assis à ses côtés sur l'estrade, de faire signe à des amis dans la salle, ou de feuilleter son programme pendant que son interprète rapportait un long propos.

Le prétexte de cette rencontre, que l'on peut sans exagération qualifier d'historique, était le John Main Seminar, un colloque annuel organisé par la World Community for Christian Meditation[1] en mémoire de John Main, le moine bénédictin irlandais qui enseigna la méditation selon la tradition de Jean Cassien et des Pères du désert, et qui fonda des centres de méditation chrétienne dans le monde entier. Chaque année des centaines de méditants originaires de presque tous les continents – principalement mais non exclusivement des catholiques romains et des anglicans – se réunissent pour assister à des conférences sur un certain nombre de sujets : éthique, spiritualité, écriture sainte, dialogue interconfessionnel et prière. Plusieurs personnalités ont ainsi animé ces rencontres au cours des années passées : Charles Taylor, philosophe canadien ; le frère Bede Griffiths, bénédictin anglais et fondateur d'un ashram en Inde ; et Jean Vanier, fondateur de L'Arche, le groupement de communautés chrétiennes laïques partageant leur vie avec des handicapés[2].

L'invitation adressée au Dalaï-lama à venir commenter pour la première fois en public les Évangiles, émanait de Dom Laurence Freeman, moine bénédictin, diplômé d'Oxford en littérature et moine du prieuré bénédictin olivétain de Cockfosters à Londres. Laurence Freeman a été le conférencier le plus actif et le plus marquant de la Communauté depuis la mort de Main en 1983.

Le Dalaï-lama reçut au préalable huit passages des écritures chrétiennes, parmi lesquels les Béatitudes et le Sermon sur la Montagne (Matthieu 5), la parabole du grain de sénevé sur le Royaume de Dieu (Marc 4), la Transfiguration (Luc 9) et la Résurrection (Jean 20). Toute liberté lui fut laissée dans la manière de présenter son commentaire. On l'avertit simplement que son auditoire serait composé de chrétiens (catholiques romains, anglicans et protestants[3]), anglophones pour la plupart et originaires de tous les continents et, à quelques exceptions près, pratiquant tous quotidiennement la méditation silencieuse.

Le Dalaï-lama n'étant pas seulement un chef religieux mais aussi un chef d'État, beaucoup craignaient, tout en souhaitant vivement l'entendre, qu'il ne puisse se dégager de l'emprise des journalistes et des collaborateurs de son entourage, pour se livrer en toute simplicité d'esprit et de cœur.

Le Dalaï-lama dissipa rapidement ces craintes, au surplus avec une aisance stupéfiante. Chaque matin de bonne heure, avant de prendre le petit déjeuner et d'entamer le programme chargé de la journée, il entrait avec ses moines dans la salle du séminaire plongée dans la pénombre et, en compagnie des chrétiens présents, il s'asseyait dans une immobilité parfaite et méditait pendant une demi-heure. Dans le silence, seulement rompu de temps à autre par un bruissement ou une toux, l'inquiétude cédait la place à un lien de confiance et d'accueil de ce qui allait advenir. Enfin, il penchait sa tête rasée sur le texte et, le suivant du doigt mot à mot à la manière des rabbins, il lisait : « Heureux ceux qui sont doux... Heureux les cœurs purs... Heureux les persécutés pour la justice... » On sentait l'assistance émue, presque bouleversée par la puissance de ces mots familiers remodulés et réaccordés par une voix tibétaine et une sensibilité bouddhiste.

Conscient des ravages opérés par la Chine sur la culture et le peuple tibétains et des propres souffrances du Dalaï-lama en tant que réfugié et exilé, il était impossible de ne pas percevoir les résonances déchirantes d'une telle lecture. Mais si critique que puisse être la situation politique, on sentait que ces trois jours de rencontre dépassaient le seul plan historique. Tous, nous étions venus écouter un maître spirituel et il nous était donné de vivre un événement profondément religieux, certes inscrit dans l'histoire, mais de portée plus large.

Le cadre régissant les rencontres du séminaire était suffisamment souple pour que s'instaure une atmosphère simple et détendue. Les sessions commençaient par un temps de méditation, puis Sa Sainteté lisait en anglais un passage de l'Écriture et le commentait. Venait ensuite un moment de discussion avec des invités, et la séance se terminait par des psalmodies et des prières. Après le déjeuner, une nouvelle séance reprenait selon un schéma identique. Mais cette description ne rend pas compte de l'état d'esprit et du climat réels de ces discussions. Au cours des lectures et des commentaires, le Dalaï-lama était assis à une table basse, entre deux autres personnes. À sa gauche, dans son habit blanc de bénédictin, se tenait Laurence Freeman qui tantôt prenait des notes, tantôt acquiesçait d'un signe de tête, souriait ou interrogeait du regard – exprimant inconsciemment les réactions de la salle. À sa droite se tenait Geshe Thupten Jinpa, le jeune et frêle moine bouddhiste tibétain en habit écarlate qui traduisait ses propos. Calme, concentré, attentif et parfaitement à l'aise, il traduisait le tibétain presque simultanément dans un anglais fluide. Son tact et sa modestie, appliqués à servir le maître sans aucune trace de servilité, ont été pour tous un exemple constant de concentration quasi parfaite et de dignité effacée.

De par cette organisation, et peut-être aussi à cause du comportement et de la manière de s'exprimer du Dalaï-lama, ce qui se présentait comme un monologue se transforma en réalité en dialogue et même, plus souvent, en conversation à trois. Ni Dom Laurence ni Jinpa n'interrompaient le cours de ses propos, mais ils s'y trouvaient spontanément intégrés par Sa Sainteté qui, dans sa fougue, allait et venait de l'un à l'autre, quêtant une réaction, corrigeant une phrase, levant un sourcil interrogateur, ou détendant l'atmosphère par un rire. Au cours des discussions de groupe, où deux membres de l'assemblée étaient invités à prendre place sur l'estrade pour poser des questions, le fil serré de l'entretien éclatait en brins, divers mais solidaires, de pensée, de langue, d'accent, d'âge, de sexe, de tempérament et de croyance religieuse ;

l'échange n'était cependant jamais confus. En tant qu'exilé et maître bouddhiste, le Dalaï-lama ne craint pas le changement ; il est même capable de calmer la nervosité des Occidentaux perdus dans les courants dérivants et inconnus. Comme tous les grands maîtres, il possède également l'art d'extraire de la conversation une bonne idée qui flottait inaperçue, sous la surface.

On a dit du Dalaï-lama qu'il était un homme simple. Bien que cela puisse passer pour un compliment, il est difficile de ne pas rattacher de jugement à l'attitude plutôt condescendante des Occidentaux vis-à-vis des religions et des cultures de l'Orient, ne voyant en elles que traditions exotiques et primitives sur le plan philosophique. Dans la mesure où il se montre direct, chaleureux et cordial, on peut dire en effet que le Dalaï-lama est un homme « simple ». Mais pour le reste, c'est un être subtil, vif, complexe, d'une intelligence et d'un savoir peu communs. Grâce à lui, trois qualités sont venues rehausser le discours spirituel. Ces qualités, tellement rares aujourd'hui dans les cercles chrétiens que l'assemblée en fut saisie de gratitude et de soulagement, sont la douceur, la clarté et le rire. S'il y a du bénédictin en lui, on y trouve également du franciscain, et une pointe de jésuite[4].

Dès le départ, il mit son auditoire à l'aise en déclarant avec calme et douceur que son intention n'était pour rien au monde de « semer le doute » dans l'esprit des chrétiens au sujet de leur foi. Sans cesse, il recommanda d'approfondir la connaissance, et de se pénétrer de la valeur de ses propres traditions, soulignant que les sensibilités humaines et les cultures sont trop diverses pour justifier un « chemin » unique vers la Vérité. Avec douceur, mais constance et fermeté, il rejeta les suggestions selon lesquelles le bouddhisme et le christianisme seraient des langues différentes qui parlent des mêmes croyances essentielles. Concernant l'éthique et l'importance accordée à la compassion, la fraternité et le pardon, il admit des similitudes. Mais dans la mesure où le bouddhisme ne reconnaît ni dieu créateur ni sauveur personnel, se prétendre « bouddhiste-chrétien » c'est vouloir « greffer une tête de yack sur le corps d'un mouton ».

Jamais au cours des longues séances passées à lire et à commenter des textes d'une grande complexité théologique et à répondre à des questions délicates, le Dalaï-lama ne s'est départi de son étonnante clarté d'esprit. À un moment, il présenta les pratiques méditatives du bouddhisme mahayana comme des disciplines visant à maintenir la conscience éveillée et concentrée, et non « dispersée » ou « affaissée » dans la torpeur. Une des formes de respect qu'il témoigna pour son auditoire fut de lui accorder son attention. Il est rare qu'une personnalité, même religieuse, n'ait pas recours à un moment ou à un autre à des réponses « toutes faites ». Il arrive très probablement au Dalaï-lama de ne pas faire exception à la règle, mais il apparut clairement que sa présence de chaque instant aux Évangiles et à l'assemblée, à la fois de cœur et de raison, avait une régularité dans l'intensité dont peu de personnes sont capables. À la question de savoir quelles pratiques communes pouvaient réunir des fidèles professant des fois différentes sans mélanger des yacks et des moutons, il conseilla l'étude, la méditation et les pèlerinages. Il déclara ensuite être allé à Lourdes et avoir trouvé en ce lieu un tel rayonnement du sacré qu'il se prosterna et pria « tous les êtres saints » afin qu'ils conservent à ce lieu sa puissance de guérison. En ces instants, l'assemblée avait le souffle coupé, saisie de surprise et de plaisir devant ce geste de vénération à la fois si pur et si rigoureusement fidèle à la tradition bouddhique dont il était issu.

Dans ses réflexions sur la Transfiguration, il offrit un savant exposé sur la conception bouddhiste des miracles et des émanations surnaturelles. Sans la moindre trace de dogmatisme ou de piété sentimentale, il fit état d'une vieille tradition qui a su depuis longtemps adapter à un système hautement rationnel d'autodiscipline et de psychologie les témoignages d'expériences dépassant les limites habituelles de la raison et de la nature. Il nia modestement avoir fait lui-même de telles expériences, mais n'y voyait pas une raison de contester leur authenticité. En écoutant ces propos, les siècles de querelles chrétiennes sur les miracles et leurs explications possibles paraissaient pure folie.

Son interprétation de la rencontre de Marie-Madeleine et de Jésus dans le récit de résurrection rapporté par saint Jean fit monter les larmes aux yeux de beaucoup. Il serait difficile de dire exactement pourquoi. Certains eurent l'impression d'entendre ces mots pour la première fois, comme si leur tendresse, leur mystère et leur beauté, oubliés à force d'habitude, étaient rendus à la vie, tel un cadeau apporté par un messager qu'on n'attendait pas.

Confrontés au paradoxe philosophique ou religieux, ou à l'indicible, les Occidentaux deviennent graves. Les bouddhistes à l'évidence disposent d'un large éventail de réactions, et celle qui insuffla de l'entrain à cette conférence fut le rire. Le Dalaï-lama aime faire des plaisanteries sur les moines, les yacks, la réincarnation et les visions, mais souvent, un geste, une expression ou une pause dans le cours de la discussion – moment de gêne éventuelle – déclenchent chez lui des cascades d'un rire contagieux. Vers la fin du séminaire, alors que tout le monde commençait à sentir la fatigue de tant d'émotion concentrée, son magnifique interprète, Jinpa, le jeune moine qui avait gardé un calme surhumain tout au long de ces journées fut pris d'un rire incontrôlable qui le secouait de la tête aux pieds alors qu'il tentait de traduire une anecdote rapportée par Sa Sainteté. Répondant à la remarque selon laquelle certaines personnes ne pourraient pas méditer faute de temps, Sa Sainteté raconta l'histoire d'un moine qui promet à son élève de l'emmener en pique-nique, mais qui n'a jamais le temps de tenir sa promesse. Un jour, ils voient une procession marchant derrière un cadavre. « Où va-t-il ? » demande le moine à son disciple. La chute, que tout le monde attendit pendant cinq bonnes minutes, le temps que le traducteur, l'assistance et le quatorzième Dalaï-lama se reprennent, était : « En pique-nique. »

Pour beaucoup de chrétiens, une conférence œcuménique, ou une messe, ce n'est pas un pique-nique. Mais il va de soi que la fête fait autant partie de la réalité et du symbolisme chrétiens que de ceux des autres religions. À cet égard, écouter le Dalaï-lama commenter les Évangiles fut une vraie fête. Chacun était frappé et surpris de voir à quel point « l'étranger » l'avait ému. L'exilé, l'homme dépourvu d'autorité sur les chrétiens hormis celle reçue de l'Esprit, était capable de montrer aux hommes de toutes les confessions les richesses de leur propre banquet.

Robert KIELY
Cambridge, Massachusetts

LE DIALOGUE INTERRELIGIEUX ET LES RELATIONS ENTRE BOUDDHISTES ET CHRÉTIENS

Père Laurence Freeman : En septembre 1994 à Londres, Sa Sainteté le Dalaï-lama dirigea le John Main Seminar, une rencontre spirituelle annuelle en l'honneur du moine bénédictin John Main dont le père Bede Griffiths a dit un jour qu'il était le guide spirituel le plus important de l'Église d'aujourd'hui.

Le Dalaï-lama et Dom John Main ne se sont rencontrés que deux fois. La première rencontre eut lieu en 1980 dans la cathédrale catholique de Montréal au Québec où l'on avait demandé à Dom John d'accueillir le leader tibétain en tant que moine frère, au début d'une grande soirée interconfessionnelle. Lors des réunions de préparation de cette soirée, je me souviens que le père John plaida vigoureusement pour qu'un grand moment de méditation silencieuse soit inclus dans le programme. Les chefs religieux présents, de l'archevêque au sorcier indien d'Amérique, devaient se témoigner leur amitié et réciter de belles prières. Des chants et des psalmodies étaient prévus, et la cathédrale elle-même resplendissante des beautés de l'art chrétien apporterait son concours à cette soirée. Mais les organisateurs étaient inquiets à l'idée d'introduire vingt minutes de silence au milieu d'une cérémonie publique de cette ampleur. Le père John insista et finit par avoir gain de cause.

Après la cérémonie, le Dalaï-lama chercha à rencontrer le moine bénédictin qui l'avait accueilli pour lui dire combien le fait pour lui inhabituel de méditer dans une église l'avait impressionné. Témoin de leur entretien, je voyais bien qu'une grande affinité liait les deux hommes. Les propos qu'ils échangeaient étaient assez banals, mais je sentais qu'ils exploraient un niveau de dialogue plus profond, silencieux. Le père John invita ensuite le Dalaï-lama à venir visiter, en ville, la petite communauté bénédictine de fondation récente, qui se consacrait à la pratique et à l'enseignement de la méditation selon la tradition chrétienne. À l'époque, nous habitions en banlieue dans une petite maison, entourés d'une nombreuse communauté laïque vivant dans des appartements. C'était un nouveau mode de monachisme urbain qui puisait ses forces vives et son projet dans la redécouverte de la méditation selon la tradition spirituelle chrétienne.

Qu'allait en penser le Dalaï-lama, lui qui, selon toute vraisemblance, avait en tête des images de monastères chrétiens médiévaux ? Hésitant, son secrétaire intervint pour dire que malheureusement l'emploi du temps de Sa Sainteté était trop chargé et ne lui permettait pas d'accepter. Je n'étais pas surpris. Mais ensuite, le Dalaï-lama se tourna vers son secrétaire et déclara sur un ton qui, sans rien perdre de sa douceur, avait gagné en force, qu'il était décidé à accepter l'invitation et qu'il fallait s'arranger pour l'insérer dans son emploi du temps. Le Dalaï-lama insista et eut gain de cause. Le père John et lui échangèrent un regard, se sourirent et se séparèrent.

Le dimanche suivant, quelques heures après le passage de la police montée canadienne qui visita les lieux de fond en comble, le cortège de limousines du Dalaï-lama s'arrêta devant la maison de la communauté. Sa Sainteté se joignit à nous pour la méditation de midi dans notre petite salle réservée à cet effet, et ensuite partagea notre repas. Nous mangeâmes comme d'habitude en silence. Après le déjeuner, il y eut un moment de conversation, puis le père John et le Dalaï-lama se retirèrent pour parler en privé. Avant de partir nous lui fîmes don d'un exemplaire de la *Règle de saint Benoît* et il offrit au père John la traditionnelle écharpe tibétaine de soie blanche en signe de respect[5]. Le Dalaï-lama s'en alla et le père John reprit son travail de fondation de la Christian Meditation Community. Après cet après-midi d'automne de 1980, les deux hommes ne se revirent plus.

Entre cette rencontre et notre invitation de 1993, beaucoup de choses s'étaient passées. Le père John était décédé en 1982 à l'âge de cinquante-six ans, alors que la Meditation Community était à peine fondée. Mais son enseignement commençait à se répandre dans l'Église et le mouvement se poursuivit dans les années qui suivirent, nourrissant et approfondissant la vie spirituelle d'un grand nombre de chrétiens. Vingt-cinq centres avaient vu le jour, et plus d'un millier de petits groupes hebdomadaires de méditation destinés à soutenir la pratique individuelle de chacun s'étaient constitués dans plus d'une centaine de pays. Le centre international de la World Community for Christian Meditation qui avait été fondée aux États-Unis lors du séminaire de 1991 à New Harmony, Indiana, conduit par le père Bede Griffiths, moine bénédictin et pionnier du dialogue interreligieux, avait ouvert ses portes à Londres. Les séminaires précédents avaient été dirigés par la spécialiste en sanskrit, Isabelle Glover ; le philosophe Charles Taylor ; le critique littéraire Robert Kiely ; la psychologue et sœur de Saint-Joseph, Eileen O'Hea ; le professeur John Todd ; le fondateur de L'Arche, Jean Vanier ; et le chercheur et théologien jésuite, William Johnston[6].

En guise de réponse à notre invitation, je fus surpris et heureux de recevoir un petit mot personnel du Dalaï-lama disant qu'il gardait le souvenir de sa rencontre avec John Main, treize ans auparavant, se réjouissait de la croissance de la communauté à travers le monde, et se déclarait heureux et honoré de diriger le prochain séminaire. La brève rencontre des deux moines, longtemps auparavant, nous offrait une chance merveilleuse. Comment allions-nous la saisir ?

Plusieurs raisons nous avaient conduits à faire cette proposition à Sa Sainteté, premier non-chrétien invité à diriger le séminaire. Sa rencontre avec Dom John, même brève, avait été capitale. Elle avait mis en lumière l'importance de développer le dialogue entre chrétiens et bouddhistes à un niveau plus profond, un niveau rendu possible et accessible à tous grâce à la méditation. Quelque chose est touché dans le partage en commun d'un profond silence, quelque chose que les mots peuvent approcher sans jamais réussir à l'exprimer tout à fait. Notre choix s'était également porté sur le Dalaï-lama parce qu'il était devenu l'un des maîtres spirituels contemporains les plus aimés et les plus abordables. L'agonie du Tibet, qui l'accompagne en permanence, l'a élevé à une charge spirituelle globale où les valeurs religieuses universelles de paix, de justice, de tolérance et de non-violence trouvent leur incarnation joyeuse et malgré tout éminemment sérieuse. Ce fait est apparu clairement quand Sa Sainteté a lu à haute voix les Béatitudes lors de la première séance. Tout le monde a senti qu'elles prenaient une autre dimension entre ses lèvres ; celle de vues pénétrantes dont il avait personnellement fait l'expérience.

En cherchant le moyen approprié de saisir cette occasion, la réponse vint d'elle-même : laisser faire. Nous étions en présence d'une situation inédite. Un séminaire au cours duquel le Dalaï-lama passerait trois jours avec un groupe réunissant des méditants chrétiens engagés sur une voie spirituelle et leurs amis non chrétiens tout aussi profondément engagés était trop exceptionnel pour organiser un habituel groupe de discussion interreligieux. J'avais informé Sa Sainteté que nos séminaires comprenaient des temps de méditation et des temps de dialogue. Nous devions méditer ensemble trois fois par jour, et ces moments ne seraient pas sacrifiés ; ils constituaient le noyau de la rencontre. Naturellement, il n'avait aucune objection à ce propos. Le problème n'était plus de rester silencieux, mais de trouver un sujet de discussion.

Nous passâmes en revue les thèmes philosophiques et religieux généralement abordés dans ce genre de rencontre entre bouddhistes et chrétiens, et nous pensâmes qu'ils ne rendaient pas justice au caractère exceptionnel de la rencontre. Puis nous décidâmes de nous jeter à l'eau. Nous offririons à Sa Sainteté ce que les chrétiens ont de plus précieux, de plus saint et de plus profond : nous lui demanderions de commenter les Évangiles. Il accepta sans hésitation, faisant seulement remarquer que, bien évidemment, il connaissait mal ces textes. Je vis dans sa remarque un signe des plus émouvants de sa confiance en soi et de son humilité.

Deux ou trois ans plus tôt à Londres, donnant une série de conférences sur la philosophie bouddhiste, il avait stupéfié son auditoire par sa rigueur intellectuelle et l'étendue de son savoir. N'importe quel savant aurait été fier de cette réussite. Maintenant, il acceptait volontiers de se présenter devant un auditoire chrétien, certes indulgent et contemplatif, pour parler d'un domaine qu'il connaissait très peu – c'est du moins ce qu'il prétendait avec le sourire. L'idée une fois acceptée, le séminaire fit naître de grands espoirs. De part et d'autre la foi se trouvait engagée, et l'issue était incertaine. Nous ne doutions pas que le temps de méditation, de présence partagée, était en lui-même de première importance. Tous ceux qui ont pu rester un moment avec le Dalaï-lama savent que sa présence irradie la paix, la profondeur et la joie. Mais même avec le Dalaï-lama, le séminaire, en ce qui concerne le dialogue, pouvait tourner au fiasco.

Tout au contraire, la version 1994 du séminaire, intitulée *The Good Heart* – le bon cœur –, fut un succès d'une ampleur que nous n'escomptions pas. Ceci m'amène à faire quelques remarques. Le commentaire du Dalaï-lama sur les Évangiles constitue le cœur de ce livre. Il aura très certainement des effets sur le dialogue tel qu'il se poursuivra au cours du prochain millénaire entre les religions de l'humanité. Ce livre souligne l'importance que revêt ce dialogue pour l'avenir du monde, et propose une stratégie ô combien nécessaire pour relever le défi que représente la création d'un monde de paix et de coopération dans les décennies à venir : il propose un *modèle de dialogue*.

Présence

On peut dire que le John Main Seminar était déjà en germe dans la manière spéciale dont le Dalaï-lama et Dom John Main étaient présents l'un à l'autre au cours de leurs rencontres. Ce facteur de la présence a été mentionné par le Dalaï-lama à propos également de ses rencontres avec Thomas Merton[7]. C'est cette même alchimie de la présence qui étaya le profond dialogue de 1994. (Après coup, le Dalaï-lama observa qu'il avait davantage appris sur le christianisme au cours du séminaire qu'à aucun autre moment depuis ses conversations avec Merton trente ans auparavant.)

La présence est l'une des principales leçons que nous – bouddhistes, chrétiens ou adeptes d'autres religions – devons retenir de ce séminaire sur les Évangiles, s'il nous faut apprendre une meilleure façon de relever le défi du dialogue à notre époque. Comme cette présence dans le dialogue est non verbale et non conceptuelle, cette affirmation paraîtra vague ou banale à certains ; qu'on ne s'y trompe pas, c'est un fait d'une dure réalité. Qu'il soit difficile à décrire n'empêche pas qu'il soit la première dimension que nous expérimentons dans le vécu du dialogue. *Comment* sommes-nous perçus l'un par l'autre ? Sur ce fondement de la présence mutuelle de l'un à l'autre s'élabore le dialogue verbal, de lui dépend son succès. Les mots ne peuvent rien accomplir si la présence fait défaut. Sans cette lumière, ils risquent même de nous égarer complètement.

Dans ses remarques liminaires, le Dalaï-lama rappela l'importance de toutes les formes de dialogue actuellement pratiquées entre les religions. Il souligna l'importance du dialogue entre savants. Mais d'après lui, l'échange essentiel et – pour reprendre un terme caractéristique du bouddhisme – le plus *opératif* ne se situe pas sur le plan intellectuel ; c'est une conversation entre pratiquants sincères qui voient les choses du point de vue de leurs propres religions, une conversation qui naît du partage de leurs pratiques respectives.

Cette idée est commune aux penseurs chrétiens et bouddhistes. Dans la tradition monastique chrétienne primitive, les Pères insistaient sur la place centrale de la *praktike,* la connaissance dérivée de l'expérience et non du savoir conceptuel. Le cardinal Newman[8] mettait en garde contre le danger de vivre sa foi sur un plan qui se limiterait au « consentement spéculatif », omettant la vérification par l'expérience personnelle. Si John Main exhortait avec tant de force les chrétiens à retrouver la dimension contemplative de leur foi, c'est que, disait-il, nous devons « vérifier les vérités de notre foi par notre propre expérience ». Dans le contexte de ce séminaire sur les Évangiles, l'idée a ceci de nouveau qu'elle s'applique au dialogue interconfessionnel et non plus seulement à la découverte personnelle des croyances de sa religion.

L'exercice est très exigeant et, pour beaucoup de pratiquants sincères, déstabilisant. Il suggère qu'il existe un niveau universel et sous-jacent de vérité auquel on accède par des religions différentes. Engagé dans un tel dialogue empirique, on fera l'expérience de la vérité par la suspension pleinement consentie de l'exclusivisme de l'un vis-à-vis de l'autre. Si cela est vrai, s'ensuit-il pour autant que chaque religion particulière est ni plus (ni moins ?) qu'une porte singulière ouvrant sur la grande salle d'audience de la Vérité ? Comme nous le verrons bientôt, le Dalaï-lama répond très subtilement mais sans dérobade à cette difficulté.

Contentons-nous simplement de relever le rôle capital de la présence pour ce type nouveau de dialogue, véritablement précurseur. Cette présence est humaine, ordinaire, affectueuse, amicale et confiante. Les quatre cents participants l'ont immédiatement sentie dès que Sa Sainteté pénétra le premier jour dans la salle du séminaire. Dans le dialogue moderne entre les religions et les cultures, cette qualité de présence ne devrait pas être sous-estimée, et certainement pas évacuée en tant qu'élément émotionnel secondaire par rapport au monde des idées pures. Si, comme l'affirme le Dalaï-lama, la preuve et la validation de toute religion sont la réalisation, chez le pratiquant, d'un bon cœur, des qualités de compassion et de tolérance innées à l'être humain, le même critère vaut pour le dialogue, qui constitue de nos jours une œuvre et un domaine d'activité importants de toutes les religions.

Autrefois, l'acte religieux pouvait se résumer à la célébration ou à l'exploration de ses propres rituels et croyances. Un élément nouveau apparaît aujourd'hui, qui consiste à entrer avec empathie et respect dans les croyances et les rituels des autres religions sans pour autant les faire nôtres. Le fruit et la validation de cette nouvelle activité dont les générations précédentes ne se souciaient guère, quand elles ne la considéraient pas comme déloyale et blasphématoire, est le même que celui de toutes les religions : compassion et tolérance. Le dialogue devrait non seulement nous animer de meilleurs sentiments à l'égard d'autrui, mais aussi nous rendre plus conscients de nous-mêmes, pour mieux témoigner de notre bonté essentielle. Le dialogue nous rend meilleurs.

Nous ne pouvons y parvenir en restant dans l'abstrait. Le dialogue n'exige pas seulement la clarté des idées et un minimum de compréhension de son propre point de vue et du point de vue de l'autre, il exige un engagement personnel. L'objectivité, le détachement et l'organisation intellectuelle que présuppose le dialogue ne sont pas des fins en soi – pas plus que l'efficacité ou le profit ne devraient être les fins dernières d'une entreprise ou d'un corps social. La rigueur intellectuelle requise par le dialogue permet d'écarter ou au moins de contenir les tendances égotistes naturelles. Ainsi disponibles, les protagonistes peuvent descendre dans les profondeurs de leur conscience, là où le dialogue débouche sur une parcelle commune de vérité, dans un vécu qui transcende complètement l'esprit conceptualisateur.

Amitié

L'ouverture du Dalaï-lama à la présence fut capitale pour le succès du séminaire. Sa confiance et sa tranquillité, en dépit du risque qu'il prenait, mit tout le monde à l'aise et nous donna l'assurance que nous n'avions rien à perdre si ce n'étaient nos peurs. Grâce à elles, un courant d'amitié put s'établir et le dialogue s'engager sur une voie fructueuse. Le dialogue aura certainement pour effet de réduire nos peurs et nos suspicions mutuelles. Il fera de nous des amis de meilleure qualité, même avec les gens que nous considérons comme des ennemis ou des dangers. Cependant, l'amitié, ou du moins la disposition à l'amitié vraie, est aussi un préalable au bon dialogue. Être amis, c'est faire confiance et être vulnérable. Il y faut courir le risque de partager un trésor et d'être éventuellement déçu, ensuite, que ce trésor n'ait pas été pris en considération, ou ait été mal traité. À mesure que le séminaire avançait, l'intensité de l'amitié liant les participants augmentait. Elle rayonnait, comme tout le monde le remarquait, du Dalaï-lama et de ses interlocuteurs chrétiens qui comprenaient que le risque qu'ils avaient pris en se réunissant était entièrement justifié – et qu'il devenait même en soi une grande source de joie.

L'amitié occupe une place centrale dans la pensée et la tradition chrétiennes. L'idéal chrétien de l'amitié s'appuie sur une longue tradition antique pour qui l'amitié n'était pas, comme souvent pour nous aujourd'hui, une forme diluée d'intimité. Cicéron et Augustin n'auraient pas compris les journalistes modernes disant des membres d'un couple qu'ils sont « simplement amis » comme si la seule relation vraiment intéressante est celle qui va « plus loin » que l'amitié. Pour eux et pour un grand nombre de générations antérieures et ultérieures, l'amitié était la finalité de toutes les expériences formatrices en matière de relations humaines. L'éducation au sens le plus large était vue comme une préparation à l'accomplissement que représentait l'amitié, où il était donné à deux êtres de partager leur part la plus profonde et la plus vraie.

Saint Aelred de Rievaulx, un moine du Yorkshire du XIIIe siècle, écrivit un traité intitulé *L'Amitié spirituelle* qui s'intéressait principalement à la vision chrétienne de cet idéal antique, à partir d'une discussion de l'ouvrage de Cicéron *De l'amitié*. Aelred signale la préparation disciplinée et la mutuelle mise à l'épreuve, précédant le plein épanouissement de l'amitié qui se réalise quand l'ineffable douceur de la confiance en soi et en l'autre, de l'intimité et de l'ouverture qui lient les amis s'épanche à travers l'amitié sur le monde. De façon significative, il déclare qu'une telle amitié ne peut s'appuyer sur rien de moins que la bonté essentielle de chaque ami. Il ne peut exister d'amitié fondée sur le désir de profiter d'autrui ou sur la haine car ces tendances négatives sont contraires à la nature humaine. Les complices dans le crime ne font pas de bons amis. L'amitié est la perfection de la nature humaine. « Un ami véritablement loyal, dit saint Aelred, ne voit rien d'autre dans son ami que le cœur[9]. » Sans l'ombre d'une gêne, il cite ensuite des exemples particuliers d'amitiés qu'il a connus dans sa vie et la joie qu'il ressent, déambulant dans le cloître, à la pensée qu'il n'y a personne au monastère pour qui il ne ressente pas de l'amour et de qui il ne se sache pas aimé. Pour Aelred, l'amitié humaine à sa perfection est une épiphanie de la présence réelle du Christ. Le Christ, dit-il, est le *troisième* entre nous. Selon cette optique chrétienne, la véritable amitié « naît en Christ, continue en Christ et trouve sa perfection en Christ[10] ». Quelle belle et profonde compréhension de l'humanité de Jésus ressuscité !

Le Christ ne constitue pas, dans cette conception de la nature humaine, un obstacle ou une barrière intellectuelle nous séparant d'autrui. Il n'est pas un *objet* dont on parle et que l'on dissèque. Il est la présence discrète en laquelle nous devenons réellement présents les uns aux autres. Il peut être nommé ou rester innommé. Dans l'un ou l'autre cas, sa réalité n'est ni augmentée ni diminuée. Du point de vue théologique également, l'idée d'amitié est centrale dans la foi chrétienne. S'adressant à ses disciples au cours du dernier repas, Jésus déclare être leur ami. « Je ne vous appelle plus serviteurs, parce que le serviteur ignore ce que fait son maître ; je viens de vous appeler amis, parce que je vous ai fait connaître tout ce que j'ai appris de mon Père[11]. » Le Saint-Esprit qui se répand du Corps de Jésus glorifié dans le monde de la conscience humaine est décrit en des termes qui ressortissent également à l'amitié. Il est un défenseur, quelqu'un qui demeure *auprès de nous,* pour nous faire nous ressouvenir de tout ce que nous avons oublié, pour réparer les ravages de notre folie. La théologie féministe moderne a reconnu la position centrale du symbole de l'amitié dans la foi chrétienne et l'a réhabilité pour en faire une métaphore fondamentale de la relation de l'homme avec le divin.

Cet idéal de l'amitié a ceci de puissant qu'il est capable de réconcilier l'absolu et le personnel. Vous pouvez ne pas être d'accord sur le choix de la couleur d'un tapis et rester amis. Un bouddhiste peut être ami avec un chrétien. En amitié, les différences peuvent être respectées et même appréciées. Dans les relations où l'amitié est absente les différences peuvent grossir à l'excès et se transformer en divisions ethniques, religieuses ou idéologiques. Nous diabolisons l'*autre* qui nous menace, nous projetons sur lui notre part d'ombre et le conflit apparaît. L'amitié est la forme suprême de la compassion et de la tolérance dans le respect de la primauté de la vérité sur toutes les tendances subjectives. Mais l'amitié nous rappelle que l'objectivité de la vérité ne rejette pas le subjectif. Elle intègre le particulier et l'universel, réalisant la *coïncidentia oppositorum,* la réconciliation des contraires. Nicolas de Cues, cardinal du XVe siècle, homme d'État, mathématicien et mystique, disait que Dieu se trouve « au-delà de la coïncidence des opposés ».

Il existe un moyen simple de savoir si notre poursuite de la vérité a perdu tout contact avec cette pierre angulaire qu'est l'amitié. Quand nous entendons aux informations qu'un catholique a été tué à Belfast ou qu'un Israélien est mort en Cisjordanie, ou que tant de petites filles ont disparu d'un orphelinat chinois, ou que tant de Tibétains ont été assassinés – écoutons-nous une information qui concerne des individus ou des groupes ethniques ou religieux ? Avons-nous du soldat israélien ou du manifestant palestinien tués l'image d'un Juif et d'un Arabe, ou d'un être humain qui se trouve également être juif ou arabe ? Comment les chiffres nous atteignent-ils – comme autant de tragédies individuelles ou comme des statistiques servant d'armes politiques ?

Dans le John Main Seminar, pas plus que dans ses autres enseignements spirituels, le Dalaï-lama n'a profité de l'occasion pour parler de l'occupation chinoise du Tibet. S'il porte la crucifixion du Tibet au plus profond de son cœur, il n'impose à personne sa douleur personnelle. Néanmoins, tous les participants manifestèrent leur soutien sans réserve à son combat pour le Tibet, et ce, d'autant plus librement qu'il était venu à eux en esprit d'amitié. Il ne cherche pas à faire de l'amitié un expédient politique. C'est, me semble-t-il, l'une des qualités qui font de lui un politicien qu'on écoute toujours avec plaisir et un modèle de guide spirituel. C'est en raison de ce don si puissant pour l'amitié que le Dalaï-lama est tant aimé et respecté de par le monde. Ce don est sans doute aussi à la racine de cet autre don exceptionnel pour le dialogue, et de son respect des différences dans la recherche de l'unité. Vue sous cet angle, la chaleur de l'amitié ne dilue pas le concentré de pure Vérité. La Vérité ne consiste pas simplement à énoncer correctement des idées justes. La Vérité sans la chaleur de l'amitié est une pâle image de la réalité.

Modèle de dialogue

Pour qu'un dialogue soit réussi l'esprit d'amitié est nécessaire, car nous conversons en tant de dialectes particuliers. Même au sein de notre langue maternelle, il nous arrive d'être dérouté au premier abord par ses dialectes et ses accents, mais nous apprenons à les comprendre et à les respecter. Ces dialectes, si largement répandus, de la langue commune de la vérité apprennent aujourd'hui à communiquer. Le séminaire sur les Évangiles fut à cet égard un modèle de dialogue dans l'écoute réciproque.

Peu après le séminaire, le dialogue entre le christianisme et le bouddhisme connut un douloureux et regrettable accroc à la suite des considérations générales sur le bouddhisme énoncées par Sa Sainteté le pape Jean-Paul II dans son livre *Entrez dans l'espérance,* et de la controverse qui s'ensuivit. La vision du bouddhisme qui s'y exprimait fut contestée avec force par nombre de moines et de maîtres bouddhistes. Les esprits s'échauffèrent au point que les chefs religieux sri-lankais boycottèrent la visite du pape dans leur pays. Thich Nhat Hanh exprima son sentiment dans son livre, *Bouddha vivant, Christ vivant*[12]. Partout, l'amitié semblait trébucher. Le Vatican publia alors des communiqués réparateurs affirmant que le pape n'avait pas eu l'intention de condamner le bouddhisme en tant que philosophie reniant la vie.

Il semblait que le pape, représentant une longue tradition de christianisme, caricaturait et dénigrait le bouddhisme sans chercher à le comprendre. Les bouddhistes tentèrent de faire preuve de compassion, mais beaucoup ne purent s'empêcher de mettre tous les chrétiens (ou presque) dans le même sac et de les taxer d'intolérance, d'arrogance et d'exclusivisme. L'incident réveilla également les ressentiments de certains bouddhistes occidentaux envers leur propre éducation chrétienne. Il en va ainsi du dialogue quand l'amitié disparaît. Et, comme chaque fois qu'une relation se détériore, il y a peu à gagner de l'échange d'insultes ou du rappel des offenses passées. Il est encore plus inutile de vouloir discuter du sens des termes évoqués – nirvana, vacuité et illumination, par exemple – tant que la bonne volonté, la confiance et l'amitié n'ont pas été reconstruites sans défaut. Ce livre aimerait un tant soit peu contribuer à la restauration de cette amitié.

La caricature repose toujours sur la mise à l'écart des détails qualificatifs au profit d'un trait immédiatement reconnaissable. Or, les religions produisent des caricatures, y compris les unes des autres, exactement comme les caricaturistes. Pour beaucoup de chrétiens, le bouddhisme est une religion qui croit en la possibilité d'un comportement moral rationnel motivé non pas par l'amour d'un Dieu personnel ou la crainte d'un châtiment, mais par le désir d'obtenir une meilleure renaissance dans une chaîne apparemment sans fin de réincarnations. Le résumé chrétien du bouddhisme nous apprend qu'on y parvient en renonçant au monde et à ses propres sentiments. Une telle caricature ignore les débats philosophiques aussi subtils que complexes auxquels ces éléments, comme tous les autres, ont été soumis dans la tradition bouddhique. Sans compter qu'elle passe sous silence la place centrale de la compassion.

Le bouddhisme, philosophiquement parlant, est l'une des plus hautes réalisations de l'esprit humain. La philosophie bouddhique repose sur un ensemble de principes admis, tels que les Quatre Nobles Vérités. Cependant, de nombreuses écoles sont apparues, notamment au sein du bouddhisme tibétain, entretenant entre elles des liens très complexes qui font du bouddhisme dans son ensemble un chef-d'œuvre dans l'ordre de la diversification des opinions humaines. Le Dalaï-lama est l'un des philosophes modernes les plus accomplis dans nombre de ces écoles bouddhiques, et comme le montre bien son livre *The World of Tibetan Buddhism* (Wisdom Publications, 1995) il ne possède pas uniquement le don de comprendre, mais aussi celui d'exposer clairement. À plusieurs reprises durant le séminaire, il rappela que ses commentaires ne constituaient qu'une vision bouddhiste particulière, soulignant qu'il existe d'autres perspectives bouddhistes à prendre en compte – certaines très complexes et opposées à la sienne. Ce livre voudrait aider à développer le dialogue de plusieurs manières, notamment en attirant l'attention – dans la simplicité – sur les traditions nombreuses et variées de chaque religion.

Les dialectes internes au christianisme ne sont certainement pas moins nombreux. Une religion qui abrite en son sein un mouvement comme l'Opus Dei et un ministre comme le révérend Ian Paisley est à l'abri du risque d'uniformité[13]. Bien plus, ce livre devrait rappeler aux bouddhistes un fait dont beaucoup de chrétiens ont maintenant conscience – à savoir que « l'Église » est un terme très général. Il peut désigner un froid bâtiment par un dimanche matin pluvieux ; une religion globale ; une tradition mystique ; un corps spirituel aux dimensions historiques qui se déploie vers l'amont et vers l'aval de la naissance de Jésus ; ou le groupe culturel où je suis né, où j'ai grandi et envers lequel j'ai maintenant des sentiments mitigés. Sans doute ne pouvons-nous pas séparer entièrement le christianisme institutionnel du christianisme spirituel, pas plus que nous ne pouvons séparer la forme du contenu ou le corps de l'esprit. Il est important néanmoins de maintenir la distinction. L'histoire fournit de nombreux exemples de chrétiens demeurés à l'extérieur de l'Église institutionnelle mais qui savaient de toutes les fibres de leur être qu'ils appartenaient à l'Église.

Qui dans ce cas peut réellement parler « au nom du » christianisme, ou « au nom du » bouddhisme ?

Compte tenu de cette diversité, comment ce livre peut-il proposer un modèle pour la reprise et la réorientation du dialogue bouddhisto-chrétien ? Un modèle, de surcroît, applicable au dialogue en général : entre catholiques et protestants, mahayanistes et théravadistes, gens de droite et gens de gauche, hommes et femmes, et entre gens de toutes ethnies et de toutes cultures.

Ambitions modestes

Au moment d'engager ce dialogue, nous devons avant tout rester modestes dans nos ambitions. Le Dalaï-lama n'essaie ni ne prétend faire un commentaire exhaustif des Évangiles, de l'enseignement et de la vie de Jésus, ou des vérités profondes de la foi chrétienne telles que la Résurrection et le Saint-Esprit. Son approche est exploratoire et non pas définitive, et il élargit cette méthode à son dialogue avec le groupe de chrétiens invités à débattre. C'est en *cherchant* la vérité que l'on trouve l'illumination, non en la déclarant. De même, saint Benoît définit le moine comme celui qui « cherche vraiment Dieu ». Au fil de la quête, on découvre toujours quelque chose. « Cherchez et vous trouverez ; frappez et l'on vous ouvrira[14]. » En lisant les Écritures avec un cœur bien disposé, nous sommes amenés à dépasser le desséchant pessimisme contemporain qui cherche à déconstruire le sens. Il *existe* quelque chose à trouver, mais c'est uniquement dans la *quête* qu'on le découvre. Saint Grégoire de Nysse l'exprime en ces termes : « Chercher Dieu, c'est le trouver ; trouver Dieu, c'est le chercher. »

L'un des premiers penseurs chrétiens, saint Irénée[15], disait que Dieu ne peut jamais être connu tel un objet, ou une réalité extérieure à nous-mêmes. Nous ne connaissons Dieu que dans la participation à la connaissance de Dieu par lui-même. Ces premiers théologiens rapportaient ce qu'ils pensaient de Dieu et du mystère du Christ à partir de l'expérience mystique de l'inclusivité – ou non-dualité – de Dieu[16]. Ils exprimaient, comme le font toujours les meilleurs théologiens d'aujourd'hui, ce que la prière et non la seule réflexion leur avait appris. Le dialogue, dans ce contexte et avec de telles personnes, devient aisé, fluide et dynamique. La vérité est ressentie comme émergeant de l'éclaircie qui apparaît quand les nuages de l'ignorance, des préjugés et de la crainte ont été au moins momentanément repoussés. Le mot grec pour vérité, *alètheia,* signifie précisément ceci, une éclaircie. Cette quête ne peut être qu'un cheminement progressif, pas à pas, moment par moment. Elle implique de ne jamais perdre de vue l'équilibre délicat qu'exige l'amitié, équilibre avant tout entre la parole et l'écoute. Il manque aux grands projets de traduction du bouddhisme dans le dialecte chrétien, ou *vice versa,* la modestie des ambitions qui, du début à la fin, présida aux débats du séminaire. Dialoguer n'est pas traduire. Mais un bon traducteur, comme celui que nous avions en la personne de Geshe Thupten Jinpa, est là pour rappeler aux protagonistes du dialogue qu'ils ne sont pas en train de rédiger un dictionnaire.

Un autre aspect de la modestie qui caractérise l'approche du Dalaï-lama a consisté à reconnaître son inexpérience. Il déclara d'abord mal connaître les Écritures et la théologie chrétiennes, mais être désireux d'apprendre. Il espérait n'offenser personne, et ne désirait certainement pas ébranler la foi des chrétiens participant au Séminaire. Il n'est pas facile de reconnaître un défaut de connaissance, car un tel aveu nous fait paraître vulnérables, moins intéressants ou moins forts. Si le savoir est puissance, l'ignorance est faiblesse. Mais si, avant d'entamer le dialogue, nous reconnaissons les limites de notre savoir, plusieurs vertus peuvent s'épanouir. La première est la confiance. Nous ne craignons plus d'être manipulés ou endoctrinés. Nous pouvons alors abaisser *nos* défenses. Admettre notre inexpérience constitue donc nécessairement une des premières étapes de la non-violence. Mais l'humilité dans le dialogue a une autre vertu : elle libère la spontanéité. Débarrassés du besoin de montrer combien nous sommes intelligents et cultivés – la tentation des savants et des spécialistes –, nous pouvons réagir avec fraîcheur d'esprit et immédiateté à ce qui se présente à nous. C'est précisément ce qui advint au cours de cette rencontre. Le Dalaï-lama ne savait pas grand-chose *sur* les Évangiles, mais l'étude du bouddhisme, l'entraînement monastique et son cheminement spirituel lui avaient beaucoup appris. Or cette connaissance lui permettait de réagir aux symboles et aux idées chrétiennes comme s'il en avait eu une réelle connaissance.

De ce fait, l'auditoire chrétien fut surpris de constater qu'un bouddhiste pouvait l'aider à renouveler sa compréhension et son approche de textes et de récits que certains lisaient depuis l'enfance. À maintes reprises, le Dalaï-lama a rappelé qu'il ne conseillait à personne de changer de religion – même s'il respecte le droit de chacun à faire ce choix. Mieux vaut, dit-il, redécouvrir le sens profond et la force de sa propre tradition religieuse. Redisons quelle surprise ce fut de voir un bouddhiste aider des chrétiens à entrer plus intimement dans leur foi et à la clarifier par le seul fait de la confronter à la croyance bouddhiste – même quand surgissaient entre elles des oppositions manifestes ou des idées intraduisibles. Ceci n'était possible que parce que le dialogue était exploratoire et non déclamatoire. Son intensité stimulait le Dalaï-lama qui ne faisait pas semblant d'être curieux et écoutait attentivement les questions. Ce qui toucha le plus, c'est de voir qu'il écoutait, qu'il était curieux, que son intérêt était *sincère*. Le dialogue ressemble davantage à une pièce de théâtre expérimental qu'à une comédie musicale de Broadway bien ficelée. Parfois, cela tourne, et à d'autres moments cela patine. Il faut s'y engager à fond, car il n'y a rien de mécanique dans son fonctionnement, rien de dogmatique. Il faut jeter ses idées dans l'échange, au risque de les perdre, pour en tirer des lumières.

Le Dalaï-lama posa beaucoup de questions. Avant chaque séance, nous nous retirions lui et moi pour préparer au calme les textes des Évangiles qu'il devait ensuite commenter pendant une heure environ. Il écoutait les explications que je lui donnais sur le contexte et sur quelques termes et notions clés. S'il n'était pas familier, comme il disait, avec les Évangiles, sa phénoménale réceptivité et l'empressement de son esprit à établir des liens entre les idées nouvelles faisaient plus que compenser son manque de savoir. Il me fit penser à un mot de saint Grégoire le Grand à propos de saint Benoît, rapporté dans sa *Vie*.

Benoît, disait-il, avait quitté l'école pour la vie érémitique, dans un état de *sage ignorance*.

La culture et l'intelligence du Dalaï-lama demeurent discrètes. Il n'en fait pas étalage, mais les utilise adroitement dans la quête de la vérité. Les chrétiens purent s'en rendre compte quand il leur dévoila des sens et des subtilités des Évangiles qui ne leur étaient jamais apparus. Grâce à lui, ils enrichirent et renouvelèrent leur foi d'une manière qui les emplit d'émerveillement et de gratitude. Si le savoir est puissance, celui du Dalaï-lama, exercé sur les Évangiles, a créé une puissance de vue pénétrante, dont il ne chercha jamais à faire un instrument de manipulation. Il ne débattait pas avec des chrétiens à propos du sens des Évangiles. Il leur livrait sa lecture, avec beaucoup de détachement, en discutait avec eux, et leur laissait toute liberté pour en faire ce qu'ils voulaient.

Le semblable et le dissemblable

Un des « instruments des bonnes œuvres » (l'équivalent chrétien des moyens habiles des bouddhistes) édictés par saint Benoît dans sa Règle est de « ne pas donner une paix simulée[17] ». Dans le dialogue, il est aussi important d'éviter le danger de l'amitié simulée que d'éviter les pièges de la caricature, de la déformation ou du jugement dépréciateur. Dans l'étude des langues, certains mots présentant des similitudes formelles mais de grandes différences de sens sont appelés des « faux amis ». Fidèle au principe de la véritable amitié, le séminaire a respecté les différences autant que les similitudes entre les croyances et les comportements des participants.

Il est très tentant, dans le dialogue entre deux religions, de se réfugier dans les généralités. Par ce moyen, les deux parties évitent d'entrer en conflit et peuvent se congratuler avec chaleur au moment des adieux. Ce fait m'avait frappé il y a quelques années lors d'une rencontre entre méditants chrétiens et bouddhistes au Canada. Nous discutions du cheminement personnel de chacun, de ce qui l'avait amené à suivre ce sentier et des moyens d'y persévérer. Le débat était fructueux et, à sa manière, inspiré, mais je sentais que notre partage était trop prudent. Nous ne mettions pas en jeu ce qui était pour nous personnellement le plus précieux et le plus irréductible.

Aussi, au lieu de donner la conférence qui était prévue au programme, je demandai la permission de parler de Jésus. Je sentis que mon geste éveillait des soupçons et faisait craindre de voir la bonne entente se dissiper. Je fus effleuré par un sentiment de culpabilité post-impérialiste[18] que les chrétiens d'aujourd'hui peuvent difficilement ne pas ressentir, surtout face à des gens avec qui il serait possible de trouver un terrain d'entente mais qui ont « quitté l'Église » par colère ou dépit face à ses fautes humaines. Cependant, il me paraissait impossible de dire ce que la méditation signifiait pour moi en tant que chrétien, si je ne parlais pas aussi de Jésus et de sa place dans ma vie. La méditation a une telle importance dans ma façon d'explorer le mystère de Jésus et de sa présence réelle dans ma vie qu'il était normal selon moi de parler de la relation d'un chrétien avec Jésus en particulier, et pas seulement avec Dieu ou la Vérité en général. Je me rendais compte que me lever et proclamer que « Jésus-Christ est mon sauveur personnel » risquait de jeter un froid sur l'assemblée. Au reste, je ne souhaitais pas le présenter de cette manière.

Ce que je me décidai à partager fut le sens et la valeur de la *personne* de Jésus, sans me limiter aux *idées* du christianisme. Je savais en faisant cela que je braquais le projecteur sur l'une des différences essentielles entre méditants chrétiens et bouddhistes. Mais j'avais la certitude que voir et reconnaître la distance qui nous sépare ne pouvait que nous rapprocher. De fait, l'atmosphère d'amitié que nous avions mise en jeu, au bout du compte, s'approfondit et s'intensifia. Comme le notait saint Aelred, l'amitié doit être constamment mise à l'épreuve si l'on veut qu'elle ait une chance d'atteindre sa perfection.

La valeur de la différence

Le séminaire a été l'occasion pour le Dalaï-lama de nous initier à *la valeur de la différence,* immédiatement et sans hésitation. Dès le départ, il nous a avertis que son but n'était pas de contribuer à l'élaboration d'une religion syncrétique universelle. Il ne croit pas possible de créer une religion universelle unique mais il croit au respect, poussé jusqu'à la vénération, des caractéristiques propres à chaque religion. S'il existe des chrétiens pour soutenir un point de vue plus fondamentaliste, beaucoup d'autres s'inscrivent dans le courant libéral et admettent cette idée de respect mutuel des traditions, pour des raisons toutefois fort différentes de celles du Dalaï-lama.

À maintes reprises il insista sur le fait qu'il était bouddhiste. Il arriva en effet qu'il éprouvât la nécessité de nous le rappeler (ainsi qu'à lui-même, peut-être). Non qu'il se soit jamais senti autre que totalement et véritablement bouddhiste mais, tout en reconnaissant les concordances réelles et fortes entre les enseignements de Jésus et ceux du Bouddha, il flairait le danger de certains mots qui se révélaient de « faux amis ». Il rappelait, alors, l'importance de bien considérer l'ampleur à la fois des convergences et des divergences, dont on cherchera le sens dans les besoins spirituels et psychologiques des fidèles de chaque religion. Les hommes ont des besoins différents auxquels répondent les particularités (les « différences ») propres à chaque religion. Cette affirmation semble tout à fait acceptable, tolérante et libérale. Beaucoup y verraient l'attitude appropriée au pluralisme global du prochain millénaire. Elle n'en soulève pas moins de graves difficultés.

Sans doute un pratiquant hautement réalisé, une personne très sainte peuvent sincèrement mettre en œuvre ce degré de tolérance. Pour beaucoup d'entre nous, malgré tout, il y aura toujours, en pratique, un danger qui consiste à séparer ce que nous *pensons* croire de ce que nous *éprouvons* et croyons réellement. Après tout, si la vérité des différentes religions se mesure seulement à son aptitude à répondre aux besoins psychologiques d'un individu, que fait-on de la totalité de la Vérité absolue ? Si le bouddhisme et le christianisme ne répondent qu'à des conditions subjectives chez leurs fidèles, que représente leur prétention à dire le vrai et même l'universel ? Je soulevai ce problème du relativisme religieux avec le Dalaï-lama, et il me répondit que, même au sein du bouddhisme, il existait des écoles de pensée admettant que des vérités absolues *différentes* puissent exister simultanément. Nous n'avons pas approfondi la question, peut-être parce que nous nous rendions compte que nous abordions un domaine de haute technicité philosophique, qui n'était pas forcément une voie féconde pour notre dialogue. Nous avons ri et sommes passés à un autre sujet.

Il reste que le problème fait planer une inquiétude au cœur même du dialogue. Les chrétiens, par exemple, sont souvent préoccupés par le fait qu'une totale tolérance empiète sur la foi. Reconnaître la vérité de l'attitude du bouddhiste qui prend refuge en Bouddha, Dharma et Sangha, compromet-il notre foi en la nature du christianisme comprise comme un appel à être disciple de Jésus ? La foi en Christ est-elle une voie d'accès à la Vérité et la croyance en Bouddha une autre voie ? Jung le pensait quand il affirmait que chacune représente le Vrai Soi pour l'Occident et pour l'Orient. Mais, diront les chrétiens, ceci ne met-il pas en péril l'idée centrale d'une plénitude de l'Incarnation de Dieu en l'être humain de Jésus en qui « habite corporellement toute la plénitude de la divinité[19] ».

Mais est-ce mettre en péril la compréhension chrétienne de Jésus que de reconnaître que la vérité se trouve *aussi* en Bouddha, ou Moïse, ou Lao Tseu[20] ? Les premiers Pères chrétiens furent les premiers à engager le dialogue entre l'Évangile et les autres religions, et ils durent se confronter dès le début à cette question de l'« unicité ». Le dialogue a été l'enclume sur laquelle ils ont forgé leur foi en termes conceptuels. Comme ils se trouvaient face à des systèmes religieux déjà établis, juif et hellénistique[21], et du fait qu'ils respectaient profondément l'œuvre des philosophes pré-chrétiens, le dialogue fut le chemin *obligé* de l'approfondissement de la foi et non de sa dilution. On peut regretter que l'histoire ne leur ait pas fourni l'occasion de dialoguer avec des bouddhistes : leurs partenaires furent les Grecs et les Juifs. L'approche chrétienne ne dénia ni ne sous-estima la vérité précédemment découverte et exprimée dans ces traditions. Au contraire, ils méditèrent sur les liens qu'elle entretenait avec la vérité qu'ils voyaient incarnée en Jésus. Sur la base de ce dialogue qui leur permit d'approfondir et de clarifier leur intuition de Jésus et des Évangiles s'est construite la grande théologie du *Logos*.

Bien avant Platon, Héraclite d'Éphèse[22] affirmait que le *Logos* est la sagesse qui informe et gouverne toutes choses. C'est la théorie empirique unifiée qui rend compte de tout. L'Évangile de Jean en particulier a permis aux premiers chrétiens de répondre appréciativement à cette conception, et il leur apparut finalement que l'Incarnation du *Logos* en Jésus n'avait nullement pour corollaire de diminuer ou d'invalider d'autres épiphanies pré- ou non incarnées de la Vérité. Bien au contraire, une claire perception de Jésus ouvre des fenêtres d'intuition qui permettent de voir plus clairement le *Logos,* peut-être là où on ne le voyait pas auparavant. Il y a donc des différences dans les manifestations du *Logos,* différentes expressions de la Vérité, des dialectes d'une même langue. L'acceptation des différences (la tolérance) et l'affirmation de l'unicité (la foi) peuvent paraître contradictoires. Mais elles font toutes deux partie intégrante de l'effort à accomplir pour parvenir à la paix et à l'unité entre les peuples. L'erreur se cache souvent derrière l'uniformité. Les différents chemins spirituels qui seront toujours ceux des hommes expriment dans leur diversité même l'unité de la vérité. Il n'existe qu'une vérité, une seule divinité. Une Parole, mais beaucoup de dialectes.

Le problème de la tolérance

On peut accepter l'idée de vérités absolues parallèles mais ceci ne facilite pas le travail quotidien avec des fidèles de fois différentes. Même avec cette façon de traiter le problème de la tolérance, des difficultés demeurent.

Les non-chrétiens peuvent avoir l'impression que le christianisme cherche à coiffer toutes les autres religions par son insistance sur le caractère unique de l'Incarnation. Le judaïsme est vrai mais il est prophétique. Krishna est vrai mais il était mythique. La philosophie est vraie mais elle est cérébrale. Le bouddhisme est vrai mais il est psychologique. Le Christ est vrai parce qu'il est l'incarnation *totalement* humaine du divin. Beaucoup de chrétiens recourent à ces termes précis pour exprimer leur foi, ou croient à ce concept, qu'ils le verbalisent ou non. Ceci fait partie, en fait, de l'unicité[23], de la différence, du christianisme orthodoxe : il croit *vraiment* que Jésus est l'incarnation de la divinité. Les formes de langage utilisées pour exprimer ces croyances se renouvellent constamment sous l'effet du dialogue entre personnes qui croient et parlent différemment. Mais dans ce dialogue, le chrétien reconnaît la présence du *Logos,* respecte et vénère toutes les manifestations de la Vérité en tant qu'épiphanies de l'amour de Dieu. Ces échanges par le canal du langage s'accompagnent cependant d'un vécu plus profond qui dépasse le langage et la pensée. Dans ce vécu, qui est silence, l'unicité et la différence, de même que toutes les autres dualités, coïncident : elles se rejoignent dans une unité qui respecte et accomplit la différence, tout en transcendant la division. C'est l'amour.

La tolérance et le dialogue sont aussi une épreuve pour le bouddhisme. Il s'accommode du problème de la tolérance à sa manière, qui lui est propre, et ce faisant, court le même risque d'intolérance subtile. Quand un bouddhiste, et peut-être surtout un bouddhiste occidental, déclare que toutes les religions sont compatibles parce qu'elles correspondent aux différents besoins personnels ou psychologiques des individus, beaucoup ajouteront ou penseront « à des stades différents de leur développement ». Derrière, on sent poindre la conviction – que je n'ai absolument jamais sentie chez le Dalaï-lama au cours de nos discussions publiques ou privées – que la notion d'un Dieu personnel est acceptable, mais qu'elle représente un stade plus immature, peut-être plus ancien, de développement spirituel, la troisième roue en quelque sorte équilibrant la bicyclette d'un enfant.

La théologie chrétienne reconnaît elle aussi le danger de cette sorte d'infantilisme, qu'elle appelle anthropomorphisme. Elle reconnaît qu'il existe bel et bien des stades dans la foi qui s'accompagnent d'une maturation de l'intelligence du symbole de Dieu. Tout homme de foi lutte avec l'idolâtrie et la superstition avant d'accéder au mystère de l'Autre divin. Le Dalaï-lama semblait l'accepter très naturellement tout en laissant ouverte la question de la « nature du Père », comme il l'appela en riant au cours d'un de nos échanges où cette question jetait le trouble. Dans le même désir d'ouverture, il ne montra aucune gêne à employer le mot Dieu, qui traversa souplement nos discussions.

Le but du dialogue est de devenir silencieux

Si le but du dialogue est de cerner les réponses à ces questions sensibles de la différence et de la similitude, alors la rencontre de ce séminaire a échoué. Mais le but du dialogue est autre. Il se propose d'éclairer à la fois les correspondances et les divergences de croyance afin de vaincre les forces nocives de l'illusion, de la crainte, de la colère et de l'orgueil, tapies dans les interstices séparant les hommes de leurs religions. À cet égard, la finalité du dialogue interreligieux est autre que celle, par exemple, du dialogue entre rivaux politiques ou économiques qui s'appliquent à rechercher une solution pratique acceptable par tous. En religion, s'il advient que l'on trouve des réponses de cette sorte, elles sont en général dangereuses. Elles sont comme des faux amis qui se retournent contre vous dès qu'apparaissent les vraies difficultés.

Le dialogue ne fait pas seulement que mettre en lumière les coïncidences et les écarts entre les religions, il démasque également les forces intérieures cachées qui font des religions les rivaux les plus implacables. Dans l'histoire de l'intolérance et de la persécution religieuse, le bouddhisme, comme le jaïnisme, a moins de méfaits à son actif que le christianisme. Il n'empêche, les formes de l'intolérance sont variées, certaines sont plus politiques, d'autres plus psychologiques, mais toutes s'enracinent dans la tyrannie du moi individuel qui s'accroche obsessionnellement à sa singularité tout en se dérobant au défi que constitue l'acceptation de son unicité. Les puissances en jeu sont l'ignorance et la peur. Moins nous connaissons un groupe ou une personne autre, plus nous avons de chance de projeter sur eux nos sentiments et nos préjugés les plus négatifs.

Quand saint François-Xavier[24] débarqua en Inde la première fois pour prêcher l'Évangile, il ne voyait dans les Hindous que des suppôts de Satan. Il ne connaissait rien du Vedanta[25] ni de l'expérience mystique sous-tendant la religion populaire. Un Occidental s'aventurant au cœur d'un temple hindou peut craindre encore aujourd'hui d'être subjugué par la puissance sensorielle des rituels et des chants. En revanche, quand le quasi-contemporain et frère jésuite de François-Xavier, Matteo Ricci, se rendit en Chine, il comprit rapidement que le dialogue et l'inculturation étaient les meilleurs moyens de réussir sa mission[26]. Ses supérieurs à Rome désapprouvèrent son attitude et le rappelèrent, perdant ainsi une merveilleuse occasion de dialogue entre Orient et Occident. De nos jours, nous voyons se multiplier des situations analogues mettant en présence des gens de cultures et de religions différentes, et nous constatons la même variété de réponses à ces situations. Mais en reconnaissant la valeur du dialogue et en réduisant au minimum l'arrogance égotiste d'une croyance tendancieuse, il nous est peut-être plus facile qu'à nos ancêtres de traquer les préjugés, souvent inconscients, et de les corriger par le silence. Cela nous est plus facile, parce que nous nous connaissons mieux.

Il est aussi plus nécessaire que jamais de dialoguer – et de dialoguer en silence.

Assurément, si l'on veut que la tolérance des religions entre elles se développe, un plus grand nombre de chrétiens doit acquérir une meilleure connaissance des grands textes des autres traditions. La lecture de la *Bhagavad Gita*[27] ou du *Dhammapada* pourra aussi transformer leur manière de lire les Écritures chrétiennes (si tant est qu'ils les lisent). Les bouddhistes de leur côté n'échappent pas au même défi de pourchasser l'ignorance et le préjugé. En Asie, le christianisme est encore parfois associé aux mauvais souvenirs de l'impérialisme occidental ou à l'impérialisme économique moderne. Beaucoup de bouddhistes, en Occident, surtout s'ils ont été élevés dans le christianisme, n'ont malheureusement de cette religion qu'une connaissance erronée ou inexistante. Il est très facile, alors, de rejeter les fautes de chacune des confessions sur la foi chrétienne elle-même.

Quelques termes de référence

Si nous sommes bouddhistes ou chrétiens c'est au sens plein du terme, non en raison seulement de ce que nous croyons, mais aussi du fait de la qualité de nos actes et de notre témoignage. En ce sens, il existe des chrétiens qui sont meilleurs bouddhistes que des bouddhistes, parce qu'ils pratiquent l'attention avec plus de sérieux ou parce qu'ils ont une vue plus pénétrante de la nature impermanente des choses. Il existe aussi des bouddhistes qui surpassent les chrétiens sur leur propre terrain, parce qu'ils mettent en pratique la charité et ne se contentent pas d'en parler. À ce niveau d'authenticité, c'est l'expérience personnelle et la *sainteté* qui importent plutôt que les systèmes objectifs de croyances et les subtilités philosophiques ou théologiques. La comparaison entre le *triratna*, les Trois Joyaux du bouddhisme, et la Trinité, ou entre le *dharmakaya* et le Saint-Esprit des chrétiens, peut donner lieu à des conversations que certains trouveront fascinantes, sans avoir aucun lien avec la conduite ou les attitudes personnelles des intervenants.

Anityatà (l'impermanence), *duhkha* (la souffrance), *anàtman* (le non-soi), *dharmatà* (la naturalité), *sunyatà* (la vacuité) et *tathatà* (l'ainsité) peuvent tous être mis en parallèle avec des termes chrétiens tels que pauvreté, repentir, perte de soi, être dans le Christ, simplicité, Esprit et mystère[28]. Cependant, une des paraboles du Bouddha nous conjure de ne pas détourner l'énergie de notre pratique spirituelle vers la spéculation théorique. Nous ne serons pas plus proches du nirvana si nous parvenons à la certitude philosophique pendant quelques instants bénis, avant que le questionnement intérieur ne recommence. Dans la parabole, le Bouddha répond à Malunkyaputta[29] qui lui reproche de n'avoir rien dit sur les sujets spéculatifs. Si, rétorque le Bouddha, un homme est atteint par une flèche empoisonnée, va-t-il perdre du temps à se demander qui a tiré, d'où elle est partie et de quel poison il s'agit ? Ne va-t-il pas arracher la flèche aussi vite que possible ?

Jésus, dans un moment extatique de l'Évangile, lève les yeux au ciel et remercie son Père d'avoir révélé les mystères du royaume aux petits et aux ignorants et de les avoir cachés aux savants et aux « sages[30] ». Saint Paul réprimande les premiers chrétiens qui passent leur temps à se disputer sur des mots alors qu'ils devraient témoigner par leur exemple du sens de ces mots[31]. Lui-même, dit-il, parle de la folie de la Croix et, même avec les Grecs savants, il évite le débat philosophique. Son autorité vient de l'Esprit et non d'un talent de rhétoricien. « Nous renversons tout raisonnement, dit-il fièrement, et tout orgueil qui s'élève contre la connaissance de Dieu. »

Ici, les perspectives bouddhiste et chrétienne sont fondamentalement les mêmes. Il y a l'expérience d'un côté et la réflexion sur l'expérience de l'autre. Si vous voulez réfléchir, préconisent-elles toutes deux, assurez-vous au moins que vous réfléchissez directement sur votre expérience et non sur la réflexion d'un autre qui réfléchissait sur celles d'un autre qui… etc.

Le *nirvana* et le *royaume* ne sont pas des termes interchangeables, même si l'un et l'autre se réfèrent à un événement dans cette vie et non à une expérience *post-mortem*. Le *salut* et la *libération* ne sont pas exactement synonymes non plus, mais tous deux désignent un objectif de la vie humaine qui requiert engagement et persévérance. Bouddhistes aussi bien que chrétiens doivent s'y appliquer « avec diligence ». Les *obstacles* et les *vices* qu'ils rencontrent sur leur chemin – en eux-mêmes, et sous la forme collective du *karma* ou du *péché* qui règne dans l'univers – sont existentiellement identiques mais conceptuellement différents. Après tout, un bouddhiste orgueilleux ou en colère ressemble à s'y méprendre à un chrétien orgueilleux ou en colère.

Différence ne signifie pas division

Pour exprimer le *sens* de ces réalités existentielles, nous avons recours à des langues qui certes diffèrent d'une tradition à l'autre, mais aussi à l'intérieur d'une même tradition. En un sens, ces langues créent à leur tour leurs propres divisions au sein d'une tradition commune. Même l'Église catholique, comparée à ce qu'elle était avant l'époque moderne, ne présente pas au monde un front très uni. Sa diversité est douloureusement en tension avec son unité : c'est précisément le défi de la catholicité. Les débats propres au bouddhisme sont sans doute moins publics que ceux générés par les encycliques papales, mais ils ne sont pas moins intenses. Ainsi, le débat entre les écoles de pensée mahayana et théravada est menacé d'intolérance et de stéréotypie. Même à l'intérieur d'une tradition nationale, la croyance peut aussi être soumise à rude épreuve. En Thaïlande, le grand maître Buddhadasa Bhikkhu heurta l'*establishment* en rejetant d'un bloc la question de la réincarnation, déclarant que c'était une idée insensée qui n'avait rien à voir avec le bouddhisme. Les bouddhistes débattent entre eux sur le point de savoir si le *nirvana* (la libération) est la finalité de l'esprit ou bien l'esprit originel, de même que les chrétiens s'interrogent sur le sens du péché originel ou de la divinité de Jésus.

Dieu ne faisait pas partie de l'idée de libération exprimée par le Bouddha. Réfléchir et s'interroger sur l'existence et la nature de Dieu ne pouvait pas, selon lui, nous aider à nous libérer de l'ignorance. Comme Jésus, il combattait le ritualisme et la religiosité creuse qui a besoin pour se perpétuer de dogmes et de polémiques virulentes sur Dieu. Pourtant, le Bouddha ne rejetait pas le concept de Dieu. Simplement, il n'en a rien dit. Son silence ne fut ni agnostique ni athée. C'est une approche significative de la question, du *mystère*, de Dieu[32].

Elle est quelque peu différente de celle de nombreux saints, mystiques et théologiens chrétiens, mais beaucoup la comprendraient certainement. Saint Augustin croyait sans aucun doute en Dieu, mais il était non moins sûr que Dieu est inconnaissable par la seule faculté de penser. « Si vous pouvez le comprendre, disait-il, alors ce n'est pas Dieu. » Son contemporain saint Grégoire de Nysse, grand maître et mystique de l'Église d'Orient, déclarait que toutes les idées à propos de Dieu risquaient de devenir des idoles.

La tradition *apophatique* de la prière chrétienne – prière sans image ou pensée d'aucune sorte – est profondément et existentiellement fidèle à l'idée biblique de base du caractère mystérieux de Dieu. Comme le dit le *Nuage d'inconnaissance*[33], un traité médiéval anglais sur la prière contemplative, on ne connaît Dieu que par l'amour, et non par la pensée. Le plus méthodique et le plus *catophatique* des théologiens, le grand Thomas d'Aquin, déclarait que tout ce que nous pouvons dire sur Dieu est que Dieu est, mais non *ce* qu'Il est. Vers la fin de sa vie, après une expérience mystique qui le transforma, Thomas d'Aquin dénia toute valeur à ce qu'il avait précédemment pensé et écrit. Nicolas de Cues parla également d'une « docte ignorance » disant qu'elle était une forme de conscience qui n'a pas de racine intellectuelle mais qui possède le pouvoir suprême de nous conduire à la vérité. Maître Eckhart, un ami du bouddhisme, souligne l'inconnaissabilité de Dieu et son caractère de non-chose, parfois avec un savoureux excès : « Que ton âme soit déprise de tout esprit ; qu'elle soit sans esprit. Aime Dieu tel qu'il est : un non-Dieu, un non-esprit, une non-personne ; une unité pure, simple et limpide, étrangère à toute dualité[34]. »

Le paradoxe plus que la simple logique devient l'instrument de la théologie mystique et celui d'un dialogue entre théistes et non-théistes sur le sens de Dieu. Si le dualisme du théisme peut paraître grossier et offensant à un bouddhiste, il est tout aussi étranger au noyau de la théologie chrétienne qui cherche à réconcilier l'altérité absolue de Dieu avec l'universalité divine comme fondement de l'être, la transcendance et l'immanence de Dieu, le Créateur avec la Création. « Avec Toi, création et existence ne font qu'un » est une intuition chrétienne fondamentale sur le sens de Dieu[35].

L'*Octuple sentier* et les *Dix commandements* ou les *Béatitudes* éclairent le chemin de la pratique quotidienne que nous suivons tous vers cette expérience qui transcende la pensée et dévore notre temps. Comme le souligne fréquemment le Dalaï-lama, il est dans la nature de ces chemins d'exiger de notre part engagement profond et concentration. Les sentiers eux-mêmes constituent l'entraînement extérieur nécessaire en vue d'un engagement encore plus profond – celui de la pratique de la méditation elle-même. Si chaque sentier peut contribuer à éclairer l'autre, et si chacun d'eux conduit au silence inhérent à un esprit dont les activités ont cessé, ils n'en demeurent pas moins des voies séparées qui demandent application, fidélité et unité d'esprit. Passé un certain stade dans la pratique personnelle, on ne peut plus être authentique et continuer à suivre plusieurs chemins à la fois. On ne peut pas chevaucher deux chevaux en même temps. Au temps voulu, la pratique régulière doit s'engager résolument sur une voie unique. Néanmoins, unité d'esprit ne veut pas dire étroitesse d'esprit. Le pratiquant accueille au contraire avec une plus grande tolérance la voie suivie par autrui et en recueille une plus grande sérénité. Jésus disait que la voie qui conduit à la vie est étroite et rares sont ceux qui la trouvent. L'étroitesse du chemin vers la vie n'est pas le résultat de l'exclusion mais de la convergence et de la concentration. L'unité d'esprit nourrit même une authentique tolérance qui déborde de curiosité pour les autres voies.

L'amour de sa propre religion et tradition est peut-être une exigence de la vie spirituelle ; en tout cas, il est à coup sûr une condition préalable à l'amour des autres voies et traditions. Il n'est pas plus fanatique d'aimer sa propre tradition chrétienne ou bouddhiste que d'aimer l'endroit où nous sommes nés ou la maison où nous vivons. Si l'amour de son pays peut verser dans le nationalisme jaloux et exclusif, craintif à l'endroit des étrangers, et l'amour de sa religion dans la bigoterie, ni l'un ni l'autre ne sont nécessairement voués à glisser sur cette pente. La pratique sérieuse du silence et de l'immobilité, en venant à bout des forces égotistes du centrage sur soi, nous permet de rester profondément ancrés dans le terreau de notre tradition tout en déployant de multiples ramifications dans l'espace de la vérité.

Saintes Écritures

Les écritures d'une religion appartiennent manifestement à leur propre tradition. Elles ont une « nationalité ». Mais elles constituent également un lieu de rencontre entre voisins de traditions éloignées, comme ces zones hors-taxes des aéroports où se mêlent toutes les nationalités à égalité. Elles forment l'espace de la vérité symbolique, entre le domaine du débat philosophique ou théologique et le royaume de la pure expérience de la vérité où la pensée est subsumée dans la vision. Si les philosophes et les théologiens vont puiser dans leurs écritures la matière de leur art, les pratiquants ordinaires y trouvent quant à eux un aliment spirituel, une sagesse qu'ils ingèrent et assimilent.

Les chrétiens vénèrent les saintes Écritures de la Bible – les évangiles et les épîtres du Nouveau Testament – non seulement pour ce qu'elles disent mais aussi pour ce qu'elles sont. Si le Verbe s'est fait chair, comme l'affirment les Évangiles, d'une certaine manière aussi la chair se fait Verbe dans les saintes Écritures. Quand ils célèbrent l'eucharistie, par exemple, beaucoup de chrétiens croient et sentent que la présence du Christ ne se limite pas au pain et au vin. Il se donne aussi dans la foi de la communauté en prière, dans la qualité de notre présence les uns aux autres, et dans la lecture des Écritures qui constitue la première partie du rite sacramentel. Les premiers chrétiens attachaient une grande importance à la *fraction de la Parole* sous forme de la lecture individuelle ou collective des Évangiles[36]. L'acte d'interprétation représentait bien plus qu'un simple exercice intellectuel. C'était une œuvre de sagesse. Elle conduisait à la *connaissance intuitive.*

La connaissance intuitive (ou mystique) est une expérience de la vérité qui ne peut se transmettre simplement comme on transmet des idées ou des croyances. Elle est spontanée et de même nature qu'un don. Elle surprend quand elle survient et pourtant on ne doute pas de sa réalité. Elle met dans la joie tout en faisant le calme en nous. La tradition monastique pratique une forme de lecture spirituelle (la *lectio divina* comme l'appelle saint Benoît), différente de l'étude ou de la lecture analytique, qui vise à l'éveil progressif de la connaissance intuitive chez le pratiquant. À l'instar de la tradition juive de lecture de la Bible, la qualité est préférée à la quantité, la profondeur à la largeur. En lisant de cette manière, on choisit un court passage que l'on rumine, que l'on « mâche ». On y revient plusieurs fois, le repassant encore et encore jusqu'à ce qu'il ne nous en reste plus qu'un mot ou un membre de phrase qui tout à la fois retient l'esprit et l'éveille au sens. Ainsi, le calme régnant dans l'esprit, on se trouve conduit au seuil de la méditation.

Comment lire la Parole

Origène, un docteur chrétien du IIIe siècle appartenant à l'école alexandrine de philosophie chrétienne, fut le premier à décrire systématiquement l'acte de lecture et d'interprétation de l'Écriture, montrant comment, dans sa rencontre avec les Écritures, l'esprit s'élevait au-dessus de lui-même. Il dégagea les différents niveaux de sens susceptibles de guider la lecture (un exercice jugé sacrilège à son époque, et encore aujourd'hui par les fondamentalistes).

Il assimilait la lecture de la Sainte Écriture à un processus d'approfondissement de la conscience et de la connaissance intuitive. Ce processus commence avec le sens littéral du texte, qui requiert une certaine familiarité avec la grammaire et avec l'histoire. Mais au-delà de « la lettre qui tue[37] » – autrement dit, une lecture qui ne dépasse pas le sens de surface – Origène appelait à une perception du sens moral. Ce niveau s'appréhende dès lors que l'on voit dans les histoires et les personnages des « types » ou des symboles qui nous parlent et nous édifient, dans les circonstances personnelles et sociales qui sont les nôtres. Ensuite, il fallait, selon lui, accéder au sens « allégorique » ou mystique par lequel nous sommes élevés au-dessus de nous-mêmes et absorbés dans le *Logos* lui-même. Pour comprendre comment fonctionne ce processus, l'exploration des divers sens du terme « Jérusalem » dans la Bible – le mot, l'endroit et le symbole – sera un bon exemple. Jérusalem possède un sens historique littéral. En tant que lieu de présence sacrée et de culte vénéré par trois religions, il symbolise les réalités spirituelles du pèlerinage de nos vies. En tant que « Jérusalem céleste », il représente le terme du voyage spirituel.

Origène appliqua sa méthode à maints passages de la Bible. « Nous ne devons pas penser, écrit-il à propos des histoires de l'Ancien Testament, que toutes ces choses se sont produites seulement dans les temps anciens. En fait, toutes ces choses se produisent réellement en nous, sur un plan mystique. » Le livre de Josué, par exemple, raconte l'histoire de Rahab, la prostituée de Jéricho grâce à qui les Israélites purent s'emparer de la ville[38]. Dans l'imagination d'Origène, elle devient un *type* ou symbole de l'Église, une prostituée devenue vierge. Le sang du Christ, qui nous sauve de la damnation, est annoncé dans le cordon écarlate que Rahab attache à sa fenêtre pour que les attaquants israélites épargnent sa famille. Dans un autre exemple, la traversée du Jourdain est une préfiguration du baptême, et le baptême, en tant que rite de passage, est le symbole à son tour d'un autre passage toujours en voie d'accomplissement : « Il nous a été promis que nous traverserions l'air lui-même. » Le but ultime de la lecture de la Bible est d'être intégré à la plus haute réalité dans laquelle l'humanité de Jésus ait été assumée. Ainsi, nous dit Origène, en lisant les Évangiles et en étant ouvert à tous les niveaux de conscience et de sens, nous arrivons à « chevaucher à travers les vastes étendues de la compréhension mystique et spirituelle[39] ».

Saint Bernard, qui fut moine et professeur au XIIe siècle, a lui aussi apporté sa contribution à la tradition chrétienne de lecture des Évangiles. Il comparait la Bible à une fenêtre nous donnant d'apercevoir la réalité divine. En lisant la Bible nous remontons à la source du Verbe intemporel de Dieu : ce que saint Bernard appelait « la poursuite infinie du Verbe ». En chemin, nous faisons l'expérience de l'*inverbation* par laquelle le Verbe pénètre en nous et nous en lui.

On voit donc que, dans la tradition chrétienne, on ne se contente pas de lire les Évangiles pour connaître les événements de la vie de Jésus ou les réponses aux questions du catéchisme. Il s'agit d'un éveil de l'intelligence mystique. On pourrait dire qu'en ce sens, la lecture des Évangiles exerce et fortifie la *buddhi,* l'intelligence spirituelle. Le bénéfice de cet exercice ne se limite pas aux moments de pratique spirituelle proprement dite, mais il transforme de l'intérieur toutes les activités et les situations de notre vie. La concentration sur les linéaments du sens scriptural peut également être considérée comme une pratique de focalisation de la conscience analogue à l'attention visuelle sollicitée dans un *mandala* en vue de centrer l'esprit.

L'attention conduit à la sagesse

La lecture des Évangiles exerce l'attention et la concentration. L'enrichissement qu'elle procure est immense, mais elle exige de nous plus d'effort que les antiques systèmes de divination et de prédiction dont certains comme le tarot, les runes et le *I Ching* reviennent aujourd'hui à la mode. Cette lecture demande un travail supplémentaire, y compris de réaction au texte et à ses nombreux sens. Nous ne restons pas passifs devant le Verbe. Son écoute nous redonne de la vigueur ; elle nous fait bondir sur nos pieds, prêts à l'action. La fréquentation du Verbe nous permet de nous approprier de manière personnelle le sens des textes, ainsi que le processus à l'œuvre et les fruits qu'il porte. La sagesse que nous cherchons dans la lecture des Évangiles n'est plus ressentie comme magiquement contenue dans le processus même de la lecture. Les mots de l'Écriture ne sont pas des formules magiques ; il n'y a pas de magie dans le Verbe.

On découvre que la sagesse réside dans la personne qui s'adonne à la pratique de lire l'Écriture. L'Esprit intérieur se réalise dans l'interaction avec la sagesse accumulée de la tradition qui soutient la lecture. Si une personne engagée dans une psychothérapie veut que le thérapeute, ou la séance avec ce dernier, accomplisse le travail à sa place, elle perd sa propre autorité. En encourageant cette tendance, le thérapeute égotiste peut contribuer à créer une dépendance qui bloque le patient dans un état infantile. Or, dans l'acte de lecture de l'Écriture, l'Esprit qui est le guide, le véritable thérapeute, encourage le lecteur à faire le travail. Le seul droit d'entrée qui nous soit demandé, pour être sûrs de bien lire, est d'y consacrer toute notre attention. Seule l'attention est nécessaire pour que notre cheminement, notre pratique prennent appui sur les deux piliers de l'autorité spirituelle : l'autorité de la connaissance intuitive personnelle et celle de la tradition vivante qui nous est transmise.

Par cette lecture des Évangiles l'intelligence mystique se développe en nous. Progressivement, elle illumine et enrichit la vie ordinaire. On est loin de l'attitude consistant à attribuer un pouvoir magique au sens littéral, une erreur qui peut déformer et perturber la vie ordinaire au lieu de l'approfondir. Un jour, un lecteur fondamentaliste de la Bible qui avait une décision à prendre fit appel à son livre jauni à force d'être feuilleté pour en recevoir un conseil. Il fit tourner les pages et plaça son doigt aveuglément sur un verset. Il disait : « Et Judas alla se pendre. » Pensant qu'une erreur s'était glissée dans sa divination, il se décida à recommencer. Cette fois le verset tiré au hasard disait : « Va et fais de même. » Ce fut sans doute le début de son apprentissage de la vraie manière de lire la Bible !

La lecture des Évangiles est l'œuvre artistique du cœur. Retrouver l'art perdu de lire l'Écriture est l'une des grandes tâches du christianisme d'aujourd'hui. En remerciant le Dalaï-lama à la fin du séminaire pour le don qu'il avait fait à l'assistance ainsi qu'à l'Église d'Occident en général, d'une certaine façon, je pensais aussi à notre besoin de retrouver cet art de lire l'Écriture. Sa Sainteté redonne à la religion une assurance et une intégrité qu'elle avait perdues aux yeux de maints Occidentaux. En outre, il montre combien de pratiques traditionnelles de la religion, comme la lecture de l'Écriture, les Occidentaux pourraient se réapproprier même à un stade si avancé d'aliénation du spirituel.

Méditation

L'un des premiers fruits de la méditation est de découvrir comment lire vraiment et vivre les Évangiles. Même les personnes qui n'ont aucune habitude de la lecture spirituelle développent une soif insoupçonnée du Verbe présent dans l'Écriture, à partir de leur pratique de la méditation. D'autres qui la lisent depuis des années éprouvent un changement substantiel dans la qualité de cette lecture, dans le sens où ils sont désormais eux-mêmes lus *par* l'Écriture.

La méditation est un chemin de foi, et donc, elle consolide la foi. L'*œil de la foi*[40] ayant été ouvert et clarifié, une dimension entièrement nouvelle de la conscience se trouve éveillée. Nous lisons les Évangiles, les *sutras* et toutes les écritures saintes de l'humanité avec cet œil de la foi. La dimension de la conscience qu'il ouvre n'entre pas en compétition avec la raison scientifique ou la logique philosophique ; elle s'en distingue par son air de liberté. La foi n'est pas de l'ordre d'une certitude logique. La logique ne fait aucune place à la liberté personnelle. L'esprit doit imposer la vérité d'un énoncé logique. Mais avec la foi, les niveaux profonds de vérité sollicitent une réponse personnelle que nous sommes éternellement libres de donner ou de retenir. Si l'esprit rationnel vous dit que dix divisé par cinq égalent deux, vous n'êtes pas vraiment libre de le croire ou non. Le nier est absurde. Si, en revanche, avec l'œil de la foi, vous vous rendez compte que vous êtes amoureux, alors s'ouvre devant vous l'immense domaine de la liberté humaine où cette vérité peut être vécue ou niée, acceptée ou éludée.

Ce que je viens d'écrire est une manière très chrétienne d'envisager la question. Le mot *foi* gênera certains bouddhistes. Mais il est important que nous échangions ce que nous comprenons par ce mot si nous voulons que notre méditation ensemble soit la base d'un dialogue qui dépasse la simple rencontre diplomatique ou savante. Jésus a dit que la foi nous sauve, qu'elle déplace les montagnes, et que par la foi nous sommes guéris. Un acte de foi, tel que nous pouvons l'accomplir vis-à-vis d'un autre être humain ou d'une communauté, fait avancer le processus de guérison que constitue l'intégration humaine. Sans actes de foi pour nourrir et éprouver nos vies, nous nous sentons moins vivants, moins entiers.

C'est en ce sens que je dis que la méditation est un chemin de foi. Parce que nous nous exercions à la méditation trois fois par jour, les commentaires du Dalaï-lama sur les Évangiles purent être énoncés et reçus dans une atmosphère de foi commune. Dès le départ, il nous apparut clairement à tous que ces périodes de silence étaient cruciales pour le succès de l'entreprise. Le Dalaï-lama le manifesta en acceptant – ce que peu de grands leaders religieux, je pense, auraient accepté – de venir à la salle de prière de bonne heure chaque matin – un déplacement qui l'obligeait à retourner à sa résidence pour prendre son petit déjeuner et refaire le même long trajet pour le début de la première séance de la journée, une heure plus tard.

Nous méditions chacun à notre manière. Nous ne discutions pas des méthodes ou des techniques, ni naturellement de ce qui se passait (ou pas) pendant la méditation. Cette expérience de silence, et d'un *être* ensemble, l'un *pour* l'autre, débarrassé de toute pensée, a été l'assise du dialogue. Je pense qu'il a constitué l'acte de dialogue essentiel du séminaire. Ce livre transmet les mots de nos échanges, mais j'espère qu'il établit clairement que les mots étaient chargés de la puissance du silence. Peut-être est-ce grâce à ce silence, que nous avons partagé tant de rire et de bienveillance. Le séminaire sur les Évangiles nous a rappelé avec force la nature du silence en tant que milieu qui pénètre le langage et le discours. Ramana Maharshi[41], grand sage indien de ce siècle, disait que le silence ce n'est pas arrêter le robinet de la communication mais le tourner à fond.

Si ce séminaire sous toutes ses formes – le séminaire lui-même, la vidéo, le livre ou la tradition vivante qui en proviennent – n'avait qu'une chose à faire passer, ce serait la valeur du silence.

Dans l'immeuble des Nations unies à New York, un groupe de la Christian Meditation organise des séances hebdomadaires ouvertes aux gens de toutes cultures et de toutes religions. Le bâtiment en lui-même est un des grands emblèmes modernes de l'espoir. Son architecture et ses dimensions spacieuses expriment la soif ardente du repos après un millénaire de guerre, l'aspiration à la réconciliation des peuples. L'immeuble est aussi un labyrinthe de bureaucratie et de palabres. Tout le monde discute et discute sur les discussions. C'est tout à fait nécessaire. Mais c'est aussi tellement insuffisant. Certaines personnes, comme cette femme qui démarra le groupe de méditation, ont senti que le silence ne serait pas une suspension du dialogue entre les nations. Le silence faciliterait le dialogue et la compréhension dans un esprit d'amitié, dont nous avons besoin pour parvenir à la paix.

Et pourquoi avons-nous besoin de la paix ? Pourquoi ne pas nous combattre et faire de la guerre un art, comme nous l'avons fait depuis si longtemps ? Il est bien clair que la réponse à cette question n'est pas formulable par des mots. On la découvre dans la méditation. Bouddhistes, chrétiens et gens de toutes confessions s'accorderaient pour dire que l'origine du désir de paix n'est pas trop mal décrite par l'*amour* ou la *bonté*. Si le cœur humain est fondamentalement bon – y a-t-il quelque chose à espérer si nous pensons le contraire ? – c'est parce qu'il peut aimer.

Ce livre est l'expression de cet amour, d'un amour qui n'est ni sentimental ni égoïste. Le dialogue entre le christianisme et le bouddhisme peut servir d'exemple en montrant comment des êtres humains parviennent à s'aimer *à cause de* leurs différences et non simplement malgré leurs différences. Cet objectif s'enrichira et se consolidera au cours du siècle prochain au fil de rencontres de cœur et d'esprit – à l'image de la rencontre de cœur et d'esprit qui eut lieu quand le Dalaï-lama accepta en riant, et avec un profond respect, de lire les Évangiles devant un groupe de chrétiens contemplatifs.

Ce livre est l'expression d'une généreuse amitié partagée par de nombreuses personnes qui ont mis leur talent et leur énergie au service du séminaire, des vidéos, et maintenant du livre. Dès le début, Mrs. Kesang Y. Takla et son équipe du Bureau du Tibet à Londres ont coopéré de manière exemplaire. Robert Kiely s'est généreusement chargé de la tâche de corriger les transcriptions faites à partir des magnifiques enregistrements réalisés par Peter Armstrong de WordPictures et Mark Schofield de notre communauté. La transcription de Gregory Ryan a servi de point de départ clair et précis. Giovanni Felicioni, directeur de Medio Media, et Judith Longman n'ont ménagé ni leur temps ni leurs conseils, à tous les stades de la réalisation. Teresa O'Neill et Sadie Summers de notre Centre international de Londres ont fait les travaux de secrétariat et ont maintenu le contact avec toutes les parties, si éloignées fussent-elles. La traduction précise mais humaine de Thupten Jinpa vers l'anglais a contribué à rendre accessible au grand public la terminologie bouddhique du livre. Travailler avec Timothy McNeill de Wisdom Publications fut un plaisir, c'est lui qui coordonna le projet avec sagesse et prudence. Les corrections de Susanna Ralli et la relecture des traductions vers l'anglais par John Dunne, qu'il compléta par sa propre traduction des prières tibétaines, ont grandement contribué à la précision et à l'utilité du livre. Connie Miller de Wisdom a apporté son aide aux glossaires et a relu les références bouddhiques pour préciser et clarifier leur sens. Toutes ces personnes, nourries de traditions diverses, ont fait de ce livre quelque chose de plus qu'un livre : un témoignage d'amitié entre des individus qui ont découvert que, dans le monde moderne, les différences n'ont plus lieu d'être des divisions mais sont sources d'une unité entre les hommes plus grande que ce qu'ils ont connu jusqu'à présent.

Père Laurence FREEMAN, O.S.B.

PREMIÈRE PARTIE

DÉSIR D'HARMONIE

La salle de conférences de la Middlesex University dans le nord de Londres n'avait rien d'imposant : elle se limitait à un espace assez restreint et étroit garni de rangées de sièges en bois disposées en pente raide, qui claquaient et grinçaient au moindre mouvement d'un membre de l'assistance. De grandes affiches reprenant des propos calligraphiés de John Main avaient été accrochées entre les fenêtres qui s'ouvraient sur le ciel gris d'Angleterre. Quelques chaises, un petit tapis et un bouquet de fleurs avaient l'air d'avoir été abandonnés sur une estrade branlante. On aurait dit que ce lieu avait été construit à la hâte la nuit précédente et que rien d'important ne pourrait s'y dérouler.

La salle frétillait d'impatience. Dans les rangs des laïcs anglais, canadiens et américains, s'étaient glissés quelques moines et moniales bouddhistes en habits safran et écarlate, leurs crânes lisses immobiles au milieu des mouvements de la foule. Des moines et des sœurs bénédictins, certains en noir, les Olivétains en blanc, occupaient les premiers rangs. On régla les caméras et les micros. Les gorges s'éclaircirent. Aucun orgue ni aucune trompette ne retentit. Un petit groupe pénétra par une porte latérale et monta sur l'estrade. Au milieu s'avançait Sa Sainteté le Dalaï-lama, portant de bonnes chaussures confortables, enveloppé dans son habit écarlate et jaune, un large sourire aux lèvres, faisant signe de la tête et des mains, un peu timide mais manifestement heureux d'être là.

Il avait fait une entrée qui n'en était pas une, sans procession. Son arrivée était bien une non-procession bouddhiste. Un moment il était absent, le moment suivant il était là, et bien là.

Plusieurs discours de bienvenue furent prononcés, dont celui de la Lady Mayor d'Enfield, qui présenta son *borough* (arrondissement) comme « multiracial, multiculturel et multireligieux ». Ce quartier nord de Londres, attaché à maintenir l'harmonie dans le pluralisme, était tout à fait approprié pour que s'y tienne un séminaire réunissant deux grandes traditions religieuses.

Après les remarques du maire, Dom Laurence Freeman, O.S.B., se leva pour accueillir Sa Sainteté. En tant que directeur spirituel et professeur de la World Community for Christian Meditation, le père Laurence avait adressé l'invitation au Dalaï-lama et accueillait maintenant son invité. Doux et mesuré dans ses gestes, le père n'en rayonnait pas moins une énergie intellectuelle et spirituelle qui manifestement éveillait la sympathie et la curiosité de son invité d'honneur. La conférence avançant, l'affection entre les deux moines s'accrut à vue d'œil. Quand le père Laurence parlait, Sa Sainteté fixait avec attention son regard, comme il le faisait d'ailleurs sur tous ses interlocuteurs.

Dans ses remarques d'ouverture, le père développa un point qui allait devenir un thème central du séminaire – la nature réciproque de l'événement :

> **Père Laurence Freeman :** « Votre Sainteté, c'est pour moi un grand honneur de vous accueillir. Vous m'avez dit que vous vouliez apprendre de nous et nous sommes ici pour apprendre de vous

également. C'est pour nous un grand privilège de vous avoir comme invité d'honneur du John Main Seminar, sur le thème choisi par vous, Le Bon Cœur, et que vous ayez accepté avec ouverture d'esprit et générosité notre invitation à commenter les Évangiles.

» Dans la tradition chrétienne, les écritures sont appelées Saintes Écritures parce que nous croyons que la présence du Christ peut y être découverte, même dans la lecture des mots. Ce sont des mots humains, et par conséquent susceptibles d'être compris ou mal compris. Ces mots appellent l'interprétation par l'esprit afin que le cœur puisse saisir leur sens. Nous savons que vous représentez une riche et magnifique tradition bouddhiste qui a su affiner les instruments de l'esprit appliqués à la perception de la vérité. Nous sommes donc impatients de lire nos Saintes Écritures à travers le filtre de votre esprit et, avec vous, de porter sur elles un regard neuf.

» De même que nous, chrétiens, sommes certains de nous enrichir, nous espérons que tous les bouddhistes ici présents, et tous les adeptes de toutes les religions, repartiront plus riches de ce séminaire. Nous savons que la quête de la compréhension n'est pas seulement intellectuelle, mais qu'elle recherche la vraie connaissance intuitive, le *vipasyana,* l'expérience du sens des mots sacrés. L'un des grands professeurs de la théologie chrétienne, Thomas d'Aquin, a dit que nous mettons notre foi non dans des énoncés mais dans les réalités dont les mots sont des indices. Ce qui compte c'est l'expérience, et non les seules idées réduites à elles-mêmes. Nous comprenons que le chemin de méditation que nous partagerons avec Votre Sainteté, en silence, durant ce séminaire, sera un chemin universel et unificateur nous faisant entrer dans cette expérience transverbale.

» John Main avait compris ce pouvoir unificateur du silence qui nous porte au-delà des mots. C'est pourquoi, dans ce séminaire, les moments sans doute les plus importants que nous passerons ensemble seront les moments de silence. Après que Sa Sainteté aura parlé, elle nous conduira à un temps de méditation. À chacun de ces temps, nous aurons la possibilité de dépasser l'intelligence discursive pour entrer dans cette vérité qui repose au cœur de la réalité. La méditation nous enrichit de tant de manières. Elle nous rend capables notamment de lire les écritures saintes du monde entier avec plus de sagesse et de sensibilité.

» Votre Sainteté, nous apprécions le don de votre *présence* à sa juste valeur. Si nous pouvons nous ouvrir à la réalité de la présence – celle que nous éprouverons dans les Écritures, celle que nous éprouverons quand vous nous ouvrirez votre esprit et votre cœur – sachons aussi faire grandir en nous l'esprit de paix et d'amitié.

» Au nom de notre Communauté présente dans le monde entier, je voudrais vous assurer que nous portons le peuple tibétain dans nos esprits et nos cœurs. Nous les sentons présents avec vous aujourd'hui. La Croix et la Résurrection du Christ sont au cœur de la foi chrétienne. Peut-être pouvons-nous voir dans l'histoire du Tibet et dans votre histoire personnelle que la Croix et la Résurrection sont des réalités humaines qui appartiennent à tous les peuples et ne sont pas la propriété d'une seule religion. Nous avons été témoins de la crucifixion du Tibet, mais nous avons vu également dans la résurrection de sa sagesse et de son enseignement, surtout grâce à Votre Sainteté, un don au monde entier[42].

» Nous sommes ouverts au mystère de la réalité. Nous espérons et prions que dans le silence de la méditation, et dans les mots avec lesquels vous allez nous guider, nous pourrons entrer dans la plénitude de la conscience et de la lumière[43]. »

Le discours du père Laurence fut vivement applaudi. Le Dalaï-lama était radieux, appréciant la clarté des remarques de bienvenue et la chaleur manifeste de l'accueil qu'on lui avait réservé. Il prit la parole en anglais, revenant au tibétain de temps en temps si la nécessité s'en faisait sentir.

Le Dalaï-lama : « Frères et sœurs spirituels, c'est pour moi une grande joie et un grand privilège d'avoir la chance de participer à ce dialogue et d'ouvrir le John Main Seminar intitulé "Le Bon Cœur". Qu'il me soit permis d'exprimer ma reconnaissance à tous ceux qui ont aidé à organiser cette rencontre.

» Je voudrais remercier la Lady Mayor pour ses chaleureux mots de bienvenue, et je me sens encouragé par son allusion à l'harmonie et à la compréhension qui règnent au sein des diverses communautés et traditions religieuses de ce *borough,* qu'elle décrit comme multiculturel, multiethnique et multireligieux. Je tiens à l'en remercier.

» J'ai connu le père John Main il y a de nombreuses années au Canada, et je fus frappé de rencontrer un représentant de la tradition chrétienne qui insistait sur l'importance de la méditation dans la pratique spirituelle. Aujourd'hui, en ouvrant ce séminaire, je pense qu'il est très important d'évoquer son souvenir.

» Je suis également heureux de voir tant de visages familiers et d'avoir l'occasion de rencontrer d'anciens et de nouveaux amis.

» Malgré les nombreuses avancées matérielles de notre planète, l'humanité est confrontée à de très, très nombreux problèmes dont quelques-uns sont en fait générés par nous-mêmes. C'est, pour une large part, notre attitude mentale – notre regard sur la vie et le monde – qui déterminera le futur – celui de l'humanité, celui du monde et celui de l'environnement. Beaucoup de choses dépendent de notre attitude mentale, à la fois dans les sphères publique et privée. Le bonheur de notre vie individuelle ou familiale dépend, en grande partie, de nous-mêmes. Bien sûr, les conditions matérielles de vie sont un facteur important pour mener une existence heureuse et bonne, mais notre attitude mentale est d'une importance égale, sinon plus grande.

» À l'approche du XXIe siècle, les traditions religieuses gardent plus que jamais leur pertinence. Pourtant, comme par le passé, des conflits et des crises apparaissent, au nom de traditions religieuses différentes. Ceci est vraiment très malheureux. Nous devons faire tout notre possible pour maîtriser cette situation. Par ma propre expérience, j'ai appris que la méthode la plus efficace pour dépasser ces conflits est le contact étroit et l'échange entre les tenants de croyances différentes, pas seulement à un niveau intellectuel, mais aussi par des expériences spirituelles profondes. C'est là une méthode puissante pour développer la compréhension et le respect mutuels. C'est au cours d'un échange que peut s'étabir une base solide pour construire une harmonie véritable.

» J'éprouve donc toujours un grand bonheur à participer à un dialogue religieux. Je m'apprête avec joie à passer ces quelques jours à parler avec vous et à pratiquer mon mauvais anglais ! Après quelques semaines de retraite à Dharamsala je constate qu'il est encore plus mauvais qu'avant, ces quelques jours me donneront une occasion tout à fait bienvenue de pratiquer.

» Comme je crois fortement que l'harmonie entre les religions est de la plus haute importance et de la plus haute nécessité, je voudrais maintenant proposer quelques idées sur les moyens de la réaliser. Je suggère d'abord d'encourager les rencontres entre savants de divers horizons religieux pour discuter des divergences et des similitudes de leurs traditions, pour favoriser l'empathie, et améliorer notre connaissance mutuelle. En second lieu, je suggère que nous encouragions les rencontres entre les fidèles des différentes religions qui ont une certaine expérience dans la vie spirituelle – ces personnes n'ont pas besoin d'être des savants, mais des pratiquants authentiques qui se réunissent pour partager les lumières qui leur sont venues de la pratique religieuse. Selon ma propre expérience, c'est un moyen efficace et puissant de s'éveiller réciproquement d'une manière directe et profonde.

» Certains d'entre vous connaissent déjà l'histoire de ma visite au grand monastère de Montserrat[44] en Espagne et de ma rencontre avec un moine bénédictin. Il vint spécialement me voir, et comme son anglais était encore plus mauvais que le mien, je me sentis plus courageux pour parler le premier. Après déjeuner, nous restâmes quelque temps seul à seul, et j'appris que ce moine avait passé plusieurs années dans les montagnes juste derrière le monastère. Je lui demandai quel type de contemplation il avait pratiqué au cours de ces années de solitude. Sa réponse fut simple : “Amour, amour, amour.” Quelle merveille ! Je suppose qu'il lui arrivait aussi de dormir. Mais durant toutes ces années il avait médité simplement sur l'amour. Et il ne méditait pas seulement sur le mot. Dans ses yeux je voyais la preuve d'une spiritualité et d'un amour profonds – comme je l'avais déjà senti chez Thomas Merton.

» Ces deux rencontres m'ont aidé à développer une sincère vénération pour la tradition chrétienne et sa capacité à créer des personnes d'une telle bonté. Je crois que le but de toutes les grandes traditions religieuses n'est pas de construire de grands temples à l'extérieur, mais de créer des temples de bonté et de compassion *à l'intérieur*, dans nos cœurs. Toutes les grandes religions ont cette faculté. Plus nous aurons conscience de la valeur et de l'efficacité des autres traditions religieuses, plus profonds seront le respect et la vénération que nous leur porterons. Voilà le bon chemin à suivre si nous voulons promouvoir une compassion véritable et un esprit d'harmonie entre les religions.

» Outre les rencontres entre savants et pratiquants expérimentés, il nous paraît important également, surtout aux yeux du public, que les leaders des diverses religions se réunissent de temps en temps pour prier, comme lors de la rencontre d'Assise en 1986[45]. C'est un troisième moyen, simple et malgré tout efficace, de promouvoir la tolérance et la compréhension.

» Un quatrième moyen consiste pour les adeptes de religions différentes à partir ensemble en pèlerinage et à visiter les lieux saints des uns et des autres. Il y a quelques années, j'ai moi-même commencé à le faire en Inde. Depuis, j'ai eu l'occasion de me rendre à Lourdes[46] et à Jérusalem. Dans ces lieux, j'ai prié avec les adeptes de diverses religions, parfois en méditation silencieuse. Ces moments de prière et de méditation ont été pour moi de véritables expériences spirituelles. J'espère que mon cas servira d'exemple, constituera une sorte de précédent, afin qu'à l'avenir les gens considèrent comme une chose tout à fait normale d'aller ensemble en pèlerinage sur des lieux saints et de partager leurs diverses expériences religieuses.

» Pour terminer, je voudrais revenir sur le sujet de la méditation ainsi que vers mes frères et sœurs chrétiens qui pratiquent la méditation dans leur vie quotidienne. Je pense que cette pratique est extrêmement importante. L'Inde connaît la méditation du *samadhi,* " le calme mental ", commune à toutes les religions indiennes comme l'hindouisme, le bouddhisme et le jaïnisme. Certains types de *vipasyana,* " méditation analytique ", sont communs à nombre de traditions de ces religions. On peut se demander pourquoi le *samadhi,* " le calme de l'esprit ", est si important. Parce que le *samadhi,* ou méditation de focalisation, est le moyen de mobiliser l'esprit, de canaliser l'énergie mentale. Le *samadhi* est considéré comme un élément essentiel de la pratique spirituelle de *toutes* les grandes traditions religieuses de l'Inde parce qu'il donne la possibilité de canaliser toute l'énergie mentale du pratiquant et de diriger l'esprit sur un objet particulier, de le concentrer sur un point unique.

» Je suis convaincu que si la prière, la méditation et la contemplation – qui est plus discursive et analytique – sont associées journellement, l'effet sur l'esprit et le cœur du pratiquant n'en sera que plus grand. La pratique religieuse vise en priorité à une transformation intérieure du pratiquant, à le faire passer d'un état d'esprit indiscipliné, rebelle, dispersé, à un état qui soit discipliné, dompté et équilibré. Une personne qui a développé la faculté de focaliser parfaitement son esprit sur un point aura forcément plus de facilité à atteindre cet objectif. Quand la méditation fait partie intégrante de votre vie spirituelle, vous êtes capable de réaliser cette transformation intérieure de manière plus efficace.

» Parvenu à ce nouvel état, vous découvrirez ensuite, en suivant votre propre tradition spirituelle, qu'une sorte d'humilité naturelle éclot en vous, qui vous permet de mieux communiquer avec les adeptes d'univers culturels et de traditions religieuses différents. Vous êtes en meilleure position pour apprécier la valeur et la richesse des autres traditions parce que vous avez vu cette valeur en vous plaçant à l'intérieur de votre propre tradition. Les gens ressentent souvent des sentiments d'exclusivisme à l'égard de leurs croyances religieuses – ma voie est la seule véritable – d'où naît l'appréhension de créer des liens avec d'autres personnes de religions différentes. Je pense que le meilleur moyen de vaincre cette force est de faire l'expérience de la valeur de sa propre voie par une vie méditative, ce qui permet ensuite de voir la valeur et le prix des autres traditions.

» Pour qu'un authentique esprit d'harmonie puisse s'appuyer sur de solides connaissances, je pense très important de connaître les différences fondamentales entre les traditions religieuses. Il est certes possible de comprendre en quoi les religions se séparent, tout en reconnaissant en même temps la valeur et les possibilités de chaque tradition. Ainsi, le pratiquant développera une perception équilibrée et harmonieuse. Certains pensent que le moyen le plus raisonnable d'atteindre l'harmonie et de résoudre les problèmes de l'intolérance religieuse est d'établir une religion universelle valable pour tous. Or, j'ai toujours pensé que nous devons avoir des traditions religieuses différentes parce que les êtres humains possèdent tant de dispositions mentales différentes : une religion ne peut tout bonnement pas satisfaire les besoins de tant d'individus. Si nous essayons d'unifier les religions du monde en une seule, nous allons perdre maintes qualités et richesses de chacune des traditions. C'est pourquoi je pense qu'il est préférable, malgré le nombre de conflits qui naissent au nom de la religion, de maintenir le pluralisme des traditions. Malheureusement, si la diversité est mieux à même de satisfaire les besoins des diverses dispositions mentales de l'humanité, cette diversité est par nature une source potentielle de conflits et de désaccords. C'est pourquoi les adeptes de toutes les traditions doivent redoubler d'efforts pour dépasser l'intolérance et l'incompréhension et rechercher l'harmonie.

» Tels sont les quelques points que je jugeais utile de préciser au début de ce séminaire. Je suis maintenant impatient d'explorer des textes et des idées qui ne me sont pas familiers. Vous m'avez chargé d'une lourde responsabilité et j'essaierai de mon mieux de répondre à votre attente. Je considère que c'est vraiment un grand honneur et un grand privilège que vous me faites en me demandant de commenter des passages choisis de l'Écriture Sainte, une écriture qui, je l'admets volontiers, m'est mal connue. Je dois aussi admettre que c'est la première fois que je me livre à un tel exercice. Sera-ce un succès ou un échec, je l'ignore ! En tout cas, je ferai de mon mieux. Maintenant, je vais psalmodier quelques versets de bon augure, puis nous méditerons. »

La modestie, comme le sourire, n'était pas feinte. Les rires de l'assistance, quant à eux, exprimaient tantôt la surprise que provoquait un homme d'une telle simplicité, tantôt un désir d'amical encouragement. C'était le début d'un lien qui en quelques jours allait s'élever à un sommet de communion de sentiment et de pensée, dans le respect et l'amour.

On éteignit les lumières électriques et, dans la faible lueur du jour pénétrant par les fenêtres, l'assistance se recueillit tandis que Sa Sainteté fermait les yeux et entonnait l'antique psalmodie tibétaine :

Comblés d'excellence comme une montagne d'or,
Les sauveurs des mondes triples, libérés des trois souillures
Sont les bouddhas, leurs yeux pareils à des lotus en fleur ;
Ils sont la première bénédiction de bon augure pour le monde.

Les enseignements qu'ils ont dispensés sont sublimes et
[inébranlables,
Réputés dans les mondes triples, honorés également par les
[dieux et les hommes.
Ce saint enseignement octroie la paix à tous les êtres sensibles ;
C'est la deuxième bénédiction de bon augure pour le monde.

La communauté sacrée, enrichie par l'étude, est honorée
Par les hommes, les dieux et les demi-dieux.
Cette communauté suprême est modeste, quoique la demeure
[de la gloire ;
C'est la troisième bénédiction de bon augure pour le monde.

Le Maître est venu dans notre monde ;
L'enseignement brille comme les rayons du soleil ;
Les maîtres qui enseignent, comme des frères, sont dans la
[concorde ;
Qu'il y ait donc des bénédictions de bon augure pour que les
[enseignements demeurent longtemps[47].

Chant :
« Tout sera bien. Tout sera bien. Et toutes les choses dans leur diversité seront bien. »

Après trente minutes de méditation silencieuse, le père Laurence se leva et prit la parole :

« Pour conclure cette première séance, nous allons demander à Sa Sainteté d'allumer une des bougies de ce symbole d'unité, et ensuite différents invités appartenant à des traditions variées allumeront d'autres bougies à partir de la sienne[48]. Ces bougies brûleront pendant le séminaire et symboliseront l'unité et l'amitié qui lient nos religions. »

DEUXIÈME PARTIE

AIME TON ENNEMI

Évangile de Matthieu 5, 38-48

Le matin, Sa Sainteté arriva sans tarder. Avant de commenter un passage de l'Évangile selon Matthieu, il fit quelques remarques préliminaires. Tout au long du séminaire, il insista à maintes reprises sur le fait que son but n'était pas de convertir les chrétiens de l'assistance en bouddhistes, mais de présenter la perspective d'un moine bouddhiste sur les passages proposés.

Le Dalaï-lama : « Comme ce dialogue a été organisé par la World Community for Christian Meditation et que le public est en majorité constitué de chrétiens pratiquants sérieusement engagés dans une démarche de foi, ma présentation s'adressera en priorité à eux. J'essaierai d'expliquer quelles sont les techniques ou les méthodes bouddhiques susceptibles d'être adoptées par un chrétien pratiquant sans pour cela adhérer à la philosophie bouddhique profonde. Ces différences métaphysiques profondes entre les deux traditions apparaîtront sans doute au cours de la discussion de groupe.

» Mon souci principal est le suivant : comment puis-je aider ou servir le pratiquant chrétien ? Ce que je voudrais le moins au monde c'est semer le doute et le scepticisme dans les esprits. Comme je l'ai dit plus tôt, je suis absolument convaincu que la variété des traditions religieuses actuelles est précieuse et pertinente. D'après ma propre expérience, toutes les grandes traditions religieuses du monde parlent une langue et délivrent un message communs sur lesquels nous pouvons bâtir une véritable entente mutuelle.

» En général, je préfère que les gens ne s'écartent pas de la religion qui fait partie de leur culture et de leur héritage. Bien sûr, l'individu a parfaitement le droit de changer de religion *si* une autre lui paraît plus efficace ou appropriée à ses besoins spirituels. Mais, d'une manière générale, il est préférable de faire l'expérience de la valeur de sa propre tradition religieuse. Voici un exemple du genre de difficulté qu'un changement de religion peut créer : dans une famille tibétaine, dans les années soixante, le père de famille décéda et la mère vint me voir quelque temps après. Elle me déclara que dans cette vie-ci elle était chrétienne, mais que dans la vie future il n'y avait pas d'autre alternative pour elle que d'être bouddhiste. Comme c'était compliqué ! Si vous êtes chrétien, il vaut mieux vous développer spirituellement dans le cadre de votre religion et être un bon et authentique chrétien. Si vous êtes bouddhiste, soyez un véritable bouddhiste. Ne soyez pas un moitié-moitié ! Cela ne fera que créer de la confusion dans votre esprit.

» Avant de commenter le texte, j'aimerais dire un mot sur la méditation. Le mot tibétain pour méditation est *gom,* qui évoque le développement d'une familiarité constante avec une pratique ou un objet particulier. Le processus de « familiarisation » est central parce que l'affinement ou le développement de l'esprit est relatif à la croissance de la familiarité avec l'objet choisi. Par conséquent, c'est uniquement par une application constante des techniques méditatives et un entraînement constant de l'esprit que l'on peut escompter parvenir à une transformation intérieure qui mette de la discipline dans l'esprit. Dans la tradition tibétaine, il existe, *grosso modo,* deux grands types de méditation. L'une fait appel à une certaine dose d'analyse et de raisonnement ; on l'appelle méditation contemplative ou analytique. L'autre est plus un état d'absorption et de concentration ; on l'appelle méditation sur un point ou acte de positionner l'esprit.

» Prenons l'exemple d'une méditation sur l'amour et la compassion dans le contexte chrétien. En méditant de façon analytique, nous suivrions des lignes de pensée spécifiques, telles que : pour vraiment aimer Dieu, il faut manifester cet amour par l'acte d'aimer mes frères humains de manière authentique, d'aimer mon prochain. On peut aussi réfléchir sur la vie et l'exemple de Jésus Christ en personne, comment il a mené sa vie, comment il a œuvré pour le profit d'autres êtres sensibles, et comment ses actes ont illustré un mode de vie inspiré par la compassion. Ce type de processus réflexif constitue l'aspect analytique de la méditation sur la compassion. On peut méditer de manière analogue sur la patience et la tolérance.

» Grâce à ces réflexions vous serez de plus en plus convaincus de l'importance et de la valeur de la compassion et de la tolérance. Une fois parvenus à un certain point où vous vous sentez absolument convaincus du prix et de la nécessité de la compassion et de la tolérance, vous aurez la sensation d'être touchés, d'être transformés de l'intérieur. À ce stade, il faut concentrer votre esprit sur cette unique conviction, sans procéder à d'autre analyse. Plus exactement, l'esprit doit rester en équilibre parfait, concentré sur un point – c'est l'aspect d'absorption ou de maintien de la méditation sur la compassion. Ainsi les deux types de méditation trouvent leur application dans une même séance de méditation.

» Pourquoi sommes-nous capables, par l'application de telles techniques méditatives, non seulement de développer mais d'affiner la compassion ? Parce que la compassion est un type d'émotion qui détient un potentiel de développement. Il existe en gros deux types d'émotion. Les unes sont plutôt instinctuelles et non fondées sur la raison. Les autres, comme la compassion et la tolérance, sont moins instinctuelles et s'appuient solidement sur la raison et l'expérience. Quand on voit clairement les diverses raisons logiques de les développer et que l'on s'établit fermement dans la conviction des bénéfices qu'elles apportent, alors ces émotions sont affinées. Ce qui se passe alors est une jonction de l'intellect et du cœur. La compassion représente l'émotion, ou le cœur, et l'application de la méditation analytique appartient à l'intellect. Quand on est arrivé à ce stade d'état méditatif où la compassion est affinée, on assiste à une fusion spéciale de l'intellect et du cœur.

» Si maintenant on examine la nature de ces états méditatifs, on s'aperçoit qu'ils sont formés d'éléments différents. Ainsi, prenons l'exemple du processus analytique consistant à penser que nous sommes tous des êtres humains, des créatures du même Créateur et donc vraiment frères et sœurs. Dans ce cas, vous focalisez votre esprit sur un objet particulier. Autrement dit, votre subjectivité analytique se focalise sur l'idée ou le concept que vous analysez. Cependant, une fois parvenus à un état de concentration sur un seul point – quand vous ressentez cette transformation intérieure, cette compassion à l'intérieur de vous – il n'existe plus un esprit méditant et un objet médité. À la place, votre esprit méditant se déploie sous forme de compassion.

» J'en ai terminé avec les remarques préliminaires sur la méditation. Je vais maintenant lire l'Évangile.

» *Vous l'avez appris : il a été dit : Œil pour œil, dent pour dent. Mais moi je vous dis de ne pas résister au méchant. Si quelqu'un te frappe sur la joue droite, présente-lui l'autre aussi. Si quelqu'un veut te citer en justice pour avoir ta tunique, abandonne-lui aussi ton manteau. Si quelqu'un veut te contraindre à faire un mille avec lui, fais-en deux. Donne à qui te demande, et n'esquive pas celui qui veut t'emprunter.* » [Matthieu 5, 38-42]

Le Dalaï-lama : « Les pratiques de tolérance et de patience préconisées dans ce passage ressemblent à l'extrême aux pratiques de tolérance et de patience telles qu'elles sont préconisées par le bouddhisme en général. C'est particulièrement vrai du bouddhisme mahayana dans le contexte de l'*idéal du bodhisattva* qui encourage, si l'on nous fait du mal, à répondre par la non-violence et la compassion. À la limite, ce passage pourrait être introduit dans un traité bouddhique sans que l'on reconnaisse son origine chrétienne.

» *Vous l'avez appris : il a été dit :* Tu aimeras ton prochain, *et tu pourras haïr ton ennemi. Mais moi je vous dis : Aimez vos ennemis. [Faites du bien à ceux qui vous haïssent], priez pour ceux qui vous [maltraitent et vous] persécutent. Vous serez ainsi les fils de votre Père du ciel, qui fait lever son soleil sur les méchants comme sur les bons, et fait pleuvoir sur les justes et sur les injustes. Si vous n'aimez que ceux qui vous aiment, quelle récompense méritez-vous ? Les publicains mêmes n'en font-ils pas autant ? Si vous ne saluez que vos frères, que faites-vous d'extraordinaire ?Les païens n'en font-ils pas autant ? Soyez donc parfaits comme votre Père céleste est parfait.* » [Matthieu 5, 43-48]

» Ceci me rappelle un passage d'un traité bouddhique mahayana appelé le *Compendium des pratiques*[49] dans lequel Shantideva demande : « Si vous ne pratiquez pas la compassion envers votre ennemi, envers qui la pratiquerez-vous ? » On sous-entend que même les animaux manifestent de l'amour, de la compassion et un sentiment d'empathie à l'égard de ceux qu'ils aiment. Si nous prétendons être des pratiquants de la spiritualité, engagés sur un chemin spirituel, nous devons nous montrer capables de faire mieux que les animaux.

» Cet extrait de l'Évangile me rappelle également les réflexions d'un autre traité mahayana appelé *La Voie du Bodhisattva* (traduit en français sous le titre *La Marche vers l'éveil,* éditions Padmakara) dans lequel Shantideva affirme l'importance d'acquérir l'attitude correcte envers son ennemi. Si vous savez cultiver l'attitude juste, vos ennemis deviennent vos meilleurs maîtres sprirituels parce que leur présence vous donne l'occasion de progresser dans la tolérance, la patience et la compréhension. En acquérant plus de patience et de tolérance, il sera plus facile de développer votre aptitude à la compassion et, grâce à cela, votre altruisme. Ainsi, même pour la pratique de votre propre voie spirituelle, la présence d'un ennemi est cruciale. L'analogie établie par l'Évangile avec « le soleil qui brille sans discrimination » est très importante. Le soleil brille pour tous sans discrimination. Voilà une magnifique métaphore de la compassion. Elle fait comprendre ce qu'elle a d'impartial et de total.

» En lisant ces passages, je vois que l'Évangile met l'accent sur la pratique de la tolérance et valorise les sentiments d'impartialité envers toutes les créatures. À mon avis, afin de développer l'aptitude de chacun à la tolérance envers tous les êtres, et particulièrement envers un ennemi, il est une condition préalable importante qui est d'accueillir tout être avec équanimité. Si l'on vous dit que vous ne devriez pas être hostile à votre ennemi, que vous devriez l'aimer, cette affirmation seule ne va pas vous inciter à changer. Il est tout à fait naturel pour chacun d'entre nous de ressentir de l'hostilité à l'égard de ceux qui vous font du mal et de l'affection pour ceux qui vous aiment. C'est un sentiment humain naturel. Nous devons donc disposer de techniques efficaces pour nous aider à faire ce passage d'une partialité inhérente à notre nature à un état de plus grande équanimité.

« Plusieurs techniques spécifiques permettent de développer l'équanimité envers toute créature sensible. Dans un contexte bouddhiste, on peut faire appel au concept de renaissance pour nous aider à pratiquer l'équanimité. Néanmoins, comme nous discutons dans un contexte chrétien, sans doute est-il possible d'invoquer l'idée de Création selon laquelle toutes les créatures sont égales en ce qu'elles sont toutes des créations du même Dieu. À partir de cette croyance, on peut progresser dans l'équanimité. Juste avant cette séance, j'ai eu un bref entretien avec le père Laurence qui m'a expliqué que, dans la théologie chrétienne, on pense que tous les êtres humains sont créés à l'image de

Dieu – nous partageons tous une même nature divine. Ceci me semble tout à fait analogue à l'idée de nature de bouddha dans le bouddhisme. Cette croyance que tous les êtres humains participent de la même nature divine nous fournit une base solide, une raison très puissante de croire qu'il est possible pour chacun de nous d'acquérir un authentique sens de l'équanimité à l'égard de tous les êtres.

» Cependant, nous ne devons pas considérer cette égalité d'âme comme une fin en soi. Nous ne devons pas non plus avoir le sentiment de poursuivre un état de totale apathie où nous n'aurions aucun sentiment ni aucune variabilité d'émotion envers nos ennemis ou nos amis. Ce n'est pas là le but que nous recherchons. Ce à quoi nous aspirons, d'abord et avant tout, c'est à poser les fondations, à disposer d'une sorte de champ libre où nous pourrons ensuite planter d'autres pensées. L'équanimité est ce terrain uniforme que nous préparons en premier lieu. Sur cette base, nous devons ensuite réfléchir aux mérites de la tolérance, de la patience, de l'amour et de la compassion envers tous. Il nous faut aussi examiner les inconvénients et les négativités de la pensée égocentrique, des émotions fluctuantes envers les amis et les ennemis, et les négativités résultant de la partialité envers d'autres êtres.

» Le point crucial réside dans la manière d'utiliser cette équanimité de base. Il est important de se concentrer sur les négativités de la colère et de la haine, qui constituent les principaux obstacles à l'épanouissement de notre aptitude à la compassion et à la tolérance. Il faut aussi réfléchir aux mérites et aux vertus de l'approfondissement de la tolérance et de la patience. Ceci peut se faire dans le contexte chrétien sans pour cela avoir recours à une quelconque croyance en la renaissance : Dieu a fait de vous un individu et vous a donné la liberté d'agir de manière compatible et en accord avec ses désirs – d'agir de manière éthique, de manière morale et de mener une vie digne d'un individu éthiquement discipliné et responsable. En éprouvant et en pratiquant la tolérance et la patience à l'égard de vos semblables, vous remplissez ce vœu : vous contentez votre Créateur. C'est, en un sens, le plus beau don, la plus belle offrande que vous puissiez faire au Créateur divin.

» Dans le bouddhisme, on trouve l'idée dite de l'*offrande de la pratique* (*drupai chöpa*) selon laquelle, de toutes les offrandes que l'on puisse faire à une personne que l'on vénère – offrandes matérielles, chants de louange et autres dons – la plus belle est celle de mener une vie conforme aux principes de cet être. Dans le contexte chrétien, en menant une vie éthiquement disciplinée, fondée sur la tolérance et la patience, vous faites, en un sens, un don merveilleux à votre Créateur. D'une certaine manière, c'est beaucoup plus efficace que de limiter sa pratique à la prière. Si vous priez sans vivre en conformité avec cette prière, ce n'est pas d'un grand profit.

» L'un des grands yogis du bouddhisme tibétain, Milarepa, affirme dans un de ses chants d'expérience spirituelle : " En ce qui concerne les offrandes matérielles, je suis démuni ; je n'ai rien à offrir. Ce que je puis offrir en abondance, c'est le don de ma réalisation spirituelle. " Nous voyons bien, en général, qu'une personne qui possède une énorme réserve de patience et de tolérance jouit d'un certain degré de tranquillité et de calme. Une telle personne est non seulement heureuse et plus stable émotionnellement, mais paraît aussi en meilleure santé physique et moins sujette à la maladie. Cette personne possède une forte volonté, un bon appétit et peut dormir avec une conscience claire. Tels sont les profits de la tolérance et de la patience que nous pouvons constater dans nos vies quotidiennes.

» L'une de mes convictions fondamentales est que la nature humaine de base est plus disposée à la compassion et à l'affection. La nature humaine de base est douce et non pas agressive et violente. Ceci est tout à fait conforme à ce que disait le père Laurence sur le fait que tous les êtres humains partagent la même nature divine. Je dirai de plus qu'en examinant le rapport entre l'esprit, ou la conscience, et le corps, on s'aperçoit que les attitudes, les émotions et les états d'esprit sains, comme la compassion, la tolérance et le pardon, sont fortement liés à la santé physique et au bien-être. Ils augmentent le bien-être physique, tandis que les attitudes et les émotions négatives ou malsaines comme la colère, la haine, les états d'esprit perturbés, minent la santé physique. Cette correspondance montre bien que notre nature humaine de base est plus proche des attitudes et des émotions saines.

» Après avoir réfléchi sur les vertus de la tolérance et de la patience et s'être convaincu de la nécessité de les développer et de les accroître en soi-même, il faut ensuite considérer les différents types et degrés de patience et de tolérance. Ainsi les traités bouddhiques décrivent-ils trois types de tolérance et de patience. Le premier est l'état d'indifférence inébranlable – on est capable de supporter la douleur ou la souffrance et de ne pas se laisser submerger par elles. Ceci est le premier niveau. Dans le deuxième état, le pratiquant est non seulement capable de supporter de telles souffrances, mais il est, si nécessaire, prêt et même désireux à assumer les épreuves, les peines et les souffrances du chemin spirituel. Ceci implique l'acceptation volontaire des épreuves pour atteindre un but plus élevé. Le troisième est un type de patience et de tolérance qui naît d'une ferme conviction quant à la nature de la réalité. Dans la pratique chrétienne, ce genre de patience serait fondé sur une foi solide dans les mystères de la Création. Bien que ces distinctions entre trois niveaux de tolérance soient le fait des auteurs bouddhistes, elles sont transposables dans le contexte chrétien. C'est particulièrement vrai du deuxième type de patience-tolérance – assumer délibérément les épreuves du chemin spirituel – dont il semble être question dans le passage suivant : les Béatitudes de l'Évangile de Matthieu. »

TROISIÈME PARTIE

LE SERMON SUR LA MONTAGNE : LES BÉATITUDES

Évangile de Matthieu 5, 1-10

« *À la vue de ces foules, Jésus gravit la montagne. Il s'assit, et ses disciples s'approchèrent de lui. Alors il ouvrit la bouche et leur donna ces enseignements : "Heureux ceux qui ont un cœur de pauvre : le royaume des cieux est à eux !*

" Heureux ceux qui sont doux : ils posséderont la terre !

" Heureux ceux qui pleurent : ils seront consolés !

" Heureux ceux qui ont faim et soif de la justice : ils seront rassasiés !

" Heureux les miséricordieux : ils obtiendront miséricorde !

" Heureux les cœurs purs : ils verront Dieu !

" Heureux les pacifiques : ils seront appelés fils de Dieu !

" Heureux les persécutés pour la justice : le royaume des cieux est à eux ! » [Matthieu 5, 1-10]

Le Dalaï-lama : « À la lecture de ces lignes des Béatitudes, la première chose qui me vient à l'esprit est la suivante : ce passage semble indiquer le simple fait que ceux qui désirent s'engager sur un chemin et accepter les épreuves et les souffrances qu'il implique recevront la récompense de leur engagement. À propos des textes enseignant cette tolérance qui exige de vous l'acceptation délibérée des épreuves, de la douleur et de la souffrance, il serait faux d'y voir l'affirmation qu'il est beau de souffrir, que la souffrance est ce que tous nous devons rechercher. Il va sans dire que je ne souscris pas à un tel point de vue. Je pense que le but de notre existence est de chercher le bonheur, de chercher à connaître la satisfaction et la plénitude. Cependant, comme les épreuves et les peines font naturellement partie de l'existence, il est capital d'avoir à leur égard un point de vue qui nous permette de les aborder de manière réaliste afin que nous puissions en retirer quelque profit.

» Si nous examinons la nature de la souffrance, nous constatons qu'il existe certains types de souffrance auxquels on peut trouver des solutions, et qui peuvent donc être surmontés. Une fois qu'on en a conscience, il faut chercher la solution et les moyens de vaincre la souffrance. Mais il existe aussi des types de souffrance qui sont inévitables et insurmontables, des faits naturels de l'existence. En pareil cas, il est important de développer un état d'esprit qui permette d'aborder la souffrance de manière réaliste. Ce faisant, vous parviendrez peut-être à accepter ces difficultés à mesure qu'elles surgissent. Une telle attitude vous protégera, pas nécessairement de la réalité physique de la souffrance, mais du fardeau psychologique supplémentaire et inutile qui consiste à lutter contre elle.

» L'une des approches les plus efficaces à l'égard de la souffrance est exposée dans *La Voie du Bodhisattva*. Si le problème est tel qu'il existe un moyen d'en sortir, il est inutile de se faire du souci. Si, au contraire, il n'y a pas moyen d'en sortir, à quoi bon se faire du souci !

« Ces versets des Béatitudes me semblent également aborder la question du principe de causalité. Si le terme technique sanskrit de *karma* ne peut pas figurer dans le contexte biblique, le principe général de causalité, sous-jacent à la doctrine du karma, me semble être évoqué ici. Les versets impliquent que si vous agissez d'une certaine façon, alors vous ferez l'expérience d'un certain effet, et si vous n'agissez pas d'une certaine façon, vous ne connaîtrez pas un certain effet. Le principe de causalité est clairement contenu dans cet enseignement.

» Bien que toutes les grandes traditions spirituelles du monde n'abordent pas la question de la causalité sous l'angle de cycles de vies multiples, il semble néanmoins qu'il y ait un message central fondé sur le principe de causalité, commun à toutes ces traditions. À savoir que, si vous faites le bien, vous en obtiendrez des résultats désirables, et si vous faites le mal, vous en obtiendrez des résultats indésirables. Ce message éthique fondamental semble inhérent à toutes les grandes traditions spirituelles.

» Accessoirement, il est très intéressant également de noter des similitudes stylistiques frappantes entre les écritures chrétiennes et bouddhiques. En préambule aux Béatitudes, l'Évangile note qu'à la vue des foules, Jésus gravit la montagne, s'assit, etc. On retrouve un début analogue dans nombre de *sutras,* les écritures saintes des bouddhistes. Les *sutras* rapportent qu'à un moment donné, le Bouddha visitait tel ou tel endroit, qu'il était entouré par un si grand nombre de disciples qu'il s'assit et commença son enseignement. Il y a donc une similitude intéressante dans la présentation de ces passages.

» L'un des concepts les plus difficiles dont il est question ici, surtout pour les bouddhistes, est celui d'un être divin, Dieu. Évidemment, on peut l'aborder en disant qu'il s'agit de quelque chose d'inexprimable, au-delà du langage et de la conceptualité. Mais il faut bien admettre qu'au niveau théorique, les idées de Dieu et de Création sont un point de divergence entre bouddhistes et chrétiens. Néanmoins, je crois que les raisons et les considérations qui conduisent à une telle croyance sont communes aux bouddhistes et aux chrétiens.

» Si l'on examine la nature de tous les phénomènes naturels, le bon sens nous dit que tout événement doit avoir une cause. Il doit y avoir certaines conditions et causes qui donnent naissance à un événement. Ce n'est pas seulement vrai de notre propre existence d'individu, mais aussi de l'univers cosmique tout entier. Pour le sens commun, accepter qu'une chose soit sans cause – qu'il s'agisse de l'univers ou de notre existence individuelle – est inacceptable. D'où la question qui suit : dans ce cas, si notre existence doit avoir une cause – si l'univers cosmique même à son échelle doit avoir une cause – d'où vient cette cause ? Et s'il s'ensuit que *cette* cause-là doit elle-même avoir une cause, alors nous régressons à l'infini.

» Pour surmonter cette difficulté de la régression infinie, il est utile de postuler un commencement, un Créateur et d'accepter certaines vérités concernant la nature du Créateur : il est indépendant, auto-créé, tout-puissant et n'exige aucune autre cause. Accepter un tel commencement nous aide à traiter le problème de la régression infinie.

» Si l'on postule un tel Créateur, et si l'on examine le processus de l'évolution à partir du Big-Bang et tout le mystère de l'univers, on peut tout à fait créditer le Créateur d'omnipotence. En outre, si l'on examine la nature de l'univers, on s'aperçoit qu'il ne fonctionne pas de manière totalement chaotique ou hasardeuse. Il semble qu'il y ait un ordre inhérent, un principe causal à l'œuvre. Par là, encore, il est possible de créditer le Créateur d'omniscience, comme si tout le processus ou la procédure était planifié. Vues sous cet angle, toutes les créatures sont d'une certaine façon une manifestation de cette force divine. Et de ce point de vue, on peut dire, là encore, que le Créateur est l'*ultime* et la création le *relatif*, l'éphémère. En ce sens, on peut dire que le Créateur est la vérité absolue et ultime. Mais je ne sais pas ce que les théologiens chrétiens en penseraient !

» Personnellement, quand je considère l'idée de Création et la croyance en un Créateur divin, je me dis que l'effet principal de cette croyance est d'insuffler une motivation, un sentiment d'urgence dans l'engagement du pratiquant à devenir un homme bon, un homme éthiquement discipliné. Quand vous disposez d'un tel concept ou croyance, cela donne aussi un but à votre existence. C'est très utile pour développer les principes moraux.

» Voilà comment je comprends la théologie chrétienne ! »

Commentaire sur la lecture de l'Évangile

Père Laurence : Votre Sainteté, je voudrais vous remercier très sincèrement pour votre enseignement de ce matin. Je parle en mon nom, mais aussi, je pense, en celui de toutes les personnes présentes, en disant qu'il était très émouvant pour moi, chrétien, de vous écouter lire les mots de Jésus avec une telle pureté et une si profonde compréhension de leur sens. Comme nous arrivons maintenant à l'heure de notre première discussion de groupe, je voudrais vous présenter les intervenants. Robert Kiely est oblat bénédictin de notre communauté et professeur de littérature à la Harvard University, et Isabelle Glover, également oblate bénédictine de notre communauté, enseigne le sanskrit. Le propos de cette discussion est de nous permettre d'écouter plus attentivement la Parole qui nous a déjà touchés ce matin. L'idée n'est pas de chercher les différences mais simplement de réfléchir, dans un esprit aussi ouvert et genéreux que possible, à la fois sur les similitudes et les différences intéressantes existant entre nos deux religions. Je demanderai à Bob Kiely de commencer par quelques mots d'introduction, puis nous entamerons la discussion.

Robert Kiely : Votre Sainteté, j'aimerais ajouter un mot aux remerciements du père Laurence. Sachant quelles ont été votre vie et l'histoire de votre peuple au cours de ce siècle, j'ai été particulièrement ému quand vous avez lu les Béatitudes, et tout particulièrement : « Heureux ceux qui pleurent, car ils seront consolés » et : « Heureux les persécutés pour la justice, car ils trouveront le royaume de Dieu. » Selon la croyance chrétienne, si l'écriture est lue par une personne qui possède un bon cœur, elle reprend vie pour tous. Pour moi, comme pour beaucoup d'entre nous ici, je pense, ces mots lus par vous ont eu cet effet.

L'une des questions que je voudrais aborder avec vous a trait à l'idée juive et chrétienne de l'Absolu entrant dans l'histoire, dans le temps. Les textes que vous avez lus, et tous les enseignements de Jésus d'une manière générale, les chrétiens les situent dans un contexte comprenant au moins trois déroulements historiques. Le premier est l'histoire de la vie de Jésus. Aucun chrétien ne reçoit son enseignement sans se souvenir que Jésus est né pauvre, qu'il était un

Juif habitant un pays occupé, que sa vie publique, la période où il a enseigné les foules, a été très brève, qu'il a été persécuté, crucifié comme un criminel de droit commun et qu'il est ressuscité des morts. Pour les chrétiens, tel est le contexte premier, me semble-t-il.

En second lieu, nous ne séparons pas les Évangiles de l'histoire du peuple juif dont le récit fait partie de notre Écriture. C'est une histoire marquée par l'esclavage en Égypte, la libération sous la conduite de Moïse, le donateur de la Loi qu'il a lui-même reçue de Dieu, et pour finir, par la dispersion dans le monde. La troisième histoire est toujours celle de nos vies. Aussi les paroles de Jésus que nous méditons nous parviennent à travers des récits qui se déroulent dans le temps et dans l'histoire – personnelle, nationale et théologique, dans la vie de Jésus lui-même. Je me demande quelles réflexions évoque en vous, moine bouddhiste, cet aspect temporel du christianisme, et s'il est possible de faire un rapprochement avec le bouddhisme.

Le Dalaï-lama : La comparaison entre deux traditions spirituelles anciennes comme le bouddhisme et le christianisme révèle une similitude frappante entre les récits des maîtres fondateurs – Jésus Christ dans le cas du christianisme et le Bouddha pour le bouddhisme. Je perçois un point commun très important : dans la vie même des maîtres fondateurs, est manifestée l'essence de leurs enseignements. Ainsi, dans la vie du Bouddha, les Quatre Nobles Vérités représentent l'essence de l'enseignement : La vérité de la souffrance, la vérité de l'origine de la souffrance, la vérité de la cessation de la souffrance et la vérité de la voie conduisant à cette cessation. Ces Quatre Nobles Vérités sont très explicitement et clairement manifestées dans la vie du maître fondateur, le Bouddha lui-même. Je pense qu'il en est de même avec le Christ. En observant la vie de Jésus, on se rend compte qu'elle illustre toutes les pratiques et les enseignements essentiels du christianisme. Je perçois une autre similitude dans ces deux vies : c'est uniquement par les épreuves, l'application, l'engagement personnel et le ferme attachement à ses principes que l'on peut progresser spirituellement et atteindre la libération. Ceci me semble constituer un message commun et central.

Isabelle Glover : Votre Sainteté, vous avez mentionné la « renaissance ». De nombreux signes incitent à penser que, dans les premiers temps de l'Église chrétienne, la réincarnation était une croyance admise, qui aujourd'hui n'a plus cours dans la pensée chrétienne[50]. Pourriez-vous nous en dire plus à ce sujet ? Quelle est l'importance de l'enseignement sur la renaissance et le karma ?

Le Dalaï-lama : On m'a dit, en effet, que dans les premiers enseignements de l'Église, on pouvait interpréter certaines parties des Écritures de façon à montrer que la croyance en la renaissance n'était pas nécessairement incompatible avec la foi chrétienne. De ce fait, j'ai pris la liberté de discuter de cette question avec divers prêtres et chefs chrétiens – naturellement, je n'ai pas eu l'occasion de questionner Sa Sainteté le Pape en personne. Mais sinon, j'ai interrogé de nombreux pratiquants et prêtres chrétiens de tous horizons. Tous m'ont dit, unanimement, que cette croyance n'est pas acceptée dans la doctrine chrétienne, sans donner de raison spécifique quant à la raison pour laquelle ce concept de réincarnation ne trouverait pas sa place dans le contexte élargi de la foi et de la pratique chrétiennes. Cependant, il y a deux ans environ en Australie, lors de ma dernière rencontre avec le père Bede Griffiths (je l'ai rencontré plusieurs fois et je le connais personnellement), j'ai posé la même question. Je garde un souvenir précis de notre entrevue qui fut très émouvante. Il portait son habit de *saddhu* jaune safran. Il disait que, du point de vue chrétien, la croyance en la renaissance minerait la foi et la pratique du chrétien. Quand vous acceptez que cette vie, que votre existence individuelle a été directement créée par le Créateur, qu'elle en est le don direct, cela crée immédiatement un lien très spécial entre vous, créature individuelle, et le Créateur. Ce rapport personnel direct donne un sentiment de proximité et d'intimité avec votre Créateur. Croire en la renaissance ébranlerait ce lien spécial avec le Créateur. Je trouve cette explication tout à fait convaincante.

Père Laurence : Votre Sainteté, je vois un rapport entre la question soulevée par Robert Kiely, et celle d'Isabelle, à propos de la relation entre temps et éternité, absolu et relatif. Pour les chrétiens, Dieu a aussi pour nom la Vérité. Or, tous les hommes savent par expérience que la vérité est une chose que l'on découvre petit à petit. La vérité est émergente. Elle se dévoile par phases au cours de la vie d'un individu, qu'il s'agisse d'une ou de plusieurs vies. Nous voyons bien également que la religion connaît une évolution historique. Il existe un noyau absolu dans les enseignements du Bouddha et de Jésus, mais leur vérité émerge dans l'histoire, par la réflexion. Sinon, nous n'aurions aucune raison de tenir un tel séminaire. Il y a toujours plus de vérité à découvrir. Pourriez-vous nous dire ce que vous pensez de cette idée de la vérité comme quelque chose qui est ici et maintenant en plénitude, mais dont, en même temps, nous faisons l'expérience petit à petit, par étapes ?

Le Dalaï-lama : La doctrine bouddhiste s'intéresse aussi à la question de la manifestation de la vérité ultime par étapes et dans une évolution historique, tout en étant, en même temps, absolue ou ultime. Il existe un passage dans le *Prajñaparamitasutra,* faisant partie d'un ensemble d'écrits appelés les *Sutras de la Perfection de la Sagesse,* qui traite spécifiquement de cette idée. Selon ce passage, que les bouddhas du passé ou du futur soient venus dans le monde ou non, et même qu'il y ait un bouddha existant dans le monde ou pas, la vérité du mode ultime d'être des choses et des événements sera toujours la même. La vérité est éternellement présente ; elle est toujours là. Cependant, ceci ne veut pas dire que tous les êtres vivants auront part à cette vérité – autrement dit, parviendront à la libération – spontanément ou sans aucun effort, parce que les individus doivent faire l'expérience de cette vérité graduellement. Nous devons donc faire une distinction entre l'existence réelle de la vérité d'un côté, et l'expérience de cette vérité de l'autre. C'est ici que l'on peut trouver le point de contact entre l'historicité et la nature absolue de la vérité.

Vous avez soulevé une question intéressante. Comment un principe absolu comme le Créateur divin peut-il se manifester dans une figure historique comme le Christ ? Quelle est la nature exacte de cette relation, et quels mécanismes pourraient expliquer le lien entre l'absolu, qui est intemporel, et une figure historique, qui est temporelle ? Dans le contexte bouddhiste, cette question serait abordée sous l'angle de la doctrine des trois *kayas,* les trois manifestations d'un être éveillé. Dans ce cadre, les manifestations physiques et historiques des êtres éveillés sont vues, en un certain sens, comme des émergences spontanées de l'état ultime et intemporel de *dharmakaya* ou Corps de Vérité d'un bouddha.

Robert Kiely : Un autre moyen d'aborder cette question surtout sous l'angle de la pratique et du culte quotidien, serait peut-être de rappeler les titres et noms que les chrétiens donnent à Jésus et les bouddhistes à Bouddha. L'un des paradoxes apparents du christianisme consiste en ce que nous appelons Jésus notre Frère et notre Rédempteur, ou notre Frère et notre Sauveur. En termes personnels, ceci peut signifier que nous sommes invités à aimer Jésus comme un être humain, comme un frère ou un époux. En même temps, nous croyons qu'il est notre sauveur, notre rédempteur, nous l'adorons comme Dieu. Ces noms nous rappellent que Jésus nous a donné la capacité de l'aimer de ces deux manières, qu'il verse sa divinité dans nos cœurs. Ceci correspond-il de près ou de loin avec les sentiments que les bouddhistes éprouvent à l'égard du Bouddha, et avec les noms qu'ils lui donnent ?

Le Dalaï-lama : Étant donné la diversité des traditions bouddhistes, il ne faut pas s'imaginer qu'il existe une tradition homogène, une voie définitive pour ainsi dire. Personnellement, je préfère me rattacher au Bouddha en tant que figure et personnalité historique – quelqu'un qui a porté la nature humaine à sa perfection et est devenu un être pleinement éveillé. Cependant, selon certaines écoles de pensée du bouddhisme, le Bouddha n'est pas seulement une figure historique, mais participe aussi d'une dimension intemporelle et infinie. Dans ce contexte, bien que le Bouddha soit une figure historique, l'historicité de Bouddha Shakyamouni serait considérée comme une démonstration habile de l'action compatissante de Bouddha se manifestant à partir de l'état intemporel et parfait du *dharmakaya,* ou Corps de Vérité. Bouddha Shakyamuni en tant que figure historique est le *nirmanakaya,* qui signifie Corps d'Émanation : une émanation assumée de manière à correspondre aux dispositions et aux besoins mentaux d'une époque, d'un lieu et d'un contexte particuliers. Cette émanation provient d'un état de pure essence appelé le *sambhogakaya,* l'état de jouissance parfaite, qui a, lui aussi, émergé de l'étendue intemporelle du *dharmakaya.* Cependant, si nous abordons toutes ces spécificités, nous n'en retirerons que des migraines et de la confusion !

Le moyen le plus simple de considérer Bouddha Shakyamouni sous l'angle historique est le suivant. Pour les bouddhistes, surtout ceux engagés dans la vie monastique, le Bouddha est celui qui a fondé la tradition monastique. Il est à l'origine de la lignée du monachisme bouddhique. Les moines et les nonnes pleinement ordonnés dans cette lignée doivent persévérer dans l'acceptation totale de leurs vœux d'ordination. Pour devenir un *bhiksu,* un moine pleinement ordonné, ou une *bhiksuni,* une nonne pleinement ordonnée, il faut être un être humain. Donc, si vous êtes en relation avec Bouddha en tant que moine pleinement ordonné, cela signifie que vous vous reliez à lui en tant que personne humaine dans l'histoire.

Isabelle Glover : Votre Sainteté, j'aimerais vous demander des explications à propos d'une expression que vous employez souvent : « examinez la nature de... » La plupart d'entre nous, je pense, ne sont pas méthodiques au point d'« examiner la nature des » choses. Comment, par exemple, pouvons-nous « examiner la nature de » la compassion ou de l'absence de compassion ?

Le Dalaï-lama : Par souci de commodité, l'approche bouddhique type ordonne et subdivise les phénomènes en différentes classes et catégories. Par exemple, les phénomènes mentaux se répartissent en différentes classes : conceptuels, et non conceptuels, déformés et non déformés, et ainsi de suite. Ainsi, dans la littérature bouddhique, vous trouverez des listes entières de modalités et d'aspects variés de l'esprit, d'après ses diverses fonctions. Pour prendre un autre exemple, si vous examinez la nature de la compassion, vous essaierez d'abord de la définir, de comprendre ce que l'on entend exactement par « compassion ». Ensuite, vous pouvez vous poser des questions spécifiques pour affiner la classification. Quelles sont les ramifications de la compassion selon toutes les expériences possibles de l'état humain, sa phénoménologie ? Quelles sont les causes et les conditions qui donnent naissance à un tel état émotionnel ? Quelles sont les réactions émotionnelles caractéristiques quand vous ressentez de la compassion ? Quels sont les effets de votre compassion sur les autres ? Etc. Par ces analyses vous commencez à mieux percevoir ce que pourrait être la compassion, ou ce qu'elle *est*.

En entrant plus profondément dans la littérature bouddhique, vous trouvez aussi des discussions sur les différents types de compassion. Par exemple, il existe un type de compassion où non seulement vous éprouvez de l'empathie pour l'objet de votre compassion, mais aussi un sentiment de responsabilité en ce sens que vous voulez soulager vous-même cette souffrance. C'est une compassion plus puissante que la simple empathie. De plus, les degrés de compassion varient en fonction des états d'esprit qui l'accompagnent. Ainsi, dans le contexte bouddhique, si vous avez une compréhension profonde et intime de la nature transitoire de la vie, alors votre compassion n'en sera que plus puissante, à cause de cette sagesse. De même, si en votre for intérieur la saisie égoïste[51] est réduite de manière significative, naturellement votre compassion sera plus puissante.

Pour faire de telles distinctions, il faut d'abord développer un degré de discernement suffisant pour percevoir les différentes subtilités. De plus, si vous examinez un phénomène tel que la compassion, il ne faut pas supposer qu'il s'agit d'une entité unique. Une condition mentale correspond à de multiples aspects. Par exemple, la compassion, étant un état émotionnel, participe de la conscience. Ce n'est pas un objet physique ; c'est un état affectif. Elle appartient donc au domaine de l'expérience, et possède ainsi la même nature que tous les autres états émotionnels. Pour prendre un autre exemple, examinons l'identité d'un individu particulier. Quand vous commencez une telle évaluation, vous vous rendez immédiatement compte de la complexité de cette personne. Une facette de l'identité de cette personne dérive de son milieu culturel, qui peut être soit européen, soit américain. Sur le plan du sexe, une personne est homme ou femme. L'identité découle aussi de son pays d'origine ou de sa religion. Vous voyez combien de distinctions on peut faire, pour ne s'en tenir qu'à l'identité d'une seule personne. C'est ainsi que l'on examine la nature de toute chose.

Père Laurence : L'entraînement et la pratique bouddhistes semblent requérir une grande part d'analyse rationnelle, et Votre Sainteté a dit que le grand don de la naissance humaine est le cerveau. Pourtant, on peut être compatissant sans être intelligent. Pouvez-vous m'aider à comprendre cela ? Est-il nécessaire d'être très intelligent et d'avoir un esprit bien exercé, instruit et précis pour parvenir à l'illumination ?

Le Dalaï-lama : Non, bien évidemment. Comme en toute chose, l'extrémisme est une erreur. Les écritures bouddhiques distinguent trois catégories de gens selon l'aptitude individuelle à la pratique spirituelle, en montrant quels types de personnes sont les mieux à même de tirer le maximum de profit d'une pratique spirituelle profonde. Vous me pardonnerez de ne pas citer la phrase exacte, mais elle dit en substance ceci : Normalement, les individus les mieux faits pour la pratique sont ceux qui ne sont pas uniquement doués sur le plan intellectuel, mais possèdent également une foi et une attention centrées sur un seul point, et qui ont la sagesse. Ces personnes sont les plus réceptives à la pratique spirituelle. Dans le deuxième groupe, on trouve des gens pas forcément d'une intelligence supérieure mais qui possèdent un appui inébranlable dans la foi. Les malheureux sont ceux de la troisième catégorie. Bien qu'ils puissent être très intelligents, ils sont toujours rongés par le scepticisme et le doute. Ils sont astucieux, mais ont tendance à se montrer hésitants, sceptiques, et ne peuvent jamais vraiment se fixer sur une chose. Ces gens sont désignés comme les moins réceptifs.

Quand nous parlons de niveau d'intelligence, nous envisageons un phénomène relatif. Quelqu'un peut être plus intelligent comparé à certains, et moins intelligent comparé à d'autres. En général, il semble avéré que toute foi ou conviction fondée sur une compréhension qui découle d'un raisonnement est très solide. Une telle conviction est ferme parce que vous vous êtes convaincu de l'efficacité ou de la validité de l'idée en laquelle vous avez mis votre foi. Et cette conviction, par conséquent, est un moteur puissant de l'action. C'est pourquoi le bouddhisme affirme que l'intelligence est très importante dans le cheminement spirituel. Dans cette tradition, l'intelligence collabore avec le cœur, le côté émotionnel. Quand la foi et la compassion – dont la nature est plutôt celle d'états émotionnels – sont soutenues par une puissante conviction, fruit de la réflexion et de l'investigation, elles sont vraiment indéfectibles, tandis qu'une foi ou une compassion qui ne serait pas fondée sur un raisonnement solide, mais qui serait plus affective et instinctuelle, n'est pas très ferme. Elle risque d'être ébranlée en face de certaines circonstances ou situations. Selon une sentence tibétaine : « Une personne dont la foi n'est pas enracinée dans la raison ressemble à un torrent que l'on peut diriger n'importe où. »

Robert Kiely : Pour rester sur cette question de l'affect émotionnel et de la raison, pourriez-vous nous éclairer sur la place du rituel dans la religion ? Pendant des siècles, le rituel a été l'objet de graves dissensions au sein des chrétiens. Certains sont d'avis que le rituel, les chants, l'encens, les cierges, les habits chatoyants et le respect d'usages bien définis instituent une réelle différence dans notre façon d'adorer Dieu. D'autres y voient un obstacle à l'adoration. Pouvez-vous nous parler de la place du rituel dans votre tradition ?

Le Dalaï-lama : Dans la réflexion sur le rôle et l'importance du rituel dans sa propre pratique spirituelle, il est important d'examiner comment les hommes sont influencés par leur environnement. Ainsi, il semble avéré que certaines pratiques cérémonielles comme les rites nous aident à créer une atmosphère particulièrement favorable à l'état d'esprit spirituel auquel nous désirons parvenir et, en ce sens, elles jouent un rôle important. Prenons par exemple une personne qui souhaite réaliser une certaine chose, une autre personne qui aura fait le vœu formel de l'accomplir sera plus fortement motivée, ce qui aura un plus grand effet sur son action. De même, quand vous créez par les cérémonials et les rites cet espace ou cette atmosphère spirituelle que vous cherchez, le procédé aura alors un effet puissant sur votre vécu. S'il vous manque la dimension intérieure de l'expérience spirituelle à laquelle vous aspirez, les rites ne sont plus alors que de simples cérémonials, des élaborations externes. Dans ce cas, il est clair qu'ils perdent leur sens et deviennent des coutumes inutiles – une bonne excuse pour passer le temps. Le grand yogi tibétain Milarepa critiquait constamment les cérémonials et les rites. Ses écrits sont remplis de commentaires sarcastiques sur divers aspects tantôt des rites, tantôt des cérémonials !

Père Laurence : Je voudrais vous poser une question, Votre Sainteté, qui naît de cette discussion sur le rituel en tant qu'expression physique de la foi, en tant que moyen d'exprimer notre foi au moyen de notre corps et de nos sens. Autrefois, le christianisme occidental était très dualiste. On admettait que le corps et l'esprit étaient en conflit, que le corps devait être maîtrisé et dominé par l'esprit. De nos jours, nous assistons à un début de retour au sentiment chrétien primitif de l'amitié du corps et de l'esprit. Dans la vie, nous ne pouvons séparer le corps, l'âme et l'esprit, et ils doivent donc vivre en amitié. Pourriez-vous nous aider à comprendre la relation entre le corps et l'esprit d'un point de vue bouddhiste ? Je peux me tromper, mais il me semble parfois reconnaître dans le bouddhisme une opposition encore plus marquée entre l'esprit et le corps que dans le christianisme.

Le Dalaï-lama : Vous avez raison. Dans certains passages des écritures bouddhiques, on trouve des déclarations du Bouddha donnant l'impression d'une conception dualiste du corps et de l'esprit. Dans un des *sutras,* il affirme que les cinq agrégats ressemblent à un fardeau, et la personne au porteur de ce fardeau. Le Bouddha se fait donc bien l'interprète d'un dualisme entre la personne et ses composantes psychophysiques. Mais il ne s'ensuit pas que ceci est le point de vue bouddhiste. Selon l'interprétation traditionnelle, ce passage s'adresse à la personne qui serait philosophiquement tentée de croire à un *atman,* une âme éternelle et permanente. Or, le point de vue du Bouddha sur la nature de la relation corps-esprit par rapport à l'identité de la personne est la doctrine de l'*anatman.* Ce principe affirme que, hormis les agrégats psychophysiques ou *skandhas* dont l'être est constitué, il n'y a pas d'âme en tant qu'entité séparée, autonome et éternellement permanente. Cette doctrine est commune à toutes les écoles du bouddhisme.

Bien que cet enseignement soit général, le bouddhisme est traversé de courants philosophiques qui divergent sur le point de savoir ce qui, exactement, constitue la nature du moi ou de la personne. Certaines écoles bouddhistes identifient la personne à seulement un des agrégats psychophysiques, la conscience, d'autres à la totalité des agrégats, etc. D'autres écoles de pensée adoptent une position plus nominaliste, soutenant que la personne ou le moi est une pure dénomination.

Père Laurence : Le temps est peut-être bien choisi de nous arrêter pour méditer. Si Sa Sainteté veut bien allumer les bougies, nous allons nous lever, et ensuite nous commencerons notre méditation.

QUATRIÈME PARTIE

ÉQUANIMITÉ

Évangile de Marc 3, 31-35

« Survinrent sa mère et ses frères ; restés dehors, ils le firent appeler. La foule était assise autour de lui. On lui dit : "Ta mère, tes frères et tes sœurs sont là dehors, et te cherchent." Il leur répondit : "Qui sont ma mère et mes frères ?" Et portant ses regards sur les gens assis autour de lui : "Voici, dit-il, ma mère et mes frères. Celui qui accomplit la volonté de Dieu, celui-là est mon frère, ma sœur et ma mère." » [Marc 3, 31-35]

Le Dalaï-lama : « La première pensée qui me vient à l'esprit à la lecture de ce passage est qu'il ne se contente pas de nous donner une définition de ce qu'est la compassion. Il décrit aussi les stades de développement d'une conscience donnant naissance à la compassion. Dans ce passage, par exemple, Jésus adopte une attitude où il n'accorde pas une importance particulière à sa propre mère, ou ses propres frères et sœurs. Selon moi, ceci nous montre que la compassion vraie et sincère est une compassion exempte d'attachement, exempte des limites de la partialité personnelle. Nous sommes très proches de l'idée bouddhiste de la compassion où il est entendu, encore une fois, que la véritable compassion doit être libre des entraves de l'attachement. Comme je l'ai souligné lors de notre précédente discussion sur la nature de la compassion, la condition préalable à une compassion sincère est d'avoir un sentiment d'équanimité à l'égard de tous les êtres sensibles.

» Notre état d'esprit ordinaire est fortement entaché de partialité. Nous sommes distants vis-à-vis des personnes que nous jugeons inamicales ou hostiles, et nous éprouvons un sentiment disproportionné de proximité ou d'attachement envers ceux que nous considérons comme nos amis. Nous voyons bien combien notre réaction émotionnelle envers autrui est fluctuante et partiale. Tant que nous n'avons pas dominé ces préjugés, nous n'avons aucune possibilité de développer une authentique compassion. Quand bien même nous serions capables de ressentir une certaine compassion à l'égard d'autrui, elle restera entachée de partialité tant qu'elle n'est pas fondée sur une profonde équanimité, car il s'y mêle de l'attachement.

» Si vous observez bien la compassion mêlée d'attachement, si intense et solide que puisse être ce mélange émotionnel, vous vous rendrez compte qu'il s'appuie sur la projection de qualités positives sur l'objet de votre compassion – que l'objet soit un ami proche, un membre de la famille ou qui que ce soit. Vos sentiments changeront également au gré de vos changements d'attitude à l'égard de cet objet. Ainsi par exemple, dans la relation avec un ami, un jour, brutalement, vous n'arrivez plus à voir en lui les bonnes qualités que vous aviez perçues auparavant, et cette nouvelle attitude va immédiatement affecter vos sentiments à son égard. L'authentique compassion, au contraire, naît d'une claire reconnaissance de l'expérience de la souffrance qu'endure l'objet de votre compassion, et de la prise de conscience que cette créature mérite compassion et affection. Le sentiment compatissant qui naît de ces deux prises de conscience ne peut pas être ébranlé – quelque hostile que puisse être la réaction de l'autre à votre égard. Même s'il réagit très négativement, cela n'aura aucune influence sur votre compassion. Elle restera la même ou en sera renforcée.

» Si vous examinez attentivement la nature de la compassion, vous constaterez également que la véritable compassion peut s'étendre à vos ennemis – ceux qui vous semblent hostiles. En revanche, la compassion mêlée d'attachement ne peut rayonner sur quelqu'un que vous considérez comme un ennemi. En langage courant, nous définissons un ennemi comme une personne qui soit vous nuit ou vous fait du mal directement, soit y est poussée ou en a l'intention. La prise de conscience qu'une telle personne est pleinement décidée à vous nuire ne peut pas donner naissance à un sentiment de proximité et d'empathie, puisque ces sentiments exigent un attachement à la personne. Cependant, cette prise de conscience qu'une autre personne vous veut du mal ne peut pas ébranler la vraie compassion – celle qui se fonde sur la claire reconnaissance de cette personne en tant qu'être souffrant, animé du désir naturel et instinctuel de chercher le bonheur et de vaincre la souffrance, comme nous-mêmes. Dans le contexte spirituel chrétien, ceci pourrait s'exprimer de la manière suivante : tout comme moi, cet ennemi partage la même nature divine ; il est une création de la force divine. De ce fait, elle est digne de sympathie et de compassion. Ce type de compassion ou de sentiment d'empathie est la compassion authentique débarrassée de tout attachement.

» La dernière phrase de cet Évangile déclare que quiconque fait la volonté de Dieu est mon frère et ma sœur et ma mère. Au sens littéral, cela semble réintroduire une certaine partialité, une discrimination fondée sur une condition : seuls ceux qui obéissent à la volonté de Dieu sont mes frères, mes sœurs et ma mère. Cependant, dans le contexte chrétien, je pense que l'on peut aborder ce passage de manière plus interprétative en en élargissant le sens. On peut aussi comprendre que tous ceux qui partagent la nature divine, qui ont la capacité ou le potentiel de faire la volonté de Dieu, sont ma mère et mes frères et mes sœurs. Ceci inclut ou englobe l'humanité entière et souligne l'unité et l'égalité de tous les êtres humains.

» Dans ce contexte, j'aimerais souligner un élément particulier entrant dans la pratique de la voie du bodhisattva. Il existe en effet une catégorie spéciale d'enseignements et de pratiques appelés *lojong* – entraînement de l'esprit, ou transformation de la pensée – applicable dans ce cas. En effet, une manière spéciale de réfléchir sur la bonté des êtres sensibles, les hommes dans ce contexte particulier, est décrite dans certains textes. Par exemple, nous pouvons facilement percevoir la bonté de quelqu'un directement impliqué dans notre vie ou notre éducation. Mais si vous examinez la nature de votre existence, y compris de votre survie physique, vous constaterez que tous les facteurs qui contribuent à votre existence et à votre bien-être – nourriture, abri et même renommée – sont le fruit de la coopération d'autrui.

» C'est particulièrement vrai si l'on mène une vie urbaine. Presque tous les aspects de votre vie dépendent étroitement d'autrui. Si par exemple survient une grève d'électriciens, ne serait-ce qu'un seul jour, toute votre ville sera bloquée. Cette étroite interdépendance est si évidente qu'il n'est nul besoin de la souligner. Il en va de même de la nourriture et du gîte. Vous avez besoin de la coopération directe ou indirecte de beaucoup de gens pour pouvoir disposer de ces biens indispensables. Même pour un phénomène aussi éphémère que la gloire vous avez besoin des autres. Si vous vivez isolé dans les solitudes montagneuses, la seule chose pouvant se rapprocher de la gloire que vous puissiez créer serait un écho ! Sans l'aide d'autrui, il est impossible de créer la renommée. Ainsi les autres sont impliqués et participent à presque tous les aspects de votre vie.

» En suivant cette ligne de pensée, vous commencerez à reconnaître la bonté d'autrui, et si vous êtes un pratiquant spirituel, vous vous rendrez compte également que toutes les grandes traditions spirituelles du monde reconnaissent la valeur de l'altruisme et de la compassion. Si vous examinez cette précieuse émotion ou esprit d'altruisme, de compassion, vous verrez que vous avez besoin d'un objet pour donner naissance à ce sentiment ; et cet objet est un frère humain. De ce point de vue, cet état d'esprit particulièrement précieux qu'est la compassion est impossible sans la présence des autres. Tous les aspects de votre vie – votre pratique religieuse, votre croissance spirituelle, votre survie matérielle – sont impossibles sans les autres. En pensant de cette façon, vous trouverez suffisamment de raisons pour vous sentir relié aux autres, pour sentir le besoin de répondre à leur bonté.

» À la lumière de ces convictions, il devient impossible de croire que certaines personnes soient sans importance dans votre vie et que vous puissiez vous permettre d'adopter une attitude indifférente à leur égard. Il n'existe pas d'être humain qui n'ait rien à voir avec votre vie.

» Je voudrais clarifier l'usage que je fais du mot " émotion ". On m'a dit que pour beaucoup de gens le mot " émotion " a une connotation très négative – assez élémentaire, instinctuelle, pour ne pas dire animale. Or, il y a plusieurs années de cela, lors d'une conférence avec des biologistes et des psychologues, nous avons discuté de la nature de l'émotion et des moyens de la définir. À l'issue de longues discussions, nous sommes tombés d'accord sur le fait que l'émotion pouvait être positive, négative et même neutre. En ce sens, même du point de vue bouddhiste, il n'y a aucune contradiction dans le fait d'attribuer des émotions à un bouddha pleinement éveillé. C'est dans ce sens large que j'emploie le mot émotion. »

CINQUIÈME PARTIE

LE ROYAUME DE DIEU

Évangile de Marc 4, 26-34

« Il disait encore : “Il en est du royaume de Dieu comme d'un homme qui aurait jeté la semence en terre. Qu'il dorme ou se lève, la nuit et le jour : la semence germe et grandit sans qu'il sache comment. D'elle-même la terre produit d'abord l'herbe, puis l'épi, puis du grain plein l'épi. Dès que le fruit le permet, on y met la faucille, car la moisson est à terme.”

Il disait encore : “À quoi pourrions-nous comparer le règne de Dieu ? Par quelle parabole le représenter ? Il est comme un grain de moutarde : lorsqu'on le sème en terre, c'est la plus minuscule de toutes les semences répandues sur la terre ; mais, une fois semé, il monte et devient plus grand que tous les légumes, et il étend si loin ses branches que les oiseaux peuvent s'abriter sous son ombre.”

C'est par de nombreuses paraboles de ce genre qu'il leur annonçait la Parole, selon qu'ils étaient à même de l'entendre. Il ne leur parlait pas sans user de paraboles, mais il expliquait tout en particulier à ses disciples. » [Marc 4, 26-34]

Le Dalaï-lama : « La dernière phrase me rappelle une expression particulière au tibétain, *me ngag pe khyü,* qui signifie ne transmettre l'essence la plus profonde des enseignements qu'à un petit groupe choisi. On est tenté d'interpréter ceci comme une réticence de l'interlocuteur à révéler le secret parce que d'autres vont le connaître. La tradition bouddhiste tibétaine distingue plusieurs approches de l'enseignement. L'une, le *tsog she,* est un enseignement exposé publiquement, dont la teneur est accessible et ouverte à tous. Il existe aussi le *lop she* qui signifie littéralement « enseignements aux disciples ». Dans ce cas, le commentaire sera plus sélectif, adressé à un petit nombre capable de vraiment comprendre la profondeur et la signification des messages.

» Ce passage concerne directement l'idée de royaume de Dieu. La métaphore utilisée ici est celle de la graine, de la pousse qui germe et de la plante qui sort de la graine. L'association des deux – l'idée du royaume de Dieu et la métaphore de la graine – indique selon moi la possibilité de comprendre les divers stades d'épanouissement et de perfectionnement de notre nature divine, dont nous avons déjà parlé. Tout de suite avant ou après ce passage, il est dit que le degré de croissance dépend d'un certain nombre de facteurs comme la fertilité du sol et le lieu où l'on sème les graines. Sur certaines terres, vous obtiendrez une meilleure récolte, sur d'autres la plante pousse plus vite. En certains endroits, elle pousse certes plus vite, mais elle meurt aussi plus vite. Ainsi de suite. Pour un bouddhiste tel que moi, ces passages renvoient à un enseignement analogue du bouddhisme qui analyse la diversité des êtres sensibles et les divers degrés de réceptivité des êtres sensibles pris individuellement. Ainsi, notre croyance selon laquelle la nature de Bouddha est universelle, que la compassion du Bouddha est impartiale et englobe tous les êtres sensibles rejoint la métaphore du soleil qui se lève sur les bons et les méchants, dans l'Évangile de Matthieu. Cependant, comme les êtres sensibles se distinguent par leur degré de réceptivité, le progrès spirituel sera également différent d'un individu à l'autre.

» Je trouve cette idée – tellement soulignée et explicitée dans la littérature bouddhique – très séduisante : au sein de l'humanité existe une diversité de dispositions mentales et de réceptivité, d'intérêts et de penchants spirituels. Dans la littérature bouddhique, toutes les écoles de pensée suivent le même maître, Bouddha Shakyamouni. Cependant, la diversité des enseignements attribués au Bouddha est telle – certains pouvant même sembler se contredire les uns les autres – que nous sommes préservés de la tentation du dogmatisme. Tous ces enseignements variés s'adressent aux dispositions mentales, aux besoins et aux penchants spirituels divers des êtres sensibles. Et si je comprends la raison d'être de cette diversité, je puis vraiment apprécier la richesse et la valeur des autres traditions, parce qu'elle me permet d'étendre ce même principe de diversité aux autres traditions. Étant donné la variété des doctrines enseignées dans les propres écritures du Bouddha, les bouddhistes font une distinction entre la matière dont traite un texte particulier et l'intention de l'auteur. Une déclaration figurant dans un texte ne correspond pas forcément au point du vue de l'auteur.

» Au sein du christianisme, il semble qu'il y ait plusieurs façons d'interpréter et de comprendre le concept de Dieu. Au cours d'un entretien précédent avec le père Laurence sur ce sujet, il est apparu que non seulement les vues étaient diverses mais qu'il existe une compréhension mystique profonde du concept de Dieu, une façon d'envisager Dieu moins en termes de divinité personnelle qu'en tant que fondement de l'être. Or, des qualités telles que la compassion peuvent aussi être attribuées à ce fondement divin de l'être. Si donc nous devons comprendre Dieu en ces termes – comme un fondement ultime de l'être – il devient possible d'établir des rapprochements avec certains éléments de la pensée et de la pratique bouddhistes, ainsi qu'avec certains aspects de l'école de pensée hindouiste Samkhya comme la notion de Grand Brahman (*mahabrahman*).

» Nous devons aussi prendre garde à tout réduire à un ensemble de termes communs de sorte qu'à la fin de la journée nous n'ayons rien de distinctif à faire valoir au sein de nos traditions respectives. Comme je l'ai dit plus tôt, je pense qu'il est bien plus bénéfique et utile que les grandes religions maintiennent leur originalité, leurs croyances, leurs visions et leurs pratiques propres. Par exemple, si l'on voulait à toute force trouver un point de comparaison dans le bouddhisme à la notion de Trinité, la première notion qui viendrait à l'esprit serait celle des trois *kayas*, la doctrine des trois corps du Bouddha : *dharmakaya*, *sambhogakaya* et *nirmanakaya*. Mais s'il est possible, évidemment, de trouver des similitudes, je pense que nous devons faire attention à ne pas trop pousser cette comparaison. Le père Laurence soulignait – je l'ai noté avec intérêt – qu'il y a bien des cas dans la théologie chrétienne où le Fils de Dieu est assimilé au Verbe de Dieu dans une discussion de la Trinité : le Père, le Fils et le Saint-Esprit. J'ai immédiatement pensé à un parallèle dans le bouddhisme mahayana où le *sambhogakaya*, un des trois corps, est souvent défini comme la parole parachevée du Bouddha.

» Mais un proverbe tibétain nous dit que *n'importe quoi* devient plausible, présenté par une personne intelligente ! Si donc on cherche à tout prix à dégager des similitudes et à faire des rapprochements, on court le risque de tout amalgamer en une seule et grosse entité. Je le répète, je ne suis pas favorable à la recherche d'une religion universelle. Je ne pense pas que cela soit judicieux. Et si nous poussons trop loin la recherche de ces lignes parallèles en ignorant les différences, c'est exactement ce à quoi nous allons aboutir !

» Par conséquent, il est capital que les maîtres religieux enseignent selon la réceptivité, l'inclination spirituelle et la disposition mentale de chacun. De même qu'on ne peut pas manger n'importe quoi et dire ensuite " comme c'est bon pour moi, tout le monde doit en manger ", chacun doit manger ce qui lui apportera la meilleure santé physique en fonction de sa propre constitution physique. On doit suivre un régime adapté à sa santé personnelle car en mangeant, ce que l'on cherche, c'est à nourrir le corps. Il serait stupide ou insensé de vouloir absolument manger un plat spécifique, alors qu'il ne serait pas adapté et peut-être même nuisible, pour la simple raison qu'il serait le plus cher ou le plus recherché.

» Il en va de même pour la religion qui est nourriture de l'esprit et de l'intellect. Quand on s'engage sur une voie spirituelle, il est important que la pratique soit celle qui convienne le mieux à son développement mental, ses dispositions et ses penchants spirituels. Il est capital que chaque individu cherche la forme de pratique et de croyance spirituelle la plus adaptée à ses besoins spécifiques. Grâce à cela, il parviendra à la transformation intérieure, à la tranquillité intérieure qui fera de lui un être spirituellement mature et une personne bonne, bienveillante, unifiée, et au cœur épanoui. Tel est le critère à considérer quand on cherche une nourriture spirituelle.

» La croyance en la création et en une divinité n'est pas commune à toutes les grandes traditions religieuses. Si beaucoup fondent leur pratique et leur foi sur cette prémisse essentielle, certaines ne le font pas. Cependant, ce qui est commun à toutes les religions est l'importance d'un fondement solide de la pratique spirituelle de chacun sur un élan unique de foi ou de confiance en un objet de refuge. Par exemple, dans le cas du bouddhisme, religion non théiste, on confie dans un élan unique son bien-être spirituel aux trois objets de refuge que sont les Trois Joyaux – Bouddha, Dharma et Sangha. C'est le fondement de la pratique bouddhiste.

» Afin d'avoir une telle confiance dirigée sur un point unique et la force de s'en remettre ainsi à un objet de refuge pour son bien-être spirituel, on a besoin de développer un sentiment d'intimité et de liens profonds avec ces objets de foi. Dans le cas des religions théistes, pour qui toutes les créatures sont créées par la même force divine, vous avez des appuis très solides pour développer ce sentiment de connexion, d'intimité, qui sera la base d'une foi et d'une confiance parfaitement focalisées vous permettant de confier votre bien-être spirituel à cet objet. »

Commentaire sur la lecture de l'Évangile

Père Laurence : Merci beaucoup, Votre Sainteté. Plus vous analysez avec clarté les subtiles différences de nos religions, plus je sens une sorte d'unité. Je pense qu'il existe un paradoxe de l'unité et de la différence, et je vous remercie de nous faire part de vos pensées avec tant de sagesse et d'humanité.

J'aimerais vous présenter les intervenants de notre prochaine discussion. Ajahn Amarao est un moine bouddhiste d'Amaravati, un monastère pas très éloigné d'ici, et Sœur Eileen O'Hea est une sœur de Saint-Joseph qui travaille comme thérapeute dans le Minnesota aux États-Unis. Ajahn Amarao fera le premier commentaire.

Ajahn Amarao : Votre Sainteté, j'aimerais revenir sur plusieurs thèmes que vous avez abordés. En premier lieu, j'ai été très impressionné par votre explication du détachement en liaison avec la compassion et comment l'incident entre Jésus et sa mère, Marie, était l'expression d'une authentique compassion. En tant que moine bouddhiste vivant en Occident, je suis souvent questionné sur le non-attachement, car les gens y voient une sorte de dureté, de fermeture du cœur. Votre explication est très utile et je tâcherai de m'en servir à l'avenir. Plutôt que le détachement, cependant, une manière de traduire cette notion bouddhiste pourrait être la non-possessivité à l'égard d'autrui et des choses. Les hommes reconnaissent immédiatement que la possessivité est malsaine de nature et qu'un sentiment de possession est difficile à vivre et amène déception, division et autres problèmes. Le détachement que vous avez décrit comme empreint de compassion et de clarté possède cette nature non possessive.

Il nous a été très utile de vous entendre expliquer que le détachement est en fait un non-attachement à l'aspect illusoire des choses et un attachement à la vérité, de sorte qu'on laisse réellement tomber une vue limitative. J'ai été frappé par le parallélisme étroit de ce passage d'Évangile avec un principe bouddhique de la tradition theravada. Selon cette tradition, quand un individu voit la vérité, à l'instant où il s'engage sur le chemin et voit le Dhamma, cette vision, ce changement d'attitude, est appelé le « changement de lignée ». Et ce qu'exprime le passage de Matthieu est un changement d'attitude ou de « lignée » par lequel Jésus ne se réfère plus à lui-même simplement comme une personne dont la mère est Marie. Quand il dit que « Dieu est mon Père », Jésus passe d'une perspective fondée sur la personne individuelle à une perspective fondée sur la vérité ultime.

J'ai également été frappé de vous voir exprimer cette perception en désignant l'ensemble des gens comme vos frères et vos sœurs. Quand on cesse de regarder le monde sous un angle personnel et qu'on fait l'expérience de cette sorte de détachement, il se passe un changement d'attitude qui ressemble à un éveil. Les similitudes m'ont beaucoup marqué. J'ai aussi été touché par votre soin à maintenir ce qu'il y a de bouddhiste dans le bouddhisme et de chrétien dans le christianisme ; vous dites qu'il ne faut pas essayer de tout mélanger. Mais je dois reconnaître que je ne cesse de me dire : « Oui, mais peut-être qu'ils parlent vraiment de la même chose. » Ayant grandi en Occident dans un environnement chrétien mais étant bouddhiste depuis plusieurs années, j'ai dans mes perceptions une sorte de mélange à parts égales des deux ensembles de principes. Et ce que je constate à longueur de temps – en prenant pour base la méditation contemplative plutôt que la seule étude scripturaire – c'est que je suis de plus en plus amené à la possibilité que ces différentes façons de parler se réfèrent en fait à des expériences identiques.

Je serais curieux d'avoir votre opinion là-dessus. Ainsi, vous rapprochez Père, Fils et Saint-Esprit de dharmakaya, sambhogakaya et nirmanakaya. Selon ma tradition, je les aurais rapprochés de Bouddha,

Dhamma et Sangha. Dans cette optique, le Dhamma représente le fondement de l'être, le dharmakaya ou refuge dans le Dhamma. Le Bouddha est comme la manifestation du Dhamma. Les paroles du Bouddha sont aussi appelées le Dhamma ; le Bouddha en est donc la manifestation. Le Bouddha est aussi appelé « Celui qui sait », « Celui qui est conscient » et il se décrit lui-même comme « né du Dhamma ». Alors, le résultat de ce lien entre le Bouddha et le Dharma qu'il connaît et incarne, le résultat de cette présence de l'esprit illuminé dans le monde, c'est le Sangha que l'on peut décrire comme la communauté spirituelle ou, si l'on veut, la sainte communion. C'est une communion unissant de nombreux êtres différents vivant en harmonie. J'ai pensé que peut-être je possède simplement la sorte d'esprit qui aime faire tout concorder. Mais maintenant, j'ai l'occasion de poser la question ! Au fil des ans, de mes discussions avec d'autres chrétiens, j'ai retiré l'impression que nous parlions sinon de faits identiques, du moins de phénomènes très proches. Aussi quand un chrétien cite Jésus disant : « Quiconque fait la volonté de Dieu… » pouvons-nous dire que pratiquer le Dharma équivaut à faire la volonté de Dieu ? Ou bien serait-ce une erreur d'appréciation même de le penser ? Mon préambule était un peu long, mais voilà enfin ma question !

Le Dalaï-lama : En règle générale, maints aspects de la réalisation spirituelle – qui dans la tradition tibétaine sont classés comme le côté méthodologique de la voie – la compassion, l'amour, la tolérance, etc., semblent être les mêmes dans le christianisme et le bouddhisme. Pour aborder votre question d'une manière qui la replace dans le contexte de la tradition bouddhiste, il faut y répondre avec un langage commun à toutes les écoles de pensée de cette tradition.

Toutes les écoles philosophiques bouddhistes parlent des Quatre Nobles Vérités, et toutes parlent de deux réalités : l'ultime et la relative. Même l'école Samkhya, une vieille école indienne non bouddhiste, parle des réalités ultimes et relatives. Mais quand on en vient à définir précisément les Quatre Nobles Vérités et les deux réalités – leurs définitions, caractères spécifiques, etc. – nous voyons apparaître de profondes différences.

Ainsi, pour l'école *prasangika-madhyamaka* du bouddhisme mahayana, fondée sur l'interprétation de la pensée de Nagarjuna par Chandrakirti et Aryadeva, la description de l'état d'*arhat* – c'est-à-dire l'état de *nirvana* ou de libération spirituelle – comme le conçoit la littérature bouddhique de l'abhidharma, ne serait pas acceptée comme description complète et finale du nirvana. Selon la conception du madhyamaka, la caractérisation de la libération ou nirvana selon les autres écoles de pensée et qui consiste à identifier les états fondamentaux d'ignorance, d'erreur et d'illusion qui obstruent la voie vers l'état d'arhat, n'est pas assez subtile. Par conséquent, si les états d'ignorance qui entravent la voie de la libération ne sont pas correctement identifiés, les antidotes préconisés ne seront pas définitifs. Le résultat que l'on caractérise comme libération ou état d'arhat ne sera donc pas final non plus. Vous constatez qu'à l'intérieur même des écoles bouddhistes, si l'on emploie les mêmes termes – état d'arhat ; *sunyata* ou vacuité ; *moksa* ou nirvana ; *klesa* ou émotions et voiles perturbateurs ; etc. –, ces termes n'ont pas toujours le même sens. Les termes sont identiques ; les sens *généraux* peuvent même être identiques. Cependant, du fait que la manière de les reconnaître et de les identifier diffère selon les écoles, la compréhension finale sera très différente.

Pour me résumer, je dirai donc qu'il existe des différences significatives entre une approche et l'autre. Et je crois fermement qu'à un niveau très profond, ces distinctions, ces spécificités ont une valeur. On s'en rend très bien compte en examinant les écrits profonds des grands maîtres, tels que les auteurs bouddhistes indiens du passé. Ils n'étaient pas de simples érudits avides de débattre de questions abstraites ; ils étaient des adeptes dévoués et sincères du Bouddha qui se livraient à d'intenses pratiques méditatives. Non seulement ils parvinrent à des expériences et réalisations profondes, mais ils témoignèrent d'une extrême compassion envers tous les êtres sensibles. Par conséquent, je crois que les subtilités qu'ils ont perçues et exprimées sont nées de leur compassion, du sentiment de devoir partager avec autrui ce qu'eux-mêmes avaient réalisé et expérimenté. Je suis certain qu'ils n'ont pas écrit sur ce sujet pour le plaisir d'ajouter à la confusion !

Sœur Eileen : Votre Sainteté, c'est un grand privilège d'être ici en votre présence. Ma question concerne un point qui constitue peut-être une différence dans nos traditions. L'une des manières pour nous de connaître Jésus est d'appréhender le personnage historique. Mais une des missions de Jésus a été de transformer notre relation à Dieu pour la faire passer de la peur ou de la simple doctrine à un lien d'amour et d'intimité. En tant que chrétiens, nous croyons au Christ ressuscité, au Christ qui vit toujours parmi nous. Nous croyons que nous pouvons faire l'expérience du Christ qui est parmi nous et qu'il s'agit là d'une expérience personnelle d'amour et de dévotion. Avec l'approfondissement de notre pratique religieuse, notre dévotion au Christ s'approfondit. C'est la raison pour laquelle beaucoup d'entre nous méditent. Cette expérience commence d'abord comme n'importe quelle relation humaine : nous essayons de connaître cette personne. Au début, nous avons tendance, même si nous admirons cette personne, à la considérer comme un objet. Puis, notre compréhension dépasse peu à peu la simple personnalité extérieure pour atteindre la personne intime du Christ. À la fin, nous sommes appelés à nous unir à la conscience qui fut celle du Christ. Pour les chrétiens, ce voyage spirituel est très personnel et intime. Trouve-t-on quelque chose d'analogue dans le bouddhisme ?

Le Dalaï-lama : Absolument, il existe un parallèle dans la pratique bouddhiste. Comme je l'ai déjà souligné, il est aussi important dans le bouddhisme que dans le contexte chrétien que la pratique spirituelle de chacun soit enracinée dans une confiance et une foi à visée unique, que l'on s'en remette pleinement et entièrement à l'objet du refuge pour son bien-être spirituel. Dans le bouddhisme, la pratique doit s'appuyer sur la prise de refuge dans les Trois Joyaux – le Bouddha, Dharma, et Sangha – et surtout dans le Bouddha. Dans cette relation, non seulement pour vous guider vous vous placez avec confiance sous la conduite éclairée du Bouddha – un être parfait, pleinement éveillé et parvenu à l'état d'illumination totale –, mais vous aspirez vous aussi à réaliser cet état en vous-même. L'acte consistant à prendre refuge comporte donc plusieurs aspects. Parfois, on emploie aussi l'expression « atteindre l'état d'inséparabilité » avec le Bouddha. Cela ne signifie pas que vous perdez votre identité individuelle, que vous ne faites plus qu'un avec le Bouddha. On veut plutôt souligner que vous avez atteint un stade auquel vous ressemblez à un bouddha, un être pleinement illuminé. Cette intimité existe donc bien dans la relation.

Père Laurence : Votre Sainteté, je pense que nous ne sommes pas en train de créer une religion unique, quoique nous soyons en train de découvrir une unité profonde. Et où règne l'unité, règnent aussi les différences. Ainsi, comme vous venez de le dire, le bouddhiste prend refuge dans le Bouddha. Le Bouddha est son maître. Le chrétien suit Jésus et, comme le bouddhiste, il se consacre et se voue à un maître particulier. Les différences se trouvent, je présume, dans la manière dont nous comprenons et décrivons la nature du Bouddha et la nature de Jésus.

Il reste, dans la pratique, que les démarches consistant à suivre une voie spirituelle ou à se faire disciple, comportent de nombreuses similitudes. Par exemple, Jésus nous dit que, pour le suivre, il faut abandonner son moi. Or, en ce qui me concerne, j'ai trouvé dans le bouddhisme une grande sagesse et une grande clarté dans la compréhension de ce que signifiait abandonner son moi, dépasser l'égoïsme. Je trouve la même sagesse quand Jésus nous demande de nous aimer les uns les autres et d'aimer nos ennemis. Votre exposé de ce matin explore magnifiquement comment ceci fonctionne du point de vue bouddhiste.

Dans le film que nous avons projeté hier, nous vous avons vu en train de travailler sur une montre, à Dharamsala. J'ai parfois l'impression, grâce au bouddhisme, de comprendre comment marche la montre. Cela dit, bouddhistes comme chrétiens, nous sommes tous confrontés au temps et à sa signification. Il n'est pas si facile de l'exprimer par des mots. Que pensez-vous de cette image pour aider à comprendre le rapport existant entre les différentes religions ? Il me paraît essentiel, en dernière analyse, de comprendre comment le bouddhisme et le christianisme se parlent l'un à l'autre, comment nous nous comprenons l'un l'autre aujourd'hui. Car la rencontre de ces deux traditions est si importante pour le monde.

Le Dalaï-lama : Pour parvenir à un dialogue qui ait un sens, autrement dit qui enrichisse les deux traditions, je pense que nous avons besoin de partir de la base que représente la claire reconnaissance de la diversité qui existe dans l'humanité : les dispositions mentales diverses, les intérêts divers et les inclinations spirituelles diverses des peuples du monde. Par exemple, pour certains les traditions chrétiennes fondées sur la foi en un Créateur sont du plus puissant effet sur leur vie éthique et les incitent fortement à agir de manière éthique et saine. Mais ceci n'est pas forcément vrai pour tout le monde. La tradition bouddhiste, qui n'insiste pas sur la croyance en un Créateur, sera peut-être plus opérante pour d'autres. Dans la tradition bouddhiste, on insiste sur le sens de la responsabilité personnelle plutôt que sur un être transcendant.

Il est tout aussi capital de reconnaître que les deux traditions partagent le but commun de produire un être humain parfait : une personne pleinement réalisée, spirituellement mature, bonne et généreuse. Une fois ces deux points admis – communauté de but et claire reconnaissance de la diversité des dispositions humaines – je pense que nous disposons d'une base solide pour le dialogue. C'est toujours avec ces convictions, ces deux prémisses essentielles que j'engage le dialogue avec d'autres traditions.

Père Laurence : Je sens une splendide vérité dans l'idée que la prédisposition individuelle d'une personne conditionne son cheminement spirituel. Mais dans ce cas, une tradition peut-elle encore prétendre détenir une perception absolue de la vérité ? Quant à moi, que nous soyons en train d'explorer les implications de ce que Votre Sainteté vient de dire me paraît constituer une étape très moderne et peut-être nécessaire de l'évolution de l'histoire religieuse. Mais quelle différence avec ce que les religions ont dit autrefois !

Le Dalaï-lama : Je dirais que même la vérité n'a pas nécessairement un seul aspect, mais que nous pouvons en avoir une conception multidimensionnelle. C'est le point de vue, particulièrement, du système philosophique madhyamaka, où la notion même de vérité revêt une dimension relative. Elle n'existe qu'*en relation avec* l'erreur, et ce n'est que *par rapport à* une autre perception qu'une chose peut être dite vraie. Mais postuler un concept de vérité atemporel et éternel, dénué de tout cadre de référence, serait très problématique.

Prenons par exemple le cas des enseignements du Bouddha donnés à des occasions diverses, dont certains, à première vue, peuvent donner l'impression d'être contradictoires. Par exemple, les enseignements du Bouddha sur le « moi » (*atman*), donnés à ceux qui ont de fortes inclinations à affirmer l'existence du moi, s'opposent à son enseignement de base sur le « non-moi » (*anatman*). Et même la doctrine de l'*anatman* – la doctrine de la non-existence de l'âme ou du moi d'une personne – que le Bouddha enseigna aux adeptes des écoles philosophiques inférieures, comme les systèmes vaibhashika et sautrantika, doit être regardée comme vraie. Ceci parce que, compte tenu de la perception et de la compréhension de son public à une époque, dans un environnement et un contexte donnés, *c'était la vérité.* C'est ainsi qu'il faut comprendre la notion de vérité dans le bouddhisme. Une école philosophique plus élevée, comme le madhyamaka, répondrait que cet énoncé contredit la raison, que cette conception de l'*anatman* n'est pas la vérité finale et entière. Cependant, l'école madhyamaka ne franchirait pas l'étape suivante qui consisterait à dire que le Bouddha a donné un enseignement erroné. Même eux diraient que c'est un énoncé vrai parce qu'il est vrai dans les limites de ce contexte et de cette situation particuliers.

Tout cela est sans doute bien compliqué !

Pour résumer toute cette discussion, je pense qu'entre les traditions chrétienne et bouddhiste, il existe une convergence exceptionnelle et un potentiel d'enrichissement mutuel par le dialogue, surtout dans les domaines de l'éthique et de la pratique spirituelle – ainsi des pratiques de la compassion, de l'amour, de la méditation et du progrès dans la tolérance. Je pense aussi que ce dialogue peut aller très loin et atteindre un niveau très profond de compréhension. Quant au dialogue philosophique ou métaphysique, je pense que nous devons nous séparer. Toute la conception bouddhique du monde repose sur une position philosophique centrée sur le principe de l'interdépendance, selon lequel toute chose ou événement est le pur produit d'interactions entre des causes et des conditions. Il est quasiment impossible, dans cette vision du monde, de faire une place à une vérité atemporelle, éternelle et absolue. Il n'est pas possible non plus d'y intégrer le concept de Création divine. Réciproquement, pour un chrétien dont toute la conception métaphysique du monde est fondée sur la croyance en la Création et en un Créateur divin, il est impossible d'accommoder l'idée que toute chose ou événement naît de la simple interaction de causes et de conditions. Ainsi, au plan métaphysique, à partir d'un certain point le dialogue devient problématique et les deux traditions divergent.

Je pense, cependant, que le dialogue peut promouvoir une meilleure compréhension et un respect mutuel dans les domaines de l'éthique, de la conduite personnelle et de la métaphysique – en d'autres termes, dans les domaines où on rencontre de nombreux parallélismes et compatibilités, aussi bien que dans ceux où existent diversités et différences. On s'en rend facilement compte dans le domaine de l'éthique et du comportement personnel où des similitudes et parallélismes nombreux pourraient enrichir le dialogue et conduire à une meilleure compréhension et au respect mutuel. Même dans le domaine métaphysique marqué par des divergences fondamentales, le dialogue permet de dépasser les différences, en reconnaissant clairement qu'elles existent et en appréciant leur fondement commun quant au but et à l'opérativité. Alors qu'en métaphysique les points de vue chrétien et bouddhiste sont si éloignés l'un de l'autre, ils peuvent l'un et l'autre contribuer à créer des êtres humains également bons, spirituellement matures et éthiquement sains. Ces différences, par conséquent, ne doivent pas nous diviser.

Sœur Eileen : Ma question est simple, je pense... Si l'on pouvait arranger une rencontre entre Votre Sainteté et Jésus, cela vous plairait-il ? Et quelle question lui poseriez-vous ou de quoi aimeriez-vous discuter avec lui ?

Le Dalaï-lama : Pour un bouddhiste dont le principal objet de refuge est le Bouddha, s'il vient à rencontrer une personne comme Jésus Christ – dont la vie manifeste clairement un être qui, sur un plan spirituel, a eu un effet sur des millions de gens en leur apportant la libération et la cessation de la souffrance – cette personne éveille le profond respect qu'inspire chez lui un être pleinement illuminé ou un bodhisattva.

Sœur Eileen : Votre Sainteté aurait-elle des questions à lui poser ?

Le Dalaï-lama : La première question serait celle-ci : « Pourriez-vous décrire la nature du Père ? » Parce que notre défaut de compréhension quant à l'exacte nature du Père nous mène à tant de confusion ici-bas !

Sœur Eileen : En fait, aujourd'hui, nous pensons qu'il est à la fois Père et Mère[52] !

Père Laurence : Peut-être que Marie pourrait participer au débat.

Le Dalaï-lama : Chaque fois que je vois une image de Marie, je me dis qu'elle représente l'amour et la compassion. Elle est comme un symbole de l'amour. Dans l'iconographie bouddhique, la déesse Tara occupe une place analogue.

Ajahn Amarao : Je ne sais si je dois poser encore une question métaphysique... Mais comme nous parlions des divergences de nos traditions, en tant qu'Occidental, j'ai toujours eu de la difficulté à accepter l'unicité de Jésus Christ, à voir en lui un être humain absolument à part, différent de tous les autres qui sont venus au monde. Auriez-vous sur ce sujet des réflexions dont vous aimeriez nous faire part, étant donné que cette idée traverse toutes les écritures chrétiennes ? Comment vous situez-vous par rapport à la nature unique, spéciale, de Jésus ?

Le Dalaï-lama : Si vous demandez comment un chrétien pratiquant devrait comprendre l'affirmation de l'unicité de Jésus Christ, ma réponse est qu'il n'y a d'autre choix que de s'en remettre à l'autorité des pères spirituels du passé. Mais si vous me demandez mon opinion personnelle, je vous renvoie à mes propos précédents. Pour moi, bouddhiste, Jésus Christ fut soit un être pleinement illuminé, soit un bodhisattva de très haute réalisation spirituelle.

L'anecdote suivante n'a pas directement trait à votre question, mais je voudrais mentionner la visite que je fis à Lourdes l'année dernière en tant que pèlerin. Devant la grotte, j'ai vécu quelque chose de très particulier. J'ai senti une vibration spirituelle, une sorte de présence spirituelle, et ensuite, devant la statue, j'ai prié. J'ai déjà dit quelle admiration j'éprouve pour ce lieu saint qui est depuis longtemps une source d'inspiration et de force, qui a apporté consolation, réconfort et guérison spirituelle à des millions de gens. J'ai prié que cela continue encore longtemps. Ainsi, ma prière n'était pas dirigée vers un objet nettement défini, Bouddha, Jésus Christ ou un bodhisattva, elle s'adressait simplement à tous les grands êtres doués d'une infinie compassion envers tous les êtres sensibles.

Père Laurence : J'ai une question à poser à Votre Sainteté de la part d'un des groupes qui discutaient en début d'après-midi autour de vos exposés. La question a trait à ce que vous avez dit à propos de la souffrance, à savoir que certains types de souffrance sont surmontables et d'autres non. La question est celle-ci : Comment faites-vous la différence ? Pourriez-vous nous dire, à partir de votre propre expérience, comment vous procédez au discernement ?

Le Dalaï-lama : Je pense que c'est assez évident. Quand, face à un problème, vous faites votre possible pour le dominer et qu'à la fin, vous constatez que le problème n'a pas disparu, c'est qu'il est insurmontable. Dans ce genre de discernement, on ne commence pas par une analyse clairvoyante qui vous permettrait de déterminer si une souffrance particulière peut être dominée ou non. On ne procède pas de cette façon.

Père Laurence : Merci. Et maintenant, j'aurais quatre questions très simples à vous poser. Elles ne sont pas seulement les plus courtes de la journée, mais aussi les plus difficiles. Je vais vous les dire. Qu'est-ce qui renaît ? Qu'est-ce qui est divin en nous, maintenant ? Qu'advient-il après la mort ? Notre conscience crée-t-elle notre réalité ?

Le Dalaï-lama : J'aimerais répondre à la dernière question en premier. Les expériences personnelles de douleur, de souffrance, de plaisir et de bonheur sont souvent, jusqu'à un certain point, des créations de notre esprit. Beaucoup d'expériences de cette sorte sont en fait créées par notre conscience ; mais de là à dire que la réalité est une construction de l'esprit, non, c'est affirmer une chose tout à fait différente. Dans le bouddhisme, certaines écoles soutiennent ce point de vue, mais d'autres opinions existent. Selon la conception du monde du système madhyamaka, qui est celui auquel j'appartiens, l'idée que tout est créé par la conscience n'est pas acceptable.

À cet instant, Sa Sainteté demanda en riant à chacun des membres du groupe de discussion – Ajahn Amarao, père Laurence et sœur Eileen – de répondre aux trois autres questions : Qu'est-ce qui renaît ? Qu'est-ce qui est divin en nous ? Qu'advient-il après la mort ?

Ajahn Amarao : Qu'est-ce qui renaît ? Du point de vue bouddhiste theravada, il n'y a pas de position doctrinale établie. Le Bouddha a décrit le processus de la renaissance très clairement mais il a dit également que toute connaissance reposait sur l'expérience personnelle. Aussi, quand il parle de l'idée de mort et de renaissance dans un autre monde d'existence, c'est comme une carte qu'il aurait tracée. Elle ne nous est pas transmise comme une chose à laquelle tous individuellement nous devrions croire, mais plus comme un schéma qui peut nous aider à rendre compte de notre expérience de la réalité.

En règle générale ce qui renaît ce sont nos habitudes. C'est l'essence de la réincarnation. Tout ce à quoi l'esprit s'agrippe renaît : ce que nous aimons, haïssons, craignons, adorons et ce sur quoi nous avons des opinions. Notre identification avec ces aspects de l'esprit est douée d'un dynamisme qui l'entraîne. Cet attachement ressemble à un volant. La fin de la renaissance c'est l'illumination qui est un complet non-attachement ou une non-identification avec les pensées, les sentiments, les perceptions, les sensations physiques et les idées. De sorte que quand nous parlons d'échapper à la naissance et à la mort, de la fin des renaissances, ceci équivaut à dire que l'illumination est vraiment la condition naturelle de l'esprit quand il n'est pas troublé, identifié ou absorbé par un objet interne ou externe.

Ce qui renaît de vie en vie est ce qui, en nous, s'identifie aveuglément aux objets. Ou bien, dans le cas d'un bodhisattva, selon la tradition mahayana – qui se sépare légèrement de ma propre tradition ; aussi, que les gens de la tradition septentrionale me corrigent si je me trompe – il ou elle choisit de renaître par pure compassion, pour le bien des autres êtres. Normalement, pour la plupart des êtres humains, le processus de la renaissance advient plus par accident que par volonté. Mais les conditions d'une renaissance incontrôlée sont déterminées par ce à quoi l'on s'accroche. Si donc un bodhisattva naît de façon délibérée, ceci résulte de l'acte de tenir délibérément à quelque chose. Cela dit, je peux saisir ce feuillet et le tenir, mais cette saisie peut se faire tranquillement. Ou bien, je peux m'agripper à lui et dire : « C'est *mon* feuillet ! » Dans ce cas, il y a identification et possessivité ; c'est une saisie aveugle. La renaissance peut survenir simplement en prenant un corps et en le tenant sans attachement ; un bodhisattva prendra un corps ou une vie humaine de cette manière. Je suis bavard, mais je n'aurais pas pu être plus bref !

Père Laurence : Qu'est-ce qui est divin en nous, maintenant ? Je partagerai cette question avec sœur Eileen pour montrer que les chrétiens ont eux aussi des approches diverses. Je pense que le divin c'est notre source, notre origine. Saint Paul décrit Dieu comme la source, le guide et le but de tout ce qui existe. Il dit également dans l'épître aux Éphésiens que Dieu nous connaissait et nous a choisis – chaque être humain en particulier – avant le commencement du monde. Dieu est la source du temps et de l'espace, de la création et du cosmos – tout ceci existe dans le mystère de Dieu. Donc, nous existons pour l'éternité dans le mystère de Dieu. Il nous est donné d'être manifestés, nous existons, issus de la nature de Dieu qui est d'exprimer et d'aimer. Je pense que ce qui est divin en nous est notre source et notre origine. Nous sommes toujours un avec notre origine. Toute chose qui possède l'existence est toujours une avec son origine. C'est notre sainteté et notre divinité. C'est notre but. Le voyage de notre source à notre but – qui sont un même lieu, un même point – est le voyage que nous effectuons en ce moment. C'est le voyage de la libération ou de l'illumination.

Sœur Eileen : L'enseignement chrétien a toujours maintenu que nous sommes faits à l'image de Dieu, que nous sommes les temples de l'Esprit Saint et que nous sommes toujours en union avec Dieu. Mais notre condition humaine fait que nous ne l'éprouvons pas pleinement parce que nous sommes encore enfermés dans nos esprits et nos schémas. C'est pourquoi nous méditons et suivons notre pratique spirituelle pour que nous puissions retourner à ce que le bouddhisme zen appelle notre « face originelle », à cette expérience originelle de l'être auquel notre création nous destinait. Comme vous le disiez, Votre Sainteté, ceci n'implique pas une perte d'identité, c'est l'expérience de l'unité en Dieu.

Père Laurence : Nous allons maintenant nous préparer à la méditation en allumant les bougies.

En prélude au chant et à la méditation, Sa Sainteté et des représentants du public allumèrent cinq bougies en signe d'harmonie entre les religions. Ce geste fut répété chaque jour. Bien que d'une modestie et d'une simplicité extrêmes, et accompli sans pompe ni cérémonie, l'allumage des bougies s'anima d'une vie qui lui était propre, à mi-chemin entre l'improvisation et le rituel le plus familier. Comme toutes les cultures et, pour autant qu'on le sache, toutes les religions ont toujours regardé la lumière et particulièrement la flamme avec crainte et vénération, le geste revêtait un caractère sacré. Cependant, précisément parce que dans ce cas il n'y avait pas de contexte rituel prescrit et parce que les bougies ont la manie de refuser de tenir droites ou de rester allumées, ce court instant, pas tout à fait parfait mais touchant par son naturel et son côté humain, gardait la même spontanéité que toute la conférence.

Quand Sa Sainteté reprit sa place sur une chaise droite au centre de l'estrade, on baissa les lumières dans la salle. Il plia et rentra divers pans de ses tuniques, chercha la bonne posture avant de s'immobiliser, sortit ses perles, ferma les yeux et commença à prier. Pour qui, dans l'assistance, avait une mère ou une grand-mère catholique, il était frappant de constater que les petits préparatifs du Dalaï-lama, et surtout sa façon totalement familière, confortable, aisée et tendre de manipuler les perles, semblaient dépasser toutes les divisions culturelles et linguistiques. Le cantique ne sonnait pas du tout comme un Je vous salue Marie, *mais la vénération avec laquelle il fut chanté et écouté lui ressemblait tout à fait. Voici ce cantique :*

Considérant tous les êtres sensibles
Comme surpassant même le joyau qui satisfait le désir
D'accomplir le but le plus noble,
Qu'ils soient toujours ce que j'ai de plus cher.

Quand je suis en compagnie d'autrui
Je me considérerai toujours comme le moindre de tous,
Et du fond de mon cœur
Je les tiendrai toujours pour des êtres chers et au-dessus de tout.

Vigilant, au moment où apparaît un voile,
Qui met en danger les autres et moi-même.
Je lui ferai face et l'écarterai
Sans délai.

Quand je vois des êtres d'une nature méchante
Écrasés par des actes négatifs violents et par la souffrance,
Ces êtres rares seront chers pour moi,
Comme si j'avais trouvé un trésor précieux.

Quand autrui, par envie, me traite avec violence,
M'insulte ou me fait d'autre mal,
J'accepterai la défaite,
Et offrirai la victoire aux autres.

Quand quelqu'un à qui j'ai fait du bien
Et en qui j'ai de grands espoirs
Me fait un mal considérable,
Je le considérerai comme mon saint ami spirituel.

En bref, à la fois directement et indirectement, j'offre
Tout bénéfice et tout bonheur à tous les êtres sensibles, mes [mères ;
Puissé-je secrètement prendre sur moi
Toutes leurs mauvaises actions et leurs souffrances.

Qu'ils ne soient pas salis par les concepts
Des huit soucis profanes,
Et, conscients que tout est illusoire,
Qu'ils soient, dans le dessaisissement, libérés de tout lien[53].

SIXIÈME PARTIE

LA TRANSFIGURATION

Évangile de Luc 9, 28-36

« Huit jours environ s'écoulèrent après cet entretien, puis Jésus prit avec lui Pierre, Jean et Jacques et monta prier sur la montagne. Tandis qu'il priait, son visage se transforma, et ses vêtements devinrent d'une blancheur éclatante. Et voici que deux personnages s'entretenaient avec lui : c'étaient Moïse et Élie, qui, apparaissant dans la Gloire, parlaient de son trépas, qu'il devait accomplir à Jérusalem. Pierre et ses deux compagnons étaient alourdis de sommeil ; se tenant pourtant éveillés, ils virent la gloire de Jésus et les deux personnages qui se tenaient près de lui. Au moment où ils se séparaient de Jésus, Pierre lui dit : "Maître, il est heureux que nous soyons ici : nous pourrions dresser trois abris, un pour toi, un pour Moïse et un pour Élie." Il ne savait ce qu'il disait. Il parlait encore qu'une nuée vint les couvrir et les disciples furent saisis de frayeur en les voyant disparaître dans la nuée. Alors, de la nuée sortit une voix : "Celui-ci est mon Fils bien-aimé, écoutez-le !" Et, pendant que la voix retentissait, Jésus se trouva seul. Les disciples gardèrent le silence et, en ces jours-là, ne rapportèrent à personne rien de ce qu'ils avaient vu. » [Luc, 9, 28-36]

Le Dalaï-lama : « Ce passage de la transfiguration évoque une nouvelle fois des thèmes communs aux grandes traditions religieuses du monde. Ces thèmes communs sont ici la possibilité de faire des expériences mystiques de l'ordre de la vision, et l'importance des métaphores telles que les arcs-en-ciel et les nuages[54], quoique, dans le contexte de cet Évangile, le sens de ces thèmes puisse être légèrement différent du fait de l'unicité accordée à Jésus en tant que Fils de Dieu. Mais en général, pour les bouddhistes, si un pratiquant parvient à un haut degré de réalisation dans son évolution spirituelle, il est possible qu'une telle transformation se manifeste au niveau physique également. Les *sutras* racontent des histoires semblables à propos du Bouddha. Comme dans l'Évangile, elles commencent par nous montrer le Bouddha résidant dans un certain lieu, à un certain moment. Ses disciples – principalement les deux plus éminents, Shariputra et Maudgalyayana – remarquent un changement dans l'apparence physique du Bouddha. Une lumière irradie de son corps et un sourire singulier illumine son visage. Puis, un des disciples demande au Bouddha : " Je vois ces changements en toi. Pourquoi surviennent-ils ? Pour quelles raisons ? Quelles pensées te traversent l'esprit ? S'il te plaît, réponds-nous. " Ces paraboles ressemblent à celles que nous trouvons dans les passages d'Évangile sur la transfiguration.

» La vision des deux prophètes Moïse et Élie correspond aussi à de nombreux récits bouddhiques d'incidents mystiques au cours desquels un individu se trouve face à face avec des personnages historiques. On les appelle des *dag-nang*, des expériences de visions pures. Dans certains cas, il peut s'agir de contacts authentiques avec ces personnages historiques, au niveau mystique. Dans d'autres cas, il s'agit de rencontres avec d'autres êtres qui revêtent l'apparence ou la forme physique de ces personnages. De tels contacts peuvent se produire.

» Pour comprendre ces phénomènes mystérieux, il faut avoir un minimum de connaissance sur le phénomène général de l'émanation. Par exemple le degré d'autonomie d'une émanation dépend du niveau de réalisation de l'individu qui crée l'émanation, autrement dit, l'émanateur. À un degré inférieur, une émanation créée par un individu est dans une large mesure contrôlée et dirigée par l'émanateur, presque comme le ferait un ordinateur. À l'opposé, chez un individu qui est parvenu à de hautes réalisations spirituelles, les êtres émanés peuvent jouir d'un haut degré d'autonomie. Un passage d'un texte bouddhique déclare que les émanations créées par un être pleinement illuminé jouiront d'un très haut degré d'autonomie. Cependant, ceci ne signifie pas que les émanations soient réelles, ni qu'elles soient des êtres vivants. Elles sont, en un certain sens, de simples créations de cet esprit hautement évolué. Ainsi, l'un des quatre préceptes cardinaux de la règle monastique est de ne pas commettre de meurtre. Pour qu'il y ait meurtre, il faut que l'objet sur lequel s'exerce l'acte de tuer soit un être humain et non un être émané : par conséquent, les personnes émanées ne sont pas considérées comme de réels êtres vivants.

» Aujourd'hui encore, des gens font l'expérience de visions mystiques. Certains sont entrés en contact avec de grands maîtres de l'Inde et du Tibet. J'aurais aimé faire de telles expériences moi-même, mais – hélas ! J'aurais tant de questions à poser ! Si je devais faire une telle expérience avec de grands maîtres indiens du passé, je me mettrais dans la peau d'un scientifique, je me ferais l'avocat du diable, et je poserais un tas de questions ! Si des individus parvenus à des états spirituels hautement évolués ont la capacité d'émaner et de se manifester sous diverses formes, cela ne veut pas dire pour autant que tout le monde sera capable de percevoir cette vision et cette présence. Pour appréhender cette vision, la personne doit être parvenue à un certain degré de maturité, de réceptivité et d'ouverture spirituelles. Par exemple, dans le passage où il est dit que Pierre voit Moïse et Élie, si d'autres personnes avaient accompagné le Christ à ce moment-là, il est parfaitement possible que certaines d'entre elles n'aient pas pu voir Moïse et Élie.

» Face à de tels phénomènes d'émanation, il est normal que l'on veuille en comprendre les mécanismes. Sur quelles bases les expliquer ? Dans le bouddhisme, si nous nous plaçons dans l'optique du *tantra*, l'aspect ésotérique du bouddhisme tibétain, il est possible d'en donner une explication à partir de la dynamique des énergies subtiles, appelées les *prana*. Grâce à diverses techniques méditatives, un pratiquant peut parvenir à un haut degré de maîtrise de ces énergies psychophysiques. Dans le système des *sutras*, qui est le système non tantrique, on rendrait compte de ces expériences en termes de puissance de concentration ou de puissance de méditation. À dire vrai, ce sont des phénomènes très mystérieux, et je ne prétends pas être compétent pour les expliquer en détail. Je pense que ce sont des domaines qui nécessitent beaucoup d'études et de recherches, autant que d'expérimentation.

» Ces rencontres visionnaires se déroulent à des niveaux différents que l'on peut classer en trois grandes catégories. Les rencontres du premier type sont éprouvées sur un plan plus mystique, intuitif ;

la rencontre n'est pas vraiment effective ou tangible, mais plutôt de l'ordre de la sensation ou de l'intuition d'une présence. Celles du deuxième type sont plus tangibles, mais pas au niveau sensoriel ; elles sont davantage ressenties au niveau mental, conceptuel. Au troisième type appartiennent les rencontres les plus tangibles ; ce sont des expériences sensorielles. C'est comme rencontrer quelqu'un face à face, les yeux ouverts.

» Un phénomène analogue s'accompagnant de visions mystiques se produit au lac sacré de Lhamö Lhatso au Tibet[55]. J'ai même entendu dire que des touristes étrangers avaient eu des visions à ce lac. Cependant, si dix personnes regardent le lac au même moment, il est possible que chacune ait une vision différente. Mais il est possible aussi que les dix voient la même image. Il est même arrivé que l'on puisse prendre les images en photo. Pourquoi toutes ces différences ? C'est profondément mystérieux. Mais il doit bien y avoir une explication.

» Dans ces passages d'Évangile, on trouve une référence au destin. Ce qui m'amène à me demander si, dans le contexte chrétien, la croyance existe que chaque être humain a un destin singulier à accomplir. »

Père Laurence : Oui. Tout le monde a un destin qui est, en dernière analyse, d'avoir part à l'être de Dieu.

Le Dalaï-lama : Peut-on dire que, par suite des circonstances, le destin d'un individu peut évoluer et changer ?

Père Laurence : Oui, parce que l'individu est libre d'accepter ou non ce destin, ou « appel ». Il y a un lien entre destin et libre arbitre.

Le Dalaï-lama : Dans le bouddhisme, bien que l'on n'emploie pas le mot destin, on trouve la notion de *karma*, qui pourrait en être l'équivalent le plus proche. Si le *karma* implique un certain degré de propulsion, il n'exclut pas le besoin de certaines conditions circonstancielles pour que le *karma* se réalise. Comme je l'ai déjà dit, certaines images, telles que nuages et arcs-en-ciel, sont communes à maintes traditions religieuses. Naturellement, la science peut expliquer pourquoi se forment les arcs-en-ciel – à cause de certaines conditions d'humidité, de température, etc. Mais j'ai toujours été intrigué par ces arcs-en-ciel particuliers qui n'ont pas de variations de couleurs, qui sont comme une pure lumière blanche et se déploient en ligne droite au lieu de former un arc. Je me suis toujours demandé comment cela pouvait exister !

Dans le bouddhisme tibétain, l'image de l'arc-en-ciel remplit deux fonctions. D'abord, elle est souvent associée aux signes de bon augure, de chance, de fortune. En outre, l'arc-en-ciel illustre la nature illusoire et non substantielle des choses et des événements. Je note avec intérêt que ce passage mentionne une voix venant des airs. Là encore, dans les enseignements bouddhiques, on trouve des références similaires à une voix venant de nulle part. Au Tibet, on croit généralement que vers le VIIe siècle, sous le règne de Lha Tho-thori, des écritures bouddhiques sont tombées du ciel. Des savants ont protesté, affirmant que ces écritures étaient venues de l'Inde. Mais si la véritable origine indienne des écritures avait été révélée à cette époque, les gens ne les auraient pas vénérées. Du coup, ce mythe des écritures tombées du ciel est apparu et il a rempli une fonction spécifique dans leur tradition spirituelle.

SEPTIÈME PARTIE

LA MISSION

Évangile de Luc 9, 2-6

« *Jésus réunit les Douze, il leur donna puissance et autorité sur tous les démons, avec le pouvoir de guérir les maladies. Il les envoya proclamer le royaume de Dieu et soigner les infirmes. Il leur dit : "Ne prenez rien pour la route, ni bâton, ni sac, ni pain, ni argent, ni un second vêtement. Dans quelque maison que vous entriez, demeurez-y jusqu'à ce que vous quittiez la localité. Là où vous ne serez pas reçus, quittez cette ville et, en témoignage contre eux, secouez la poussière de vos pieds." Ils partirent, et ils allèrent de village en village, annonçant la bonne nouvelle et guérissant partout les malades.* » [Luc 9, 2-6]

Le Dalaï-lama : « Je pense que ce passage attire l'attention sur un idéal spirituel très important, commun à toutes les religions. À savoir qu'un pratiquant spirituel qui est parvenu à un certain degré de réalisation à la suite d'une longue pratique ne doit pas se satisfaire de cet état. Ce pratiquant doit au contraire s'efforcer de le communiquer aux autres pour qu'eux aussi puissent faire cette expérience. Comme toute pratique spirituelle est par essence une pratique de l'amour, de la compassion et de la tolérance, une fois que vous en avez eu une profonde expérience, il est naturel de désirer la partager avec autrui.

» Dans le bouddhisme, quand nous parlons d'enseignements ou de doctrines, nous envisageons deux niveaux, deux types. L'un est en rapport avec les écrits, l'autre avec la réalisation. La manière d'observer les enseignements scripturaires c'est de les répandre par l'enseignement et l'explication. Les enseignements liés à la réalisation sont observés en cultivant cette expérience en nous-mêmes. Il est très important qu'un individu qui en instruit un autre ait un minimum d'expérience de ce qu'il enseigne, qu'il ait accompli un certain chemin dans la réalisation spirituelle. Il en va tout à fait différemment dans les autres types de communication, quand une personne raconte une histoire ou quand un historien relate un événement du passé. Dans ces cas, l'individu, s'appuyant sur son savoir, peut raconter les faits sans les avoir vécus. Mais dans le cas des enseignements spirituels, il est essentiel que le professeur ait un minimum de réalisation et d'expérience personnelles.

» Ici, Jésus dit à ses disciples de ne rien emporter dans leur voyage, ni nourriture, ni bâton, ni sac, ni argent. Peut-être ce passage fait-il référence à un idéal spirituel important : simplicité et modestie. En fait, dans l'ordre monastique bouddhiste, le mot même désignant un moine ou une nonne renvoie à l'idée de ne rien posséder et de vivre d'aumônes. Le bol à aumônes que portent les moines est appelé un *lhungse* qui signifie « le récipient qui reçoit ce qu'on y laisse tomber ». Ce nom indique qu'un moine vivant d'aumônes ne peut à aucun titre exprimer ses préférences sur ce qu'on lui donne. Un jour, je discutai de la question du vegétarianisme avec un moine sri-lankais très cultivé, et il me disait que les moines bouddhistes ne pouvaient être classés en végétariens et non-végétariens étant donné qu'ils vivent d'aumônes. Quelle qu'elle soit, la nourriture doit être acceptée. Ce passage me fait également penser à une sentence tibétaine : si le méditant qui vit dans la montagne ne descend pas, alors la nourriture et les provisions monteront jusqu'à lui.

» Dans le *Vinaya Sutra* qui fixe les règles de la vie monastique, le Bouddha déclare que le mode de vie idéal pour un moine est d'aller de village en village en demandant l'aumône. Après l'avoir reçue dans un village, il doit partir et aller dans un autre. La métaphore, ici, est celle de l'abeille qui va de fleur en fleur, prenant du pollen à chaque fleur les unes après les autres sans faire de mal à aucune. Ainsi les moines doivent aller de village en village, ne causant ni dommage ni destruction.

» Cet Évangile mentionne aussi des phénomènes comme les démons et la guérison des maladies. Des idées analogues se retrouvent dans d'autres traditions religieuses. Je pense que ce sont là des termes et des façons de parler en usage à une époque donnée, dans un environnement donné et qui tiennent compte du système de croyances d'un peuple. Mais un grand idéal spirituel est souligné ici : le pratiquant spirituel ne doit pas se satisfaire de son niveau de réalisation. Il est capital de se mettre au service d'autrui, de contribuer activement au bien-être d'autrui. Je dis souvent aux pratiquants de suivre le principe suivant : concernant leurs besoins personnels, il doit y avoir aussi peu de souci et d'obligation que possible, mais quant au service d'autrui, il doit y avoir autant de soucis et d'obligations qu'il est possible. Tel doit être l'idéal d'un pratiquant spirituel.

» La mention de la guérison des malades ne doit pas forcément être prise au sens littéral, au sens où seule serait visée la mauvaise santé physique. La maladie peut s'entendre également au sens psychologique et émotionnel. Pour moi, l'association de la guérison des malades avec l'annonce d'une bonne nouvelle signifie que c'est par le partage de ses propres expériences spirituelles, en donnant des enseignements et en communiquant cette bonne nouvelle que l'on peut aider les autres à vaincre leurs maladies. Cette admonestation est très proche de certains passages de *sutras* bouddhiques. Dans certains textes, par exemple, le Bouddha déclare à la fin de son enseignement : « Ceux qui observent les enseignements que je vous ai donnés aujourd'hui, en les notant sur un papier, en les lisant et les expliquant aux autres, acquerront un grand mérite. » L'idée est analogue.

» Un autre problème très important est lié au précédent. Il est essentiel, pour nous lecteurs modernes, de pouvoir faire la distinction entre la conversion et la notion de mission. Comme nous l'avons dit précédemment, les hommes se distinguent par une grande diversité de dispositions et de penchants spirituels. De sorte que, si quelqu'un essaie d'imposer certaines croyances religieuses à une personne dont l'inclination est manifestement contraire, cette action n'aura pas un effet bénéfique, elle sera néfaste. Cette sensibilité est très clairement exprimée dans l'idéal du bodhisattva selon le mahayana. Ainsi, selon un des dix-huit préceptes du bodhisattva, on ne doit pas enseigner la profonde doctrine de la vacuité à quelqu'un dont les facultés mentales ne sont pas adaptées. Car, si l'on persiste par manque de sensibilité à enseigner cette doctrine à une telle personne, on risque de provoquer des réactions adverses. Au lieu de l'aider à affiner sa pratique spirituelle cet enseignement pourrait semer la confusion dans son esprit et peut-être même la pousser au nihilisme. Dans ce cas, au lieu d'accumuler du mérite en enseignant le Dharma, on accumule de la négativité en étant insensible aux besoins et à la réceptivité d'autrui.

» Les enseignements du Bouddha sont très clairs à ce sujet. On y trouve par exemple une liste de questions appelées *Les quatorze questions laissées sans réponse par le Bouddha.* Il va sans dire qu'il existe de multiples interprétations quant à ce phénomène des questions sans réponse. L'une des questions est : "Existe-t-il une entité telle qu'une 'essence personnelle', ou moi ?" Le Bouddha n'a répondu ni positivement ni négativement. La question venait d'une personne qui croyait très fortement en l'identification du moi avec une âme éternelle et permanente. Par conséquent, le Bouddha a senti qu'en niant l'existence du moi il risquait de déstabiliser cet individu et de le pousser au nihilisme – une négation totale de l'existence de la personne ou de l'agent. En revanche, affirmer l'existence du moi serait tout aussi dommageable à cette personne parce qu'elle serait confortée dans son adhésion à la notion d'un moi égoïste et isolé. Face à cette situation, le Bouddha ne donna aucune réponse concluante. On voit ainsi qu'il choisissait avec sensibilité les mots appropriés aux besoins de chaque individu.

» Un jour, je m'entretenais avec un moine bouddhiste indien de la doctrine bouddhique de l'*anatman,* la théorie de l'absence de soi. C'était un pratiquant sérieux que j'avais moi-même ordonné. Quand il entendit pour la première fois cette expression, il fut si secoué qu'il en tremblait littéralement ; il ne pouvait absolument pas envisager cette notion. Je dus en adoucir l'effet par de plus amples explications. Il lui fallut beaucoup de temps pour appréhender vraiment le sens de la théorie de l'*anatman*. Vous voyez donc qu'il est capital de mesurer l'adéquation de votre enseignement aux dispositions mentales d'une personne et à ses inclinations spirituelles. Il n'existe pas dans le bouddhisme de tradition de conversion active – hormis dans les annales du règne d'Ashoka, en Inde, qui semble avoir activement envoyé plusieurs expéditions missionnaires vers les pays voisins. En règle générale, l'attitude bouddhique concernant l'expansion de son message est la suivante : à moins qu'une personne ne vienne vers un maître et ne demande des enseignements spécifiques, il n'est pas bien pour un maître d'imposer ses vues et ses doctrines à autrui.

» Je voudrais ajouter un mot sur un autre point important soulevé par cet Évangile. Quand on réfléchit sur les démons – car ce mot revient très souvent dans maintes écritures – il est important de ne pas entretenir la notion d'une force " de l'au-delà", éternelle, indépendante et autonome qui existerait comme une sorte de force négative absolue. Cette expression doit plutôt être reliée aux tendances et impulsions négatives qui gisent au fond de chacun de nous. J'ai discuté de ce point avec le père Laurence qui semble d'accord sur cette interprétation. Sinon, toute cette notion de Satan devient une vaste zone de confusion. Personnellement, je suis curieux de connaître la position chrétienne traditionnelle sur la nature de Satan. Je n'arrive pas à m'en faire une idée !

Commentaire sur la lecture de l'Évangile

Père Laurence : Votre Sainteté, permettez-moi de vous présenter les deux intervenants dans la discussion de ce matin. Il s'agit d'abord de Lady Maureen

Allen, qui médite depuis trente ans et nous a beaucoup aidés à préparer ce séminaire en faisant la liaison avec le Bureau du Tibet à Londres. Il s'agit également de Peter Ng de Singapour qui est directeur des investissements à la Singapore Investment Corporation et qui, sur un plan plus spirituel, est un des directeurs, avec sa femme Patricia, du Christian Meditation Center de Singapour. J'aimerais que Peter présente le premier point de notre discussion.

Peter Ng : Votre Sainteté, la question que je voudrais vous soumettre est assez élémentaire. Elle concerne le but et la voie de la vie spirituelle dans la perspective bouddhique, ainsi que la manière dont vous concevez la méditation sur un seul point comme aide au développement spirituel. Dans la perspective chrétienne, le but de notre vie spirituelle, notre destin, comme l'a dit le père Laurence, est d'avoir part à l'être de Dieu. Pour nous la voie, c'est Jésus. Le commandement ou la valeur suprême pour suivre Jésus, c'est l'amour. En fait, en tant que méditants chrétiens, la méditation est pour nous la voie de l'amour. C'est ce que le père John Main nous a enseigné sur la méditation. Par la méditation, nous accédons à une relation personnelle avec Jésus et nous développons notre amour jusqu'à atteindre la plénitude de l'amour, qui est Dieu.

Du point de vue bouddhique, pourriez-vous nous expliquer quel est le but de la vie spirituelle : existe-t-il un enseignement bouddhique équivalent à celui de l'amour en tant que voie, et considérez-vous la méditation comme une aide dans cette vie spirituelle ?

Le Dalaï-lama : Pour répondre à votre question, il serait peut-être utile de présenter ce qu'on appelle les *Quatre facteurs de bonté* et les deux buts auxquels aspire un individu. L'un des buts est le bien-être matériel, banal, au niveau ordinaire ; l'autre but est de parvenir à la perfection ou libération spirituelle, le nirvana. Le moyen d'obtenir le bien-être ordinaire est l'accumulation de richesses matérielles, tandis que le moyen approprié d'accéder à la libération et à la perfection spirituelles est la pratique du Dharma. Dans votre cas, ces deux buts semblent converger parce que vous êtes banquier ! L'équivalent tibétain du Dharma bouddhique est le mot *chö* qui signifie « transformation » ou « puissance transformante ». La compassion est, à maints égards, le principe fondamental du Dharma ; cependant, la compassion doit être indissolublement liée à la sagesse. La voie, ou le Dharma, c'est l'union de la sagesse et de la compassion.

Quand on parle de compassion et de sagesse, de compassion et d'intelligence, ou de connaissance, il doit être entendu que nous parlons encore de niveaux et de types différents de connaissance et de sagesse. Globalement, on distingue la connaissance conventionnelle qui s'attache au domaine quotidien d'expérience, et la connaissance ultime qui a trait à des aspects plus profonds de la réalité. Naturellement, pour les bouddhistes, la « vérité ultime » fait référence à la nature ultime de la réalité que l'on désigne par *anatman* (non-moi ou non-essence). Bref, quand les bouddhistes parlent de nature ultime de la réalité, ils ont en tête la doctrine du *sunyata,* le vide.

Globalement, il n'y a rien de spécifiquement bouddhique dans la pratique méditative de la concentration sur un point et des diverses techniques utilisées pour développer cette aptitude. Elles sont communes à toutes les grandes traditions spirituelles de l'Inde, bouddhiques et non bouddhiques. Ce qui est propre à l'application de cette faculté d'attention en un seul point est qu'elle permet au pratiquant spirituel de canaliser son esprit sur un objet choisi, sans être troublé par des distractions. Il faut bien voir que cette *attention de l'esprit en un seul point* est un terme générique, tandis que le *samatha* (demeurer dans la tranquillité, en sanskrit) se réfère à un état rehaussé de l'esprit. Dans la vie quotidienne, nous connaissons tous des états passagers de concentration en un seul point ; partant de là nous pouvons développer cette faculté en appliquant les techniques appropriées dans la méditation. L'état pleinement développé et affiné de cette faculté est le samatha. En appliquant des techniques méditatives, et en cultivant et affinant cette concentration en un seul point à l'intérieur de vous-même, vous pouvez développer non seulement une profonde stabilité d'esprit – vous libérant ainsi de l'état normal de distraction dans lequel toute votre énergie mentale se dissipe et se disperse – mais aussi une profonde vigilance. Ces techniques permettent donc de canaliser vos énergies mentales et de développer à la fois stabilité et clarté. Étant parvenu à développer ces deux qualités, vous pouvez diriger très efficacement votre esprit sur l'objet de votre méditation – compassion, sagesse ou autre.

Si nous regardons bien, nous constatons que dans l'esprit deux facteurs principaux nous empêchent de développer pleinement cette faculté innée de concentration en un seul point. L'un est l'état distrait, éparpillé, de l'esprit qui vous maintient dans un état d'excitation et vous empêche de parvenir à une quelconque stabilité. C'est le principal obstacle au maintien d'une stabilité profonde. L'autre est le relâchement mental. Même si vous êtes parvenu à vaincre l'éparpillement mental et à trouver un tant soit peu de stabilité, votre esprit manquera parfois de vigilance. Vous êtes donc parvenu à un état d'esprit déconnecté, peut-être temporairement débarrassé de la distraction mentale, mais il manque de dynamisme et de vitalité. C'est un type d'esprit « planant ». Dans la terminologie bouddhique, on parle d'« affaissement » ou de relâchement mental. Ces deux obstacles doivent être surmontés. Quand vous surmontez l'affaissement mental, vous parvenez, outre à la stabilité, à une clarté et à une vitalité profondes. Et quand vous êtes capable de joindre ces deux forces, vous disposez de la stabilité requise pour fixer votre esprit sur l'objet, et de la vigilance requise pour consacrer toute votre énergie mentale à pénétrer la nature de l'objet.

Lady Allen : En ce moment, je suis la parfaite illustration de l'esprit dispersé, j'en ai bien peur !

Le Dalaï-lama : Bien sûr, tout le monde a cette impression ! Quand nous discutons ainsi en groupe, je pense que la plupart d'entre nous ont l'esprit dans le monde de la dispersion. Et quand nous méditons, il est dans le monde de l'affaissement mental !

Lady Allen : Une chose que, je pense, nous avons tous beaucoup appréciée dans la discussion d'aujourd'hui, c'est combien Votre Sainteté est une incarnation du bonheur. C'est une grande bénédiction pour des chrétiens qui ont appris à se considérer comme de misérables pécheurs. Votre Sainteté parlait de nourriture spirituelle, et nous aimerions vous remercier de nous servir un festin. Quant à ma question, je vous serais reconnaissante de bien vouloir pousser plus loin cette idée d'univers cosmique. Autrefois, la science et la religion ont suivi des chemins si écartés ! Mais il semble aujourd'hui qu'elles soient en voie de se réconcilier. Dans le christianisme occidental, la définition ou la redéfinition de Dieu pose problème. Je ne pense pas que les personnes ici présentes se fassent encore de Lui l'image d'un vieil homme à barbe blanche tout là-haut dans les cieux, quoique, je le crains, cela soit toujours le cas dans certaines parties du monde. Hier, Votre Sainteté nous a donné une merveilleuse description moderne de Dieu, dont nous vous sommes reconnaissants. Pourriez-vous développer la notion d'interdépendance, sachant qu'il est bien évident que nous, membres de l'humanité, sommes aujourd'hui physiquement interdépendants. Nous avons observé la terre depuis la lune. Et la science parle de plus en plus de l'interdépendance dans la nature. Mais nous ne comprenons toujours pas ce que cela signifie d'être interdépendant dans un même esprit – mentalement et émotionnellement. Je crois que nous pourrions tirer profit des éclaircissements de Votre Sainteté.

Le Dalaï-lama : Avant tout, je pense qu'il est de la plus haute importance de comprendre ce que nous entendons par conscience. La nature de la conscience, ou connaissance – *shepa* en tibétain – n'est pas du tout matérielle ; elle n'a ni forme matérielle, ni substance, ni couleur. Elle n'est donc pas quantifiable en termes scientifiques et ne se prête pas à l'investigation scientifique courante. Au lieu d'une nature matérielle, la conscience a la nature d'une « expérience pure et simple » ou « connaissance pure et simple ».

Quand je dis « Je sais » ou « Je suis conscient », il semble qu'il y ait un agent, « Je », impliqué dans l'activité de savoir ou d'être conscient ; mais ce que nous entendons par conscience est cette faculté dont dépend le fait que l'on sache ou que l'on soit conscient. En d'autres termes, c'est l'activité ou le processus du savoir en lui-même, et en tant que tel, il est « conscience pure et simple » ou « connaissance lumineuse ». Ordinairement, nous associons cette faculté à un objet extérieur ou à une sensation agréable ou désagréable. Ainsi, que nous pensions avec des concepts ou que nous ayons simplement une expérience sensorielle, la conscience en elle-même surgit avec la forme ou l'apparence d'un objet et, par conséquent, nous ne la reconnaissons pas, d'ordinaire, en tant que « conscience pure et simple » ou « connaissance claire et lumineuse ». En bref, dans la vie courante, la conscience se trouve prise dans les apparences dualistes de l'objet et du sujet.

En un sens, on pourrait dire que nous ne faisons l'expérience de la conscience que colorée par l'objet ; la perception est presque inséparable de l'objet. Nous savons que, lorsque nous avons la perception d'un objet bleu, c'est presque comme si la perception elle-même était bleue. Cependant, il est possible de faire l'expérience de cette nature essentielle de la conscience – cette pure luminosité, cette pure expérience, cette pure connaissance dont j'ai parlé – en essayant consciemment de vider l'esprit de ses divers schèmes, concepts, souvenirs et, surtout, de ses préoccupations d'ordre sensoriel. Aussi, tout en maintenant une profonde vigilance, si l'on arrive à faire cesser ces turbulences dans l'esprit – les processus de la pensée conceptuelle et les schèmes qui nous poussent à rechercher les expériences sensorielles – on peut commencer à entrevoir le niveau plus profond. Le fait d'être totalement déconnecté ne favorise pas le processus. Il faut garder une certaine vigilance tout en arrêtant progressivement les fluctuations de la pensée et des expériences sensorielles de l'esprit. Il devient alors possible d'entrevoir cette nature essentielle. Au début, quand vous en faites l'expérience pour la première fois, elle ne vous apparaît que comme un genre de vacuité. Mais il est possible, par la pratique, d'allonger cet instant. Lentement, en progressant dans la méditation, vous pouvez allonger la durée de l'expérience. Alors, la nature essentielle de l'esprit, cette clarté, cette luminosité, deviendra de plus en plus apparente. Voilà comment il est possible de reconnaître la nature essentielle de la conscience par contraste avec la conscience ordinaire liée à la réalité physique.

Quant à l'interdépendance de la conscience et de la matière, les bouddhistes diraient que c'est l'esprit et les motivations provenant de l'esprit qui déterminent effectivement les actes et la conduite de l'individu. Tout acte, quelle que soit son importance, a un effet et laisse une trace dans l'esprit. Et cet acte affecte immédiatement l'expérience et le monde même dans lequel évolue l'individu. En ce qui concerne cet individu, le monde a changé. C'est sur cette base que les bouddhistes expliquent la nature interdépendante de l'esprit et de la matière, ou de l'esprit et du corps. Naturellement, dans le bouddhisme, on ferait intervenir le terme de *karma*. Bien que la doctrine même du karma parle de l'empreinte, ou du potentiel, laissé sur l'esprit – comment ce potentiel se transmet, et comment fonctionne le dynamisme de ce potentiel – le point essentiel est en réalité l'acte ou le comportement qui est motivé par un état d'esprit.

Dans le bouddhisme, surtout le bouddhisme madhyamaka, la première est en termes de cause et d'effet. Dans ce cas, l'interdépendance est linéaire : certaines causes et conditions produisent certains résultats. Cette interdépendance des causes et des conditions est commune à toutes les écoles bouddhiques. Il existe un second niveau de compréhension dans lequel l'interdépendance est envisagée sous l'angle d'une dépendance mutuelle, où certains phénomènes sont corrélatifs à d'autres phénomènes. Il existe une sorte d'interrelation. Ceci est très bien illustré dans l'idée du « tout » et des « parties ». Sans parties, il ne peut pas y avoir un tout ; sans tout il ne peut y avoir de parties. Il y a dépendance mutuelle. Une troisième approche du principe d'interdépendance se réfère à l'identité : l'identité d'un événement ou d'un objet particulier dépend de son contexte ou de son environnement. En un sens, l'identité est considérée comme émergente : elle n'est pas absolue, elle est relative. Certaines choses et événements possèdent une identité en relation avec d'autres choses et événements. Tels sont les trois niveaux ou les trois manières différentes d'envisager le principe d'interdépendance.

Père Laurence : Je voudrais enchaîner sur cette brillante description de la conscience en l'appliquant au mode d'appréhension chrétien, en particulier à « l'esprit du Christ ». Les chrétiens croient que la conscience humaine du Christ est avec nous et en nous. L'expérience chrétienne essentielle à laquelle nous accédons par la méditation est l'ouverture de notre conscience à la conscience du Christ. Nous croyons que l'esprit du Christ maintenant, la conscience humaine du Christ maintenant, existe dans la condition que vous décrivez comme pureté absolue et unité non distraite. Si vous me le permettez, je présenterai brièvement une manière pour un chrétien de comprendre comment cette rencontre et cette connaissance du Christ produit sa libération personnelle et l'accomplissement de son destin. Peut-être Votre Sainteté nous dira-t-elle ce qu'elle en pense.

Les étapes par lesquelles un chrétien en vient à connaître le Christ commencent dans l'enfance avec les histoires qu'on lui raconte, et en lisant les récits évangéliques que vous avez lus avec nous. Plus tard, nous accédons à une compréhension et une connaissance de Jésus sur les plans théologique, philosophique et historique. Puis, par la méditation, nous commençons à faire l'expérience de l'inhabitation[56], du fait que Jésus n'est pas seulement un maître historique appartenant au passé, mais qu'il a maintenant une existence secrète à l'intérieur de chaque être humain, ainsi qu'une présence cosmique. Il est au-delà du temps et de l'espace, et donc, il est dans tout temps et tout espace. Mais pour comprendre pleinement comment le Christ est notre maître, notre Chemin, il nous faut revenir aux écritures où Jésus nous dit qu'il est le Chemin et où il se compare à une porte. Nous franchissons la porte. Il est le passage par où nous passons. Il ne renvoie pas à lui-même, mais toujours au Père. Ainsi, par exemple, dans la messe nous disons que nous allons au Père « par Jésus, avec lui et en lui ». En ce sens, Jésus serait le maître, le gourou, le Chemin grâce à l'inhabitation de sa conscience en nous. Telle est la présence de l'amour divin. Étant pleinement une avec l'amour divin sa conscience est pour nous une expérience d'amour. Pourriez-vous nous dire ce qu'évoque pour vous cette conception de la conscience ?

Le Dalaï-lama : Tout en restant attentif aux commentaires que je faisais hier sur l'importance de relever les différences subtiles qui séparent les traditions religieuses à un niveau très profond, je vois néanmoins ici un parallèle certain avec la pratique bouddhique. Cependant, ce rapprochement ne doit pas être poussé à l'extrême. Comme le dit un dicton tibétain : « N'essayez pas de mettre une tête de yack sur un corps de mouton. » De même, Nagarjuna, un célèbre maître indien du IIe siècle, remarquait dans un de ses écrits philosophiques que, si l'on était décidé à rendre deux choses égales l'une à l'autre, on pouvait trouver des points communs entre n'importe quoi ! Poussé à l'extrême, c'est le monde phénoménal tout entier qui pourrait se réduire à une entité unique, juste une seule chose.

Cela dit, je vois une réelle similitude avec la pratique bouddhique. Dans le bouddhisme, il y a l'idée de nature de bouddha appelée le *tathagata-garbha*, la graine de la perfection. Bien que les opinions divergent sur la nature de cette graine de bouddhéité, ou nature de bouddha, elle renvoie à la nature de l'esprit, à une qualité qui existe en chacun de nous. Et le *tathagata-garbha* a trait à cette luminosité première, la pure essence, le potentiel qui fait qu'il nous est possible de surmonter les imperfections et d'atteindre la libération. L'une des bases permettant d'affirmer la présence de la nature de bouddha en chacun de nous est l'aptitude humaine à l'empathie. Certains l'ont plus forte que d'autres ; mais chacun de nous possède cette capacité naturelle à l'empathie. Cette nature de bouddha, cette graine d'illumination, de perfection, est innée. Ce n'est pas une chose qui a besoin d'être implantée ; elle est là, éternellement présente.

Cependant, pour atteindre la perfection, il ne suffit pas qu'un pratiquant spirituel possède simplement cette nature ; elle doit être développée à son potentiel plénier. Pour réaliser cela, il faut être aidé. Dans la pratique bouddhique, vous avez besoin de l'assistance d'un guide éveillé, d'un gourou ou maître. On notera que les textes bouddhiques désignent souvent le maître comme la porte par où vous recevez les bénédictions de Bouddha. Par cette porte, vous entrez en communication ou en contact avec le Bouddha. C'est en associant la direction expérimentée du maître et la présence de cette nature de bouddha en vous que cette nature de bouddha est activée, et vous devenez capable de la perfectionner et de répondre à son plein potentiel. Je pense que ceci est très proche de l'idée que le père Laurence vient juste d'exprimer.

Pour les pratiquants chrétiens – bien que chacun de nous ait en partage cette nature divine – c'est par le Christ, par Jésus, que vous activez, que vous utilisez pleinement et perfectionnez cette nature divine en vous. Grâce à Jésus elle s'épanouit en totalité et devient unifiée, une, avec le Père. On notera que, même dans le bouddhisme, pour exprimer la pleine réalisation de la bouddhéité – l'illumination – on dit parfois que l'on forme « une seule saveur » avec l'immensité du *dharmakaya*. Former « une seule saveur » c'est devenir inséparable de l'état de *dharmakaya*. Cependant, les identités individuelles n'en demeurent pas moins pour autant.

Père Laurence : Merci. C'est très éclairant, et je pense que la tête du yack restera sur le yack.

Peter Ng : Votre Sainteté, je voudrais vous poser une question relative à la mission chrétienne. Vous encouragez les pratiquants spirituels à donner un enseignement spirituel pour aider les autres à progresser mais, dans le même temps, vous dites qu'il est nécessaire qu'une personne qui veut dispenser cet enseignement ait une certaine expérience, une compréhension profonde de ce qu'elle enseigne. C'est une question qui intéresse beaucoup d'entre nous ici, qui dirigeons des groupes de méditation chrétienne, parce que nous donnons cet enseignement aux autres. Comment savoir si nous sommes compétents pour diriger un groupe de méditation ?

Le Dalaï-lama : En général, hormis les cas d'aveuglement sur soi-même, il est possible de juger par soi-même de son niveau d'esprit, pas forcément dans ses moindres détails, mais dans une large mesure. Si une personne qui dirige ou enseigne est un pratiquant authentique, il est certain que sa motivation sera pure – et la motivation est un facteur capital. C'est ainsi qu'un individu peut juger de son propre état d'esprit et s'il lui convient d'être un maître. Il est extrêmement difficile à une tierce personne de juger si quelqu'un est ou non adapté à ce rôle. En général, il est extrêmement difficile, sinon impossible, de juger du niveau spirituel d'une autre personne. Ceci parce que le niveau spirituel ou de réalisation d'autrui vous est en un sens complètement impénétrable. Cependant, il est possible de juger le niveau de spiritualité d'autrui en termes très généraux. Quand vous fréquentez quelqu'un pendant longtemps, vous aurez de temps à autre un aperçu de son niveau spirituel en observant son comportement – ses manières, son discours, sa façon d'agir avec les autres, etc.

Il ne suffit pas d'avoir vu quelqu'un se comporter de manière très spirituelle juste une fois. Il doit s'agir d'un comportement régulier – qui est vérifiable par une observation répétée. Si vous constatez la persistance de telles caractéristiques, alors vous pouvez conclure à un certain degré de maturité spirituelle. Dans les *sutras,* le Bouddha utilise la belle analogie de l'océan. Quand vous regardez dans l'océan, dit-il, en essayant de repérer un poisson, vous n'en verrez pas tant que l'océan est calme et que les poissons nagent sous l'eau. Mais quand une vague arrive, vous pourrez parfois apercevoir un poisson. De même, il déclare que le niveau de réalisation d'un bodhisattva, particulièrement son niveau de compassion peut s'apercevoir – peut-être pas définitivement mais par raisonnement inductif – en appréciant la manière dont il ou elle réagit dans des situations, des environnements et des cas particuliers.

Père Laurence : Nous pourrions clore notre séance avec une question du public. Elle est posée par un des groupes de discussion et concerne la non-violence. On demande si la compassion recèle un élément actif, ou si elle est passive. La compassion peut-elle exiger un acte violent ? L'idée, je suppose, est que si vous voyez quelqu'un s'apprêtant à commettre une mauvaise action – faire exploser un immeuble, par exemple – peut-on, par compassion, utiliser la violence pour l'arrêter ?

Le Dalaï-lama : Il est absolument certain que la compassion comporte un élément actif et que la possibilité est offerte d'utiliser la force, si on l'estime vraiment nécessaire. Ceci est clairement démontré dans les récits des jatakas, dans un épisode d'une des vies antérieures du Bouddha dans laquelle il était né marchand. Alors qu'il traversait une rivière sur un bac, le bodhisattva se retrouva dans une situation délicate : le passeur était un meurtrier qui avait projeté de tuer les quatre cent quatre-vingt-dix-neuf passagers dans la nuit. Il n'y avait pas d'autre moyen de traiter la situation que de se débarrasser du meurtrier. Il en assuma la responsabilité. Ce bodhisattva s'engagea dans une action qui non seulement sauva la vie à quatre cent quatre-vingt-dix-neuf personnes, mais, par compassion, sauva le meurtrier potentiel de la nécessité d'affronter les conséquences négatives de tant de meurtres. Pour un bouddhiste, le sacrifice du bodhisattva a consisté à prendre sur lui l'acte négatif de tuer une personne et à affronter les conséquences de cet acte.

Cela dit, quand nous parlons de violence, nous devons comprendre que nous parlons d'un phénomène dont il est pratiquement impossible de prévoir le résultat. Même quand la motivation de l'auteur de l'acte est pure et positive, si l'on a recours à la violence, il est très difficile d'en prévoir les conséquences. Pour cette raison, il est toujours préférable d'éviter une situation exigeant d'avoir recours à la violence. Néanmoins, si vous vous trouvez placé dans une situation qui exige manifestement d'agir par la force pour se défendre, il est impératif de répondre de manière appropriée. Dans ce contexte, il est important de comprendre que la tolérance et la patience n'impliquent pas de se soumettre ou de céder à l'injustice. La tolérance, dans son sens véritable, devient une réponse délibérée de votre part à une situation qui, normalement, appellerait une forte réponse émotionnelle négative, comme la colère ou la haine. Ceci apparaît nettement dans le terme tibétain *söpa* qui signifie, littéralement, « capable de supporter ».

C'est notamment le cas de la tolérance qui consiste à rester indifférent au mal qu'on vous fait, qui est l'une des trois espèces de patience discutées plus haut. On pourrait comprendre faussement qu'il nous faut céder ou nous soumettre à tout mal qu'autrui nous infligerait – comme si nous devions nous contenter de dire : « Allez-y, faites-moi du mal ! » Ce n'est pas de cela qu'il s'agit, mais bien plutôt d'un état d'esprit courageux qui nous évite d'être trop affecté par l'incident. Elle contribue à nous épargner la souffrance mentale quand nous rencontrons le mal. Elle ne signifie pas que nous nous contentons de céder.

Il est compréhensible que les gens aient une notion erronée de la tolérance. J'ai rencontré des Tibétains qui, ayant lu *La Voie du Bodhisattva* où il est longuement question de la tolérance, me disaient : « Si nous pratiquons la tolérance, le Tibet ne retrouvera jamais son indépendance ! » Mais pour eux, la tolérance est une sorte de soumission ou d'abandon.

» Comme ce passage souligne également l'importance de la foi dans la pratique spirituelle de chacun, je pense qu'il serait utile de donner quelques explications sur la compréhension bouddhique de la foi. Le mot tibétain pour "foi" est *té-pa* qui serait peut-être plus proche de confiance, ou d'assurance. La tradition bouddhique distingue trois types de foi différents. Le premier est l'admiration portée à une personne particulière ou à un état particulier. Le deuxième est la foi désirante. On y trouve une notion d'émulation. Vous aspirez à atteindre cet état. Le troisième type est la foi de conviction.

» Je pense que ces trois types de foi trouvent leur équivalent dans le contexte chrétien. Ainsi, un chrétien pratiquant qui lit et réfléchit sur la vie de Jésus peut éprouver une dévotion et une admiration très fortes pour Jésus. C'est le premier niveau de foi, la foi d'admiration et de dévotion. Après, en renforçant votre admiration et votre foi, il devient possible d'accéder au second niveau, la foi d'aspiration. Si vous étiez bouddhiste, vous aspireriez à la bouddhéité. En tant que chrétien, vous n'employez pas les mêmes termes, mais vous pouvez dire que vous aspirez à atteindre la pleine perfection de la nature divine, de l'union à Dieu. Puis, une fois cette aspiration développée, vous arrivez à la conviction profonde qu'il est possible de parfaire un tel état. C'est le troisième niveau de foi. Je pense que ces trois niveaux de foi sont également applicables dans les contextes bouddhique et chrétien.

» Le bouddhisme souligne sans cesse le besoin d'allier la foi et la raison pour avancer sur la voie spirituelle. Nagarjuna, le maître indien du IIe siècle, déclare dans son fameux traité, *La Guirlande précieuse*[57], que foi et raison, ou foi et analyse, sont requises de l'aspirant spirituel. La foi vous conduit à un état plus élevé d'existence, tandis que la raison et l'analyse vous mènent à la libération complète. Le point important est que dans le contexte de notre propre pratique spirituelle, la foi doit être fondée sur la raison et la compréhension.

» Pour développer une foi dérivée de la raison ou de la compréhension, un aspirant spirituel débutant doit faire preuve d'ouverture d'esprit. Faute d'un terme plus satisfaisant, nous pourrions qualifier cet état de sain scepticisme. Quand vous êtes dans cet état d'ouverture, vous êtes capable de raisonner et, par le raisonnement, vous pouvez développer une certaine compréhension. Quand cette compréhension est consolidée, elle donne naissance à une conviction, une croyance, et une confiance en cet objet. Alors, cette foi, confiance ou assurance, sera très solide parce qu'elle s'enracine dans la raison et la compréhension. C'est pourquoi, nous voyons le Bouddha, dans ses propres écritures, admonester ses adeptes qui acceptent ses paroles simplement par vénération pour sa personne. Il les exhorte à mettre toutes ses paroles à l'épreuve, tout comme un orfèvre éprouve la qualité de l'or par des procédés rigoureux. C'est uniquement quand ils auront compris qu'ils pourront accepter la validité de ses enseignements.

» Dans ce passage d'Évangile, je note une référence à la lumière dissipant les ténèbres, immédiatement suivie par une référence au salut. Pour relier les deux idées, je dirais que les ténèbres de l'ignorance sont dissipées par le vrai salut, l'état de libération. En ce sens, il est possible de comprendre la signification du salut même dans le contexte chrétien.

» Déterminer la nature exacte du salut est une question complexe. Parmi les divers systèmes religieux de l'Inde ancienne, beaucoup acceptaient une forme ou une autre de la notion de salut. Le mot tibétain pour « salut » est *tharpa* qui signifie « remise en liberté » ou « liberté ». D'autres traditions ne souscrivent pas à de telles notions. Certaines écoles maintiennent que les illusions de l'esprit lui sont inhérentes ou intrinsèques et font donc partie de la nature essentielle de l'esprit. Selon elles, il n'y a aucune possibilité de libération parce que les négativités et les illusions sont inhérentes à l'esprit et ne peuvent en être séparées. Même ceux qui acceptent une certaine idée de salut, ou de libération, divergent sur la définition et les caractères de cet état de salut. Par exemple, dans certaines écoles indiennes anciennes, l'état de salut tend à être décrit en termes d'espace ou d'environnement extérieur aux caractéristiques positives, ayant la forme d'un parasol renversé.

» Cependant, si certaines traditions bouddhiques acceptent la notion de salut, elles le voient davantage en termes d'état mental ou spirituel propre à l'individu, d'état de perfection de l'esprit, plutôt qu'en termes d'environnement externe. Le bouddhisme accepte tout à fait la notion de terres pures des bouddhas, états purs dont l'apparition résulte des potentiels karmiques positifs de l'individu. Il est même possible que des gens ordinaires puissent renaître et participer aux terres pures des bouddhas. Pour les bouddhistes, par exemple, notre environnement physique – cette terre ou planète – ne peut pas être qualifié de monde d'existence parfait. Mais à l'intérieur de ce monde, on peut dire qu'il existe des individus qui ont atteint le nirvana et l'illumination complète. D'après le bouddhisme, le salut ou la libération doivent être entendus comme un état interne, un état de développement mental.

» Comment les chrétiens conçoivent-ils le paradis ? »

Père Laurence : Le paradis est l'expérience du partage de la joie, de la paix et de l'amour de Dieu dans la plénitude de la capacité humaine.

Le Dalaï-lama : Il n'est donc pas forcément associé à un espace physique ?

Père Laurence : Non. Seulement dans les rêves.

Le Dalaï-lama : Inversement, peut-on par extension comprendre la notion d'enfer comme un état d'esprit très négatif, d'égarement ?

Père Laurence : Absolument.

Le Dalaï-lama : Cela signifie qu'il n'est pas nécessaire de penser au paradis et à l'enfer en termes d'environnement externe ?

Père Laurence : Non. L'enfer serait de vivre dans la séparation de Dieu, ce qui en soi est irréel. C'est un état illusoire car rien ne peut être séparé de Dieu. Cependant, si nous pensons que nous sommes séparés de Dieu, alors nous sommes en enfer.

Le Dalaï-lama : Dans l'Évangile, Jésus dit : « Je ne suis pas venu pour condamner... La parole que j'ai exprimée, c'est elle qui jugera. » Je pense que ceci reflète très précisément l'idée bouddhique de *karma*. Il n'existe pas d'être autonome « tout là-haut » qui arbitre ce que vous devez vivre et ce que vous devez savoir ; en revanche, il existe la vérité contenue dans le principe causal lui-même. Si vous agissez de manière éthique ou disciplinée, il en résultera des conséquences désirables. Si vous agissez de manière négative ou malfaisante, vous devez aussi en supporter les conséquences. La vérité de la loi de causalité est le juge et non un être ou une personne qui rend des jugements.

Comment l'entendez-vous ?

Père Laurence : Dans la Bible on trouve une métaphore poétique dans laquelle Dieu punit l'humanité de ses péchés. Mais je pense que l'enseignement de Jésus nous fait dépasser l'image du Dieu qui punit et la remplace par celle du Dieu qui aime inconditionnellement. Le péché demeure. Le péché est un fait. Mais le châtiment qui est associé au péché est inhérent au péché lui-même. Au lieu de mettre l'accent sur la causalité, quoique cela semble logique, je pense qu'un chrétien mettrait l'accent sur le libre arbitre. Nous disposons d'un libre arbitre en ces matières, au moins dans une certaine mesure.

NEUVIÈME PARTIE

LA RÉSURRECTION

Évangile de Jean 20, 10-18

« *Puis les disciples s'en retournèrent chez eux. Cependant Marie se tenait dehors, près du tombeau, et pleurait. Tout en pleurant, elle se pencha pour regarder dans le tombeau ; elle aperçut alors deux anges vêtus de blanc, assis à l'endroit où avait reposé le corps de Jésus, l'un à la tête, l'autre aux pieds. "Femme, lui dirent-ils, pourquoi pleures-tu ? – Parce qu'on a enlevé mon Seigneur, leur dit-elle, et je ne sais où on l'a mis." À ces mots, elle se retourna et aperçut Jésus debout, mais sans le reconnaître. "Femme, lui dit Jésus, pourquoi pleures-tu ? Qui cherches-tu ?" S'imaginant que c'était le jardinier, elle lui dit : "Si c'est toi qui l'as enlevé, dis-moi où tu l'as mis, et j'irai le prendre." Jésus lui dit : "Marie !" Elle se retourna et lui dit en hébreu : "Rabbouni !" (c'est-à-dire Maître). Jésus lui dit : "Ne me retiens pas, car je ne suis pas encore monté vers le Père ; va plutôt trouver mes frères et dis-leur : Je monte vers mon Père et votre Père, vers mon Dieu et votre Dieu." Marie de Magdala courut donc annoncer aux disciples : "J'ai vu le Seigneur, et voici ce qu'il m'a dit."* » [Jean 20, 10-18]

Le Dalaï-lama : « Ce passage est tout à fait approprié à la séance de clôture de ce séminaire.

Le *parinirvana,* ou nirvana final, du Bouddha est considéré comme le dernier grand acte de sa vie, et cet extrait de l'Évangile de Jean semble avoir un sens analogue.

» Pour quelqu'un qui croit à la renaissance, parler de mort, c'est parler aussi de renaissance. La renaissance peut seulement survenir si la mort l'a précédée. Nous avons eu aujourd'hui une brève discussion à ce sujet – une nouvelle fois, il semble commun à la plupart des grandes religions que les vies des maîtres fondateurs témoignent de l'importance de prendre sur soi l'expérience de la souffrance et de reconnaître la valeur de celle-ci.

» Dans une discussion que j'ai eue aujourd'hui avec le père Laurence, il a rappelé que le père Bede Griffiths parlait des distinctions entre le corps physique, le corps subtil et le corps spirituel de Jésus. Avant la mort de Jésus son corps est le corps physique ; pendant la Résurrection, avant de monter auprès du Père, il s'agit du corps subtil, et après l'Ascension, du corps spirituel. Dans le bouddhisme, on discute beaucoup des divers types de corps, tels que le corps subtil, le corps mental et le corps spirituel. Cependant, il existe une différence majeure entre le corps subtil de Jésus et celui que décrivent les traités bouddhiques. Les descriptions bouddhistes des degrés de plus en plus subtils de l'émanation se réfèrent aux stades d'évolution spirituelle de l'être, depuis l'état ordinaire jusqu'à l'illumination complète, tandis que dans le cas de Jésus nous avons affaire à quelqu'un d'unique, le Fils de Dieu. Le processus par étapes ne s'applique donc pas. Jésus ne passe pas par une série de stades spirituels, n'est-ce pas ? »

Père Laurence : Non, la Résurrection n'est pas une réincarnation.

Le Dalaï-lama : Nous ne parlons pas de réincarnation, ici. Nous parlons d'un pratiquant individuel. À mesure qu'il ou elle fait des progrès spirituels, même son corps physique devient de plus en plus subtil.

Père Laurence : Avant sa mort, Jésus était présent à ses disciples et au monde d'une certaine façon et, après sa mort, il est présent au monde d'une manière différente. Nous voyons dans sa présence historique au monde, dans sa rencontre avec Marie, par exemple, une présence qui doit être reconnue. Il doit y avoir un nouveau mode de perception de la part du pratiquant pour reconnaître la nouvelle présence de Jésus. L'Évangile nous présente un stade intermédiaire entre d'une part sa mort et Résurrection, et d'autre part son Ascension. Et la façon dont Jésus est présent maintenant dans le monde est différente encore de cette description. Aujourd'hui nous dirions qu'il est présent par le Saint-Esprit.

Le Dalaï-lama : Au sein du bouddhisme, il existe, une nouvelle fois, des divergences de vue sur la compréhension du nirvana final du Bouddha. Une école de pensée – principalement le *vaibhasika,* une école indienne ancienne – affirme que le nirvana du Bouddha constitue l'achèvement de l'existence du Bouddha. Tout comme sa venue à l'être fut un fait historique, sa disparition fut un fait historique ; la vie de Bouddha a eu un début et une fin. Le nirvana final est vu comme le dernier moment d'une flamme. Quand vous éteignez la flamme, c'est la fin de la flamme ; c'est le néant total. Même la continuation de la conscience du Bouddha prend fin. Les adeptes de l'école *vaibhasika* déclarent que la conscience, bien qu'elle n'ait pas de début, a une fin. Elle peut cesser d'exister.

Dans ce cas, la question se pose de savoir quel sens il y a pour les adeptes du Bouddha de le vénérer, de lui rendre un culte et de lui adresser des prières. Quel est le profit ? Pourquoi faire tout cela si le Bouddha n'est plus ? La réponse de cette tradition est que l'illumination complète du Bouddha est le résultat d'une accumulation de mérites et d'une sagesse portée à son point de perfection au fil d'une infinité de périodes cosmiques. Durant tout ce temps, le Bouddha a développé et cultivé une intention altruiste très puissante pour le service et le profit de tous. La puissance de cette énergie et de cette vérité est encore parmi nous. C'est cette puissance qui vient à notre aide quand nous rendons un culte et que nous vénérons le Bouddha. Néanmoins, en ce qui concerne la personne historique du Bouddha, c'était la fin.

Ceci n'est pas le point de vue de maintes autres traditions bouddhiques, dont le bouddhisme tibétain. Selon cette école, la bouddhéité, ou illumination complète, sera vue dans la perspective de la doctrine des trois *kayas,* les trois corps. Bouddha Shakyamouni fut bien un personnage historique – il a existé à une date précise et dans un lieu, un contexte et un environnement précis – et son nirvana final à Kushinagar fut un événement historique. Mais la conscience et le courant de conscience du Bouddha ont continué et sont toujours présents. Le Bouddha, en tant que corps d'émanation de forme humaine, a cessé d'exister, mais il est toujours présent sous sa forme de *sambhogakaya,* l'état de jouissance parfaite. Et il continue d'émaner et de se manifester sous des formes variées qui sont les mieux adaptées et les plus profitables aux êtres sensibles. De ce point de vue, si Bouddha Shakyamouni en tant que figure historique a cessé d'exister, la présence de Bouddha demeure encore. Selon cette tradition, la conscience est sans commencement et sans fin, vue en termes de continuité.

Pour un bouddhiste pratiquant, le nirvana final du Bouddha possède un sens très symbolique car les derniers mots du Bouddha ont porté sur la doctrine de l'impermanence et de la nature transitoire de toutes choses. Il déclara que toutes choses et événements sont transitoires, impermanents et non durables. Il déclara également que le corps d'un être complètement illuminé – le Bouddha, ou *Tathagata* – est aussi impermanent et soumis aux mêmes lois. Et sur ces mots il s'éteignit. Pour un bouddhiste pratiquant, le nirvana final du Bouddha, l'acte historique de s'éteindre, réaccentue l'importance de la pratique de l'impermanence.

Je suis intrigué par la phrase de l'Évangile où Jésus déclare : « Je ne suis pas encore monté vers le Père. » Je suis curieux de savoir comment l'Ascension est expliquée dans la théologie chrétienne.

Père Laurence : Auparavant, dans l'Évangile de Jean, Jésus dit : « Je sais d'où je viens et je sais où je vais. » Il décrit sa vie, sa mission, comme un retour à sa source. Partout, il dit : « Je suis venu du Père... » Son Ascension est la réintégration de son humanité pleinement développée à sa source dans le Père, en Dieu. En un sens, l'Ascension est l'intégration totale de la divinité et de l'humanité de Jésus.

Le Dalaï-lama : Le bouddhisme pense qu'une relation spéciale unit l'émanation et la force émanante, et qu'une émanation prend fin quand elle a accompli sa destinée. On trouve l'idée que l'émanation est réabsorbée dans sa source, bien que, dans certains cas, l'émanation disparaisse de son plein gré. Ainsi, dans le cas du Bouddha Shakyamouni historique, après le nirvana, son corps physique était clairement présent ;

ce corps fut incinéré, et tout le monde pouvait le voir. Un bouddhiste pratiquant dirait que la conscience du Bouddha, le propre esprit transcendant du Bouddha avait réintégré ou avait été réabsorbé dans l'état du *dharmakaya*. Certains textes font référence également à un autre genre de phénomène – à des êtres spirituels hautement évolués capables de rejoindre différents mondes purs sans avoir à se débarrasser de leurs corps physiques.

Père Laurence : Voilà de magnifiques aperçus pour comprendre la Résurrection au sens chrétien ; c'est très stimulant. Je pense que la compréhension que le chrétien a de la résurrection comporte aussi une dimension cosmique. Jésus est l'incarnation de Dieu dans la forme humaine, et par ce Verbe de Dieu est née la Création, ou cosmos. Alors quand la forme humaine de Jésus meurt, il se passe une transformation qui anticipe sur ce qui adviendra au cosmos tout entier. La forme humaine corporelle de Jésus est réabsorbée, dans la totalité de son énergie et de sa forme physiques, au sein de la source de l'univers, en Dieu. Ceci finira par advenir au cosmos tout entier. Tout, dans le cosmos, est venu de Dieu, est une émanation de Dieu, et retournera à Dieu. Je pense donc que nous voyons dans la Résurrection une transformation de la matière qui retourne à sa source originelle. Ceci arrive au corps de Jésus sous sa forme humaine – corps, esprit et âme –, mais c'est aussi une anticipation sur ce qui adviendra au cosmos à son heure, à la fin des temps.

Votre Sainteté, comme nous arrivons au terme de notre séminaire, je pense que nous sommes tous d'accord pour dire qu'il nous faudra bien deux vies – ou plus ! – pour assimiler ce don magnifique que vous nous avez fait. J'aimerais vous soumettre quelques questions posées par l'assistance, provenant soit de groupes soit d'individus. Nous avons dû les classer et faire un choix – car beaucoup avaient trait au même sujet. J'ai pensé également, comme nous l'avons fait au début de ce séminaire, que nous commencerions par prêter attention au peuple et à la nation du Tibet que vous représentez et incarnez, en vous assurant de notre soutien sans réserve à votre cause de justice et de paix.

Une des questions posées concerne l'idée d'espace sacré et de terre sainte, suite à vos commentaires sur le pèlerinage. Vous parliez du profit à retirer des visites aux lieux saints. La question que nous aimerions vous poser est : qu'est-ce qui, d'après vous, rend un lieu saint ?

Le Dalaï-lama : Je pense qu'au départ, un lieu devient saint par la puissance du pratiquant spirituel qui y vit. La puissance des réalisations spirituelles d'un individu « charge » en quelque sorte le lieu, lui donne une certaine énergie ; le lieu à son tour peut « charger » les individus qui le visitent. Ensuite, ces lieux saints jouent un autre rôle important, surtout ceux qui sont associés aux vies des maîtres fondateurs des grandes religions. En les visitant, les adeptes d'une religion particulière ont l'occasion de réfléchir en profondeur sur le modèle donné par ces bons maîtres et, ainsi stimulés et motivés, ils ont une chance de suivre leur exemple.

Père Laurence : Pensez-vous qu'il serait profitable que les gens de religions différentes partent ensemble en pèlerinage ?

Le Dalaï-lama : Oui, c'est même un projet sur lequel je travaille. Je suis sûr que cette pratique aura d'immenses bénéfices.

Père Laurence : Une autre question, qui découle peut-être de ceci, concerne les chrétiens et les bouddhistes d'autres traditions – non tibétaines – qui sont sensibles aux besoins du Tibet et que l'indifférence de l'Occident scandalise. Comment, par un moyen spirituel ou tout autre que vous pourriez suggérer, les chrétiens, les bouddhistes et les gens d'autres religions peuvent-ils vous aider et soutenir la cause du peuple du Tibet ?

Le Dalaï-lama : Comme la question de la liberté du Tibet est intimement liée à la liberté et, en fait, à la survie même de la spiritualité au Tibet, elle n'est pas sans conséquences pour le monde dans son ensemble. La spiritualité ancienne du Tibet est un enjeu considérable. Si elle arrive à survivre à cette menace, non seulement les Tibétains en profiteront, mais elle contribuera grandement au bien-être du peuple chinois. En ce sens, je pense que les pratiquants et les organisations des autres religions – tous les gens pour qui la spiritualité a une valeur – ont un rôle spécial à jouer en apportant leur soutien à notre cause.

Père Laurence : Pour beaucoup, peut-être l'immense majorité d'entre nous ici, notre pratique de la méditation au jour le jour est le moyen le plus immédiat dont nous disposions pour progresser dans la compassion et dans le service généreux de causes telles que le Tibet. Nous serions tous stimulés et enrichis si vous pouviez nous prodiguer vos encouragements et vos conseils sur le moyen de rester constants dans la voie de la méditation quotidienne. Beaucoup de gens vivant dans les villes sont confrontés aux problèmes de la vie moderne et éprouvent de grandes difficultés à méditer. C'est pour cela que la Communauté de la Méditation chrétienne s'est constituée, pour leur venir en aide. Mais il est souvent difficile à des gens ne vivant pas dans des monastères – et parfois à ceux qui vivent dans des monastères ! – de méditer. Apportez-nous, s'il vous plaît, un encouragement et une vue éclairée sur ce qu'il nous faut développer pour persévérer et approfondir notre méditation au quotidien.

Le Dalaï-lama : Si une personne est animée d'un réel intérêt pour la croissance spirituelle, elle ne peut pas se passer de la pratique de la méditation. Voilà la clé ! Une simple prière ou un souhait ne produiront pas ce changement spirituel intérieur. La *seule* façon d'avancer est de fournir un effort constant par la méditation ! Naturellement, au début, ce n'est pas facile. Vous éprouverez des difficultés, ou une baisse d'enthousiasme. Ou peut-être, au contraire, un *excès* d'enthousiasme, suivi au bout de quelques semaines ou de quelques mois par un déclin. Il faut développer une approche régulière, persévérante, s'appuyant sur un engagement à long terme.

Père Laurence : Quels sont les principaux moyens pour nous aider à persévérer quand vient le découragement ?

Le Dalaï-lama : Il faut constamment réfléchir et peser le pour et le contre quant au fait de méditer ou de ne pas méditer. Il faut mesurer le profit, la valeur et l'efficacité de la méditation, d'un côté, et les effets négatifs d'un abandon de la méditation, de l'autre. En comparant constamment ces deux aspects, on arrive à maintenir l'enthousiasme. Cette planète compte un peu plus de cinq milliards d'individus ; globalement, ils se répartissent en trois catégories : ceux qui sont des croyants et des pratiquants spirituels ; ceux qui ne sont pas seulement incroyants, mais aussi antireligieux ; et enfin ceux qui, sans être des pratiquants religieux, n'ont pas d'hostilité particulière vis-à-vis de la religion. Ils sont dans un état d'indifférence. Ces trois types de gens sont pourtant fondamentalement égaux : tous sont animés par l'instinct et le désir naturels d'être heureux et de vaincre la souffrance.

Si le pratiquant ou croyant doit se comparer à quelqu'un, ce ne doit pas être aux personnes du troisième groupe. Il doit se comparer à un représentant de la deuxième catégorie, ceux qui sont antireligieux, qui, non contents de ne pas croire, pensent que la religion est inutile et fausse. Comparez votre vie avec la leur et voyez laquelle atteste du plus grand contentement et du plus grand bonheur. Naturellement, par certains aspects, ceux qui font *tout* pour parvenir à leurs fins peuvent donner l'impression d'une plus grande réussite. Mais sur le long terme, on doit juger du succès d'un mode de vie à la qualité de vie qu'il manifeste et à la paix intérieure d'un individu. Une vie dépourvue de dimension spirituelle laisse en général moins de place à la tranquillité intérieure. Voyez les leaders des pays communistes et de la Chine. Bien sûr, tous ces leaders veulent être heureux, comme nous tous ! Mais chacun adopte une certaine méthode, et celle de ces leaders leur fait croire que la religion est un poison. Dans l'autre catégorie, la première, les gens souhaitent aussi trouver le bonheur mais leur méthode est la religion. Ici, nous rencontrons les vrais pratiquants – pas ceux qui se contentent de dire qu'ils croient et pratiquent une religion sans que celle-ci n'ait la moindre importance dans leur vie. Si nous comparons les deux catégories, nous constaterons sans équivoque que la vie du vrai pratiquant manifeste plus de bonheur, de tranquillité et de paix. Et même dans la société en général, je suis sûr qu'on accordera plus de respect et de confiance à ces gens.

En considérant les choses sous cet angle, vous verrez combien il est utile d'intégrer la religion et une forme quelconque de spiritualité dans votre vie. Comparez-vous avec d'autres pour renforcer votre conviction. Il est bon également de confronter de temps en temps ses expériences aux écritures. De cette façon, lentement et progressivement, vous verrez la valeur profonde de la spiritualité. Plus grande sera votre conviction, plus vous ressentirez de l'enthousiasme et plus grande sera la force pour aller de l'avant.

Ceci *devrait* être le cas, mais dans le monde réel, malheureusement, c'est exactement le contraire que nous observons. Si vous avez un désir très fort d'obtenir quelque chose, vos efforts seront naturellement d'autant plus grands. Prenons l'exemple des politiciens, déterminés à se faire élire : on a souvent l'impression qu'ils donnent presque tout pour atteindre leur but. Ils partent en campagne, s'arrêtent dans toutes les localités. Lors de la campagne, vous les voyez vieillir à vue d'œil ! Voilà à quoi ils consacrent toute leur énergie. On trouve la même détermination chez certains hommes d'affaires dont le seul but est de gagner de l'argent, de faire du profit. Ils le désirent si ardemment, qu'ils donneront tout pour atteindre ce but. Il devrait en être de même pour le pratiquant spirituel, mais il semble qu'on ne voit guère de pratiquants spirituels qui soient aussi acharnés dans leurs efforts ! Ce que je veux dire, c'est que plus vous verrez clairement le but auquel vous aspirez, plus vous vous engagerez avec force à l'atteindre et plus, sur la voie, votre motivation sera grande.

Dès le départ, il faut absolument comprendre que le développement spirituel n'est pas facile ; ça prend du temps. Si, au début, on espère trop vite un changement radical, c'est le signe certain d'un échec possible ! Mentalement, il faut accepter que le progrès prenne du temps.

Père Laurence : Pouvez-vous nous dire combien de temps ?

Le Dalaï-lama : En termes bouddhistes, nous parlons de périodes cosmiques incalculables ! Et quand vous pensez en termes de périodes cosmiques, les mois et les années ne sont rien ! Une vie courte n'est rien ! Cent ans, rien du tout ! Penser en termes de périodes nombreuses, voilà qui aide vraiment à développer une forte détermination ! Mais ce n'est pas cela qui importe ici. Le point essentiel, c'est comment être bon tout au long de cette vie !

Père Laurence : Nous, les chrétiens, nous croyons que l'Esprit Saint est à l'œuvre non seulement parmi les chrétiens, mais qu'il traverse toute l'humanité, partout où l'on cherche la vérité. Beaucoup seraient sans doute d'accord avec moi pour dire que l'Esprit Saint est à l'œuvre dans la manière dont vous et nombre de vos frères moines et laïques tibétains ont apporté la sagesse du Tibet en Occident et ont été des modèles de compassion, de pardon et de générosité au prix de souffrances et de sacrifices personnels considérables. Je considère les visites de Votre Sainteté dans ce pays et en Occident comme un grand don fait au christianisme. À des Occidentaux qui ont perdu leur ferveur spirituelle et leur détermination à progresser, vous permettez de comprendre la religion sous un angle nouveau. Je me demande si vous pouvez nous aider à comprendre pourquoi le monde moderne – alors que nous avons plus de loisirs, plus de temps, une meilleure santé, de meilleures conditions de vie, plus de confort matériel que jamais – a perdu ce sens de la vraie religion et de la pratique spirituelle.

Le Dalaï-lama : Peut-être, dans vos monastères, disposez-vous de loisirs, mais à l'extérieur – surtout dans les villes – la vie court à un rythme précipité, comme une horloge, sans jamais s'arrêter un seul instant ! En fait, il y a quelques jours seulement, je disais à un de mes proches qu'à bien observer la vie dans les villes, on a l'impression que toutes les facettes de la vie des individus doivent être définies avec beaucoup de précision, comme une vis qui doit s'emboîter exactement dans le trou. En un sens, vous n'avez aucun contrôle sur votre propre vie. Pour survivre, vous devez suivre ce modèle et le rythme qui vous est imparti.

Père Laurence : Que diriez-vous, Votre Sainteté, de la remarque tant de fois entendue : « Je méditerais bien, mais je n'ai pas le temps » ?

Le Dalaï-lama : À ce propos, j'aimerais vous raconter une histoire. Il était une fois deux moines – un maître et son disciple. Un jour, pour donner un peu de courage à son disciple, le maître dit : « Un jour, crois-moi, nous irons pique-niquer. » Quelques jours après, il n'y pensait plus. Plus tard, le disciple rappela sa promesse au maître, mais celui-ci répondit qu'il était trop occupé et ne pouvait aller pique-niquer avant un certain temps. Un long temps passa, et toujours pas de pique-nique. Le disciple revint à la charge : « Quand irons-nous faire ce fameux pique-nique ? » Le maître dit : « Pas maintenant, je suis beaucoup trop occupé. » Ainsi, un jour, le disciple vit un cadavre qu'on emportait, et le maître lui demanda : « Que se passe-t-il ? » Et le disciple répliqua : « Eh bien, ce pauvre homme va pique-niquer ! »

La morale de l'histoire, c'est que dans la vie, à moins de réserver un moment spécifique à une occupation dont vous sentez qu'elle vous tient à cœur, vous aurez toujours d'autres obligations et vous serez toujours trop occupé.

Père Laurence : Votre Sainteté, j'aimerais dire quelques mots en guise de conclusion au séminaire ; ensuite, je demanderai à Sœur Eileen O'Hea d'exprimer à sa manière notre reconnaissance à tous. Je veux tout d'abord vous remercier, du plus profond de mon être – qui reste un mystère pour nous tous. Mais je sais que c'est depuis cette profondeur que nous vous remercions de ce que vous avez rendu possible et donné à chacun de nous. Je prends conscience depuis quelques jours que nous vivons un moment historique, qui a été rendu possible grâce à votre courage et à votre remarquable ouverture d'esprit. Vous avez été généreux en nous accordant ce grand moment dans votre emploi du temps, et courageux en osant explorer des écritures dont vous n'êtes pas familier.

Ce qui m'a frappé en vous écoutant, c'est que votre sagesse intuitive et votre sens de la vérité, formé dans le bouddhisme, vous permettent de scruter très profondément et de saisir très clairement nombre des vérités de nos Écritures et de nous les révéler sous un jour nouveau. Il m'apparaît également que ceci fut possible parce que nous avons pu vous confier ce que nous avons de très précieux et très sacré. Notre confiance a été plus que payée de retour parce que vous avez traité ce dépôt avec vénération, avec un sens du sacré et un respect des plus profonds. Permettez-nous de vous remercier pour cela aussi.

La façon dont vous avez exploré nos Écritures en notre compagnie m'est apparue – à moi et à nous tous – comme un exercice de non-violence. Il vous aurait été possible de traiter ces textes assez superficiellement (et vous auriez la force de le faire !), mais vous avez au contraire fait usage de votre force de sagesse, d'intuition, d'intelligence, et de votre puissance spirituelle, avec une rare délicatesse. Ceci est une leçon de non-violence que nous garderons en mémoire. Tandis que nous pénétrions dans ces différents textes, pour finir cet après-midi avec la Résurrection, le mystère qui fonde notre foi, je sentais que vous vous serviez d'un langage, d'une pensée et d'images qui réunissaient nos cultures et nous portaient à la limite du langage. Tandis que s'achève le séminaire, nous nous préparons, avec le festival interreligieux, à entrer dans d'autres formes d'expression – chant, musique et danse, ainsi que la parole – qui nous emmèneront dans une dimension différente de la vérité. Mais votre maîtrise de la pensée et du langage nous a conduits, comme je l'ai dit, à une limite. Je ne pense pas que ce soit la fin de notre exploration. J'espère et je prie que Votre Sainteté ait, d'une manière ou d'une autre, plaisir à poursuivre cette conversation.

Je veux vous remercier non seulement au nom de notre propre *World Community for Christian Meditation,* mais aussi au nom de l'Église et de l'ordre monastique. Je pense que ce séminaire montre qu'il est possible pour les différentes traditions religieuses d'engager un dialogue profond qui ne se limite pas à passer en revue d'évidentes similitudes, mais se propose de chercher ensemble la vérité. Nous sommes peut-être sur des chemins parallèles, mais l'esprit est unique. En tant que chrétiens, nous sommes encouragés à comprendre notre rôle comme un rôle de serviteurs. Jésus se présente lui-même dans les Évangiles non pas comme seigneur et maître mais comme serviteur. Il dit : « Je suis venu parmi vous pour servir. » Beaucoup de disciples de Jésus, par le passé, l'ont oublié. Beaucoup de chrétiens, et l'Église elle-même à maintes reprises dans l'histoire, ont recherché le pouvoir temporel, le pouvoir politique ou le pouvoir religieux sur autrui par le biais de l'impérialisme et d'autres formes d'autoritarisme. En tant qu'êtres humains nous reconnaissons que ceci est péché. Mais vous nous avez aidés à comprendre la nature de l'humilité et le rôle du chrétien, et l'intelligence particulière que nous avons de nous-mêmes en tant que disciples et serviteurs. C'est pourquoi nous nous engageons à poursuivre ce travail au service de l'unité des religions.

Enfin, je voudrais remercier les nombreuses personnes grâce à qui ce séminaire a pu être si enrichissant – les appariteurs, l'équipe cinématographique et surtout notre coordinateur, Clem Sauvé, qui est arrivé du Canada il y a huit semaines pour travailler avec nous. Et, le dernier mais non le moindre – j'espère ne pas le faire rire à nouveau –, j'aimerais remercier Thupten Jinpa, votre interprète.

Et maintenant, je laisse la parole à Sœur Eileen.

Sœur Eileen : Votre Sainteté, je ne sais pas ce que je peux ajouter aux propos du père Laurence, mais en tant que porte-parole du groupe ici présent, je voudrais dire que nous ne savons comment vous exprimer pleinement notre gratitude. Vous avez partagé avec nous la sagesse de votre culture et de votre tradition d'une manière qui nous aide à reconnaître en vous ce que clarté et pureté d'esprit signifient vraiment. Ce faisant, nous reconnaissons notre propre désir de lutter pour parvenir à ces mêmes qualités. Grâce à vous, nous avons beaucoup appris, non seulement par vos paroles, mais par votre présence et l'amour qui rayonne de vous, et par votre compassion. Ce mot ne signifiera jamais plus la même chose pour moi ! Je sais qu'en ce qui me concerne – et je pense qu'il en va de même pour beaucoup d'entre nous – cette rencontre a changé ma vie.

Nous disons que les Écritures chrétiennes sont la Parole vivante de Dieu. Certains jours, il nous semble qu'elles n'ont plus rien à nous dire, que c'est toujours la même histoire connue. Mais un mouvement de la grâce de l'Esprit Saint nous guide à travers ces temps d'opacité. Si nous persévérons, les mots reprennent vie et se chargent de significations de plus en plus profondes. En vous écoutant lire nos Écritures, je constatais que les mots de Jésus prenaient un sens de plus en plus profond pour moi – et je pense qu'on peut en dire autant pour toutes les personnes ici présentes. Je regrette de ne pouvoir répondre à cet honneur en m'associant à un partage de vos écritures comme vous l'avez fait pour les nôtres. Je voudrais aussi que vous sachiez – et beaucoup me suivront – notre douleur devant les atrocités perpétrées contre votre peuple. Personnellement, en tant que citoyenne américaine, j'ai honte de ce que notre gouvernement n'ait pas décidé de vous aider. Je puis vous assurer à cet égard que je ne resterai pas plus longtemps silencieuse.

Quelqu'un a dit que nous avions pris part à un grand festin et que nous mangeons pour vivre. Je pense que nous allons tous vivre mieux après ce contact avec vous. Je ne sais si nous aurons l'occasion de nous revoir, ou si j'aurai encore le privilège d'être aussi proche de vous qu'au cours de ces journées. Mais je suis sûre que, dans notre méditation, dans ce lieu où nous nous rejoignons par la prière et la méditation, nous sommes unis. Nous pouvons nous séparer ici, physiquement, mais par cette expérience, nous nous rejoindrons toujours en ce lieu de conscience-communion.

Aussi, Votre Sainteté, je vous remercie profondément d'être ici présent. Je vous adresse nos prières, nos vœux de bonheur, notre gratitude et nos bénédictions pour tous vos projets. J'aimerais terminer en citant Thomas Merton qui disait : « Au centre de notre être se trouve un lieu de pure lumière, un lieu inviolé par le péché ou l'illusion. » Je vous remercie de nous avoir permis, grâce à cette rencontre, de voir ce lieu de pure lumière en vous.

Le Dalaï-lama : Je voudrais exprimer ma joie d'avoir eu l'occasion de partager ce temps très précieux avec vous. L'amitié qui me lie au père Laurence s'est accrue au cours de ces journées. Je voudrais aussi profiter de l'occasion pour exprimer ma profonde reconnaissance pour tous les soucis, les sentiments de sympathie et le soutien manifestés pour mon travail, mon pays et mon peuple, par Laurence Freeman. Ses sentiments partaient d'un cœur ouvert, sans aucun voile. Ils me remplirent à la fois de joie et de tristesse. Merci.

Je voudrais également exprimer ma profonde gratitude à vous tous qui avez assisté à ces lectures et discussions. Bien que ce que j'avais à dire fût très « sommaire » et assez improvisé, j'ai remarqué chez tout le monde une grande attention et une grande concentration. Cela m'a réellement touché. Si donc vous retirez ne serait-ce qu'un petit profit de ce qui a pu être dit au cours de ces quelques jours, ou par le simple fait d'avoir participé à ce séminaire, j'en serai comblé. À vous tous, je lance cet appel : s'il vous plaît, efforcez-vous de donner le plus de sens possible à la précieuse vie humaine dont vous disposez.

LE CONTEXTE CHRÉTIEN DES LECTURES DE L'ÉVANGILE DU SÉMINAIRE DE LONDRES

Les huit passages d'Évangile choisis pour le séminaire sont représentatifs du style particulier de chacun des quatre auteurs des évangiles canoniques : Matthieu, Marc, Luc et Jean. Ils offrent également une bonne vue d'ensemble de l'intelligence chrétienne de Jésus : son enseignement, sa nature, sa puissance issue de sa connaissance du Père et, enfin, sa résurrection, pivot de la foi chrétienne. Des pans entiers du message de l'Évangile, ayant un sens particulier pour les chrétiens – comme l'institution de l'eucharistie – sont omis dans ce choix de textes qui ne vise rien d'autre qu'à donner une image représentative de la foi chrétienne. Mais ils présentent des similitudes et des différences avec des textes bouddhiques, susceptibles de stimuler la réflexion dans le cadre d'un dialogue émergeant du silence et retournant au silence, cette expérience sacrée de la méditation à l'intérieur de sa foi et de sa tradition.

Les vidéos du séminaire ont déjà montré comment le dialogue amorcé par le séminaire peut être et a été poursuivi. Des groupes de bouddhistes et de chrétiens se rencontrent, méditent, visionnent une partie de la vidéo et en discutent. Nous espérons que ce livre poussera encore plus loin le dialogue.

Dans cette partie, je donne un bref éclairage chrétien sur chaque passage que Sa Sainteté a commenté. Le but est de donner à ceux qui pourraient être complètement étrangers aux Évangiles un point de vue simple pour mieux comprendre d'où vient le texte et ce que signifie son langage. La réponse bouddhique, offerte dans le commentaire de Sa Sainteté, constitue la substance de ce livre. On se reportera à la table des matières pour la retrouver dans le livre.

Dans ces brèves introductions, j'ai évité d'entrer dans les détails techniques de textes extrêmement riches et au sens très dense. Tout dialogue partant de ces passages sera unique et donnera lieu à un entrelacement particulier de croyances et d'attitudes sincèrement partagées par les bouddhistes ou les chrétiens. Avant d'entamer la lecture, le Dalaï-lama déclara qu'il ne voulait pas mettre à l'épreuve ou ébranler la foi d'un chrétien. De sa vision pénétrante, les chrétiens ont retiré un approfondissement et une clarification de leur foi, ainsi qu'un élargissement de leur sympathie et de leur compréhension à l'égard des bouddhistes. Le but de l'exercice du dialogue n'est pas d'arriver à des réponses définitives, mais de trouver une vision de la Vérité plus pleine et plus profonde qui englobe et pénètre tout homme, et qui, au bout du compte, comme Jésus l'a dit, nous libérera tous de la peur et de l'ignorance.

AIME TON ENNEMI
Évangile de Matthieu 5, 38-48

« *Vous l'avez appris : il a été dit :* Œil pour œil, dent pour dent. *Mais moi je vous dis de ne pas résister au méchant. Si quelqu'un te frappe sur la joue droite, présente-lui l'autre aussi. Si quelqu'un veut te citer en justice pour avoir ta tunique, aban-*

donne-lui aussi ton manteau. Si quelqu'un veut te contraindre à faire un mille avec lui, fais-en deux. Donne à qui te demande, et n'esquive pas celui qui veut t'emprunter.

Vous l'avez appris : il a été dit : Tu aimeras ton prochain, *et tu pourras haïr ton ennemi. Mais moi je vous dis : Aimez vos ennemis. [Faites du bien à ceux qui vous haïssent], priez pour ceux qui vous [maltraitent et vous] persécutent. Vous serez ainsi les fils de votre Père du ciel, qui fait lever son soleil sur les méchants comme sur les bons, et fait pleuvoir sur les justes et sur les injustes. Si vous n'aimez que ceux qui vous aiment, quelle récompense méritez-vous ? Les publicains mêmes n'en font-ils pas autant ? Si vous ne saluez que vos frères, que faites-vous d'extraordinaire ? Les païens n'en font-ils pas autant ? Soyez donc parfaits comme votre Père céleste est parfait.* » [Matthieu, 5, 38-48.]

Le contexte chrétien

Le Sermon sur la Montagne se présente dans les premières pages de l'Évangile de Matthieu qui est le premier des quatre Évangiles. Comme tous les autres, il a été écrit et doit être lu non pas comme un compte rendu historique mais comme l'expérience de la Résurrection appliquée à l'histoire. Les Évangiles, par conséquent, se comprennent à la lumière de la résurrection. Le mot évangile en grec (*evangelon*) signifie « bonne nouvelle ».

L'auteur de chaque Évangile (l'« évangéliste ») envisage la vie et l'enseignement de Jésus sous un angle qui lui est propre parce qu'il s'adressait à un public différent. D'où la diversité des Évangiles qui, avant d'être consignés par écrit (en grec) furent d'abord des traditions orales (en araméen). Ainsi, le livre de Matthieu fut probablement écrit pour un groupe de chrétiens d'origine juive, environ cinquante ans après la mort et la résurrection de Jésus.

Ce passage est extrait du Sermon sur la montagne, un enseignement de Jésus qui figure dans deux Évangiles (Matthieu et Luc). Les bouddhistes penseront au Sermon du parc aux cerfs du Bouddha. Le Sermon sur la montagne fut prêché par Jésus en plein air devant une foule nombreuse. Il contient la quintessence de son enseignement éthique et religieux. Il souligne par exemple l'importance de dépasser la stricte observance extérieure du rite pour accéder à la religion du cœur.

Dans la première partie de ce passage, Jésus demande à ceux qui le suivent de ne pas chercher à se venger de ceux qui leur font du mal. Cette idée se démarque de l'antique loi de la vengeance en vigueur dans tout le Proche-Orient. Jésus va même jusqu'à dire que nous ne devons pas résister à ceux qui nous font du mal. Dans le style juif typique, par l'exagération, il accentue son propos en déclarant que nous devons tendre l'autre joue et toujours donner ce que l'on nous demande. Ses adeptes sont incités non seulement à céder, mais à donner plus qu'il ne nous est demandé.

L'allusion à la tunique et au manteau se comprend mieux quand on sait que le paysan palestinien de l'époque ne portait pas d'autre vêtement.

Le principe de non-résistance et d'abandon ne pouvait pas être affirmé plus clairement. Néanmoins, ces enseignements ont donné lieu par la suite à maintes rationalisations.

La seconde partie de ce passage traite de l'amour des ennemis. Le « prochain » désigne tout homme du village ou du groupe. L'« ennemi » désigne une personne qui vous fait du mal ou un simple étranger. Aimer son prochain familier, donc, ne suffit pas. Ce n'est pas ainsi que l'on réalise la pleine vocation humaine qui est d'être « comme Dieu ».

Les premiers penseurs chrétiens ont affirmé que Dieu s'était fait homme pour que l'homme puisse devenir Dieu. Cet enseignement de Jésus montre que nous devenons « fils de Dieu » en aimant tout homme aussi impartialement que Dieu l'aime. La perfection de Dieu est sans limite et la perfection humaine doit le devenir également. Le mot hébreu correspondant à « parfait » signifie « entier » ou « intégral[58] ». C'est l'amour des ennemis qui garantit l'intégrité de la vie humaine.

Les « publicains », ou collecteurs d'impôt, collaboraient avec les forces romaines qui occupaient la Palestine, tout comme le Tibet est aujourd'hui occupé.

LE SERMON SUR LA MONTAGNE : LES BÉATITUDES

Évangile de Matthieu 5, 1-16

« À la vue de ces foules, Jésus gravit la montagne. Il s'assit, et ses disciples s'approchèrent de lui. Alors il ouvrit la bouche et leur donna ces enseignements :

" Heureux ceux qui ont un cœur de pauvre : le royaume des cieux est à eux !

" Heureux ceux qui sont doux : ils posséderont la terre !

" Heureux ceux qui pleurent : ils seront consolés !

" Heureux ceux qui ont faim et soif de la justice : ils seront rassasiés !

" Heureux les miséricordieux : ils obtiendront miséricorde !

" Heureux les cœurs purs : ils verront Dieu !

“Heureux les pacifiques : ils seront appelés fils de Dieu !

“Heureux les persécutés pour la justice : le royaume des cieux est à eux !

“Heureux serez-vous quand on vous insultera, quand on vous persécutera et qu'on dira faussement de vous toute sorte de mal à cause de moi. Réjouissez-vous et soyez dans l'allégresse, parce que votre récompense est grande dans les cieux. Car c'est ainsi qu'on a persécuté vos prédécesseurs les prophètes.

“Vous êtes le sel de la terre. Si le sel perd sa saveur, avec quoi la lui rendra-t-on ? Il n'est plus bon qu'à être jeté dehors et foulé par les hommes.

“Vous êtes la lumière du monde. Une ville sise en haut d'une montagne ne peut rester cachée ; on n'allume pas une lampe pour la mettre sous le boisseau, on la met sur le lampadaire afin d'éclairer tous ceux qui sont dans la maison. Que votre lumière luise si bien devant les hommes, qu'à la vue de vos bonnes œuvres, ils glorifient votre Père qui est dans les cieux. ” »

Le contexte chrétien

Ce passage figure en tête du Sermon sur la montagne. Dans les Béatitudes Jésus montre quelle est la nature de la bénédiction divine et du bonheur. Son enseignement s'inscrit dans la ligne de toute la tradition biblique pour qui sagesse et bonheur véritable vont de pair. Le mot grec *makarios* signifie à la fois béni et heureux. Dans ces huit béatitudes, Jésus nous montre la vraie nature du bien-être humain. Elles sont de nature paradoxale et décrivent une révolution morale dans la nature humaine qui n'est pas encore achevée. Le Royaume est donc à la fois « ici » et « encore à venir ».

1. « Cœur de pauvre » désigne à la fois les pauvres en biens matériels dont Jésus se soucie particulièrement, mais aussi la pauvreté spirituelle qui est la condition humaine de dépendance vis-à-vis de Dieu. Quand nous savons que nous ne sommes pas autosuffisants mais interdépendants et responsables les uns des autres, alors nous sommes « pauvres de cœur ». En ce sens, le terme désigne également des attitudes de non-possessivité ou de non-fixation à l'égard de toutes choses.

2. « Ceux qui pleurent » sont bénis parce qu'ils ont affronté l'essentielle séparation de Dieu dans le monde d'expérience présent. Ici la douleur ne désigne pas seulement la souffrance extérieure mais aussi la nature de la condition humaine elle-même peinant sur le chemin de l'accomplissement. La consolation est l'état de salut ou de libération.

3. Les « doux » hériteront de la terre. La non-violence est un excellent moyen de vaincre le mal. La « terre » ne désigne pas nécessairement cette vie présente. Le mal est toujours autodestructeur. Son échec est dans sa finitude. La douceur triomphe parce qu'elle est sans fin.

4. L'amour du bien, de la justice, procure le bonheur. La justice signifie unir sa volonté à celle de Dieu. Elle est inséparable de la compassion appliquée à la vie réelle.

5. Ceux à qui nous témoignons de la miséricorde deviennent à leur tour miséricordieux. Deux des grandes œuvres de miséricorde du Nouveau Testament consistent à donner aux pauvres et à pardonner à ses ennemis.

6. Les « cœurs purs » verront Dieu. La pureté du cœur consiste à voir la réalité telle qu'elle est sans la déformation de l'égotisme. Ceci est différent de la pureté religieuse rituelle et même de la « pureté morale » au sens courant.

7. Les « artisans de paix » sont enfants de Dieu. La réconciliation des ennemis est une œuvre chrétienne souvent recommandée dans les Évangiles. Ces artisans de paix ont part à la nature divine comme le dit saint Pierre dans une de ses épîtres, parce qu'il est dans la nature de Dieu d'apporter la paix et l'unité là où règne la discorde et la division. Un enfant partage l'être du parent.

Dans la sentence suivante l'adepte reçoit l'assurance que la souffrance acceptée « pour Jésus » est assortie d'une grande récompense. Ici, Jésus s'adresse à ses disciples. La souffrance individuelle du chrétien est unie à Lui de manière personnelle. Les premiers chrétiens furent aussi une minorité persécutée.

Enfin, Jésus révèle à ses adeptes leur importance pour le monde – être le sel de la réalité et la lumière de la vérité. Leur mission est d'être vus et entendus à cause des œuvres qui résultent de la conscience de la bonté essentielle de la création – de son cœur bienveillant.

ÉQUANIMITÉ
Évangile de Marc 3, 31-35

« *Survinrent sa mère et ses frères ; restés dehors, ils le firent appeler. La foule était assise autour de lui. On lui dit : "Ta mère, tes frères et tes sœurs sont là dehors, et te cherchent." Il leur répondit : "Qui sont ma mère et mes frères ?" Et portant ses regards sur les gens assis autour de lui : "Voici, dit-il, ma mère et mes frères. Celui qui accomplit la volonté de Dieu, celui-là est mon frère, ma sœur et ma mère."* »

Le contexte chrétien

L'Évangile de Marc est le plus court. La tradition voit en Marc un disciple de Pierre, le chef des douze principaux disciples (les « apôtres ») de Jésus. C'est l'Évangile qui fut écrit en premier, vers l'an 65 de notre ère, sans doute à l'adresse de chrétiens d'origine non juive vivant à Rome, où Pierre fut exécuté.

Marc considère que l'enseignement de Jésus sur le royaume des cieux inaugure un nouvel âge du monde. Ce royaume ne consiste pas en un simple enseignement doctrinal, c'est un mystère ou un secret de l'ultime réalité (Dieu) que Jésus en personne incarne et révèle à ses disciples.

La *mission* de Jésus est avant tout de révéler son identité propre, véritable et la plus profonde. Elle se réalise dans l'acte d'enseigner et dans le lien qui l'unit à ses disciples. Dans cet Évangile, on nous montre fréquemment les disciples incapables de comprendre ce que Jésus enseigne.

Ce passage suit un récit où l'on voit Jésus choisir ses douze principaux disciples et les envoyer proclamer le Royaume. Il revient chez lui où sa famille pense qu'il est devenu fou. Dès le début de sa prédication publique Jésus avait provoqué la colère des autorités religieuses (les pharisiens) parce qu'il dénonçait leur hypocrisie avec une très forte autorité personnelle. Avec d'autres, ils l'accusaient d'être possédé par un démon.

Jésus est en train d'enseigner quand on vient l'avertir que sa mère et des membres de sa famille sont venus le voir. Ils ne viennent pas jusqu'à lui, sans doute par peur ou par désapprobation de son action. Jésus ne les rejette pas en tant que membres de sa famille, mais il s'élève contre l'incompréhension qu'ils manifestent à l'égard de son enseignement et de sa mission.

Il substitue au lien naturel du sang le lien unissant ceux qui « font la volonté de Dieu », comme lui-même la fait. Ici encore apparaît l'idée que les « enfants de Dieu » ont part à la nature universelle du divin.

Le « royaume de Dieu » exige de nous, au niveau individuel, des changements radicaux. Être « enfant de Dieu » implique de considérer que toutes nos relations humaines dépendent de notre relation à Dieu. Pour le chrétien cette relation à Dieu est compréhensible à l'intérieur de notre lien avec Jésus. Dieu est inconnaissable et invisible, mais le lien qui nous unit à Dieu s'exprime dans la manière dont nous nous unissons les uns aux autres. Par conséquent, notre lien avec Jésus ressuscité nous conduit aussi à des liens mutuels plus sérieux. C'est l'origine de la notion d'Église « corps du Christ », harmonieuse totalité de tous ses disciples et, dans la mesure où il est le *Logos* universel, totalité du cosmos.

Ce passage est l'un de ceux où apparaît Marie, la mère de Jésus, à qui les catholiques notamment vouent une vénération particulière. Marie n'est pas un être divin mais une personne historique d'une sainteté et d'une réceptivité à Dieu toutes spéciales. Pour beaucoup de chrétiens elle continue d'exercer un ministère d'amour d'une puissance particulière. Son souci pour l'humanité souffrante est une façon d'amener les hommes dans le Corps du Christ, son fils.

LE ROYAUME DE DIEU
Évangile de Marc 4, 26-34

« Il disait encore : "Il en est du royaume de Dieu comme d'un homme qui aurait jeté la semence en terre. Qu'il dorme ou se lève, la nuit et le jour, la semence germe et grandit sans qu'il sache comment.

D'elle-même la terre produit d'abord l'herbe, puis l'épi, puis du grain plein l'épi. Dès que le fruit le permet, on y met la faucille, car la moisson est à terme. "

Il disait encore : "À quoi pourrions-nous comparer le règne de Dieu ? Par quelle parabole le représenter ? Il est comme un grain de moutarde : lorsqu'on le sème en terre, c est la plus minuscule de toutes les semences répandues sur la terre ; mais une fois semé, il monte et devient plus grand que tous les légumes, et il étend si loin ses branches que les oiseaux peuvent s'abriter sous son ombre. "

C'est par de nombreuses paraboles de ce genre qu'il leur annonçait la Parole, selon qu'ils étaient à même de l'entendre. Il ne leur parlait pas sans user de paraboles, mais il expliquait tout en particulier à ses disciples. »

Le contexte chrétien

Jésus enseignait au moyen de paraboles, histoires et analogies simples tirées des circonstances de la vie ordinaire. Ici, nous avons affaire à deux paraboles décrivant le « royaume de Dieu » qui constitue le noyau de son enseignement. Ce passage suggère deux axes de réflexion : la méthode spirituelle de l'enseignement par paraboles, et la signification du royaume de Dieu dans l'enseignement de Jésus.

Auparavant, Jésus avait dit à ses disciples qu'il parlait publiquement en paraboles mais qu'« à eux était confié le mystère du royaume ». Bien qu'il enseignât ouvertement devant tous, son auditoire réagissait et comprenait différemment. Il respectait cette capacité variable de compréhension, mais l'enseignement chrétien souligne que tout homme quel qu'il soit est appelé à la sainteté et peut l'atteindre s'il accepte de coopérer à l'œuvre de la grâce.

Le royaume de Dieu est aussi traduit par « règne » ou « puissance » de Dieu, qui rendent mieux son sens dynamique. Comme le disait John Main, ce n'est pas un lieu mais une expérience. Jésus disait (Mt 11, 25) que le royaume n'est pas révélé aux savants et aux intelligents mais aux humbles et aux simples. À la fin de sa vie, quand on le mit au défi de se sauver lui-même de la mort en usant de sa puissance de roi, il répliqua que son royaume « n'était pas de ce monde ».

Le royaume se révèle dans l'interaction de l'enseignement de Jésus avec ceux qui l'écoutent, et ce *dévoilement* de la vérité constitue la dynamique du « Verbe de Dieu ».

Ces paraboles éclairent sur le sens paradoxal du royaume – comme la graine qui tombe en terre et doit mourir si l'on veut qu'il y ait une moisson. Elles se servent d'images de croissance naturelle pour montrer comment le royaume se réalise. C'est donc un processus qui dure toute la vie.

Dans la première parabole Jésus montre que le royaume croît jour après jour à l'intérieur de l'homme sans qu'il en soit conscient de manière ordinaire. Il conduit à une moisson : Jésus nous dit qu'il est venu pour que « les hommes aient la vie en plénitude ». Le royaume est donc la plénitude de la vie humaine, qui signifie une participation pleine et entière à la nature de Dieu.

La seconde parabole montre que la plénitude de la vie n'est pas une expérience privée, individuelle. Elle commence petitement, c'est-à-dire dans les limites de notre égotisme d'individu mais elle croît jusqu'à transcender ces limites pour devenir une expérience d'ouverture et de générosité sans limites.

Bien que le symbole du roi et du royaume évoque une puissance terrestre, Jésus souligne que la puissance de Dieu ne recourt pas à la force et à la violence, mais à l'amour. Les qualités qui caractérisent le royaume, selon le Nouveau Testament, sont « amour, joie, paix, patience, tendresse, bonté, douceur, fidélité et maîtrise de soi ».

LA TRANSFIGURATION
Évangile de Luc 9, 28-36

« Huit jours environ s'écoulèrent après cet entretien, puis Jésus prit avec lui Pierre, Jean et Jacques et monta prier sur la montagne. Tandis qu'il priait, son visage se transforma, et ses vêtements devinrent d'une blancheur éclatante. Et voici que deux personnages s'entretenaient avec lui : c'étaient Moïse et Élie qui, apparaissant dans la Gloire, parlaient de son trépas, qu'il devait accomplir à Jérusalem. Pierre et ses deux compagnons étaient alourdis de sommeil ; se tenant pourtant éveillés, ils virent la gloire de Jésus et les deux personnages qui se tenaient près de lui. Au moment où ils se séparaient de Jésus, Pierre lui dit : " Maître, il est heureux que nous soyons ici, nous pourrions dresser trois abris, un pour toi, un pour Moïse et un pour Élie. " Il ne savait ce qu'il disait. Il parlait encore qu'une nuée vint les couvrir, et les disciples furent saisis de frayeur en les voyant disparaître dans la nuée. Alors, de la nuée sortit une voix : " Celui-ci est mon Fils bien-aimé, écoutez-le ! " Et, pendant que la voix retentissait, Jésus se trouva seul. Les disciples gardèrent le silence et, en ces jours-là, ne rapportèrent à personne rien de ce qu'ils avaient vu. » [Luc, 9, 28-36.]

Le contexte chrétien

Dans le récit de Luc, Jésus, à ce moment-là, vient de nourrir miraculeusement une foule de cinq mille personnes qui avaient faim, après quoi il a donné un puissant enseignement sur la condition du disciple : « Si quelqu'un veut marcher à ma suite, il doit renoncer à lui-même… Celui qui voudra sauver sa vie la perdra. » Ceci nous prépare à une révélation unique de la lumière intérieure cachée en Jésus, qui irradie ici de la matière et de la conscience, du corps et de l'esprit.

Ce passage est enveloppé de mystère. Il fait référence à un événement réel mentionné ailleurs dans le Nouveau Testament, mais décrit de manière extrêmement symbolique. L'un des grands symboles est la conversation avec Moïse et Élie durant la vision de la Transfiguration. Moïse fut le transmetteur de la Loi, ou Torah, du judaïsme et Élie fut l'un des plus grands prophètes juifs dont le retour précédera le retour du Christ. À eux deux, ils constituent les deux piliers de la religion juive : communication avec Dieu par la Torah et les prophètes. Jésus est donc associé à cette tradition et il en représente le point culminant.

Du point de vue culturel et religieux, Jésus était juif, mais son expérience personnelle de Dieu l'amena à transcender à la fois son individualité séparée et son conditionnement culturel.

Les symboles plus intérieurs de cet extrait évoquent la nature de l'illumination de Jésus. D'abord dans la vision on le voit en train de parler à Moïse et à Élie de son « départ », autrement dit de sa mort, et de son destin qui s'accomplira à Jérusalem : la crucifixion et la résurrection. Ceci signifie que l'accomplissement de son illumination se réalisera dans la souffrance.

Cependant, le sens de la mort cruelle qui fut celle de Jésus n'est pas que nous sommes sauvés par la souffrance. Bien plutôt, sa mort sur la croix montre jusqu'où peut aller l'amour divin pour se communiquer aux hommes. La croix est donc réellement un symbole d'amour et un moyen de transformation. La souffrance revêt donc un sens positif ou rédemptif.

Les disciples présents lors de sa Transfiguration étaient ses plus proches disciples. Pourtant, ici comme ailleurs, ils montrent qu'ils n'étaient pas encore capables de le comprendre pleinement. La pleine compréhension n'est venue qu'après la résurrection quand Jésus leur apparut et leur envoya son Esprit. Sur le moment, cette capacité limitée à comprendre la signification de Jésus explique pourquoi il leur a dit de ne parler à personne de ce qu'ils avaient vu.

Le symbole le plus profond du récit est la révélation par Dieu, présent dans la « nuée » que Jésus est son Fils, son bien-aimé, et qu'il faut l'écouter. Comme ceci est un mystère qui n'est pas limité par l'espace-temps, ce qui survient avant et après la mort de Jésus peut être considéré d'une certaine façon comme identique.

Le nuage est un symbole biblique du mystère de Dieu qui reste toujours inconnaissable même quand il se révèle lui-même. Cette inconnaissabilité de Dieu qui ne peut se connaître que dans l'amour est l'essence de tout le mysticisme chrétien.

LA MISSION
Évangile de Luc 9, 1-6

« Jésus réunit les Douze ; il leur donna puissance et autorité sur tous les démons, avec le pouvoir de guérir les maladies. Il les envoya proclamer le royaume de

Dieu et soigner les infirmes. Il leur dit : "Ne prenez rien pour la route, ni bâton, ni sac, ni pain, ni argent, ni un second vêtement. Dans quelque maison que vous entriez, demeurez-y jusqu'à ce que vous quittiez la localité. Là où vous ne serez pas reçus, quittez cette ville et, en témoignage contre eux, secouez la poussière de vos pieds." Ils partirent, et ils allèrent de village en village, annonçant la bonne nouvelle et guérissant partout les malades. » [Luc, 9, 1-6.]

Le contexte chrétien

L'Évangile de Luc fut sans doute écrit après la destruction de Jérusalem par les Romains en 70. D'après la tradition, Luc était médecin, jeune disciple de Paul. Il est le plus littéraire des quatre auteurs évangéliques. Luc commence son Évangile en déclarant qu'il s'est livré à des recherches approfondies pour obtenir des informations historiques de première main sur Jésus.

Ce passage fait partie d'un chapitre racontant quelques-uns des nombreux miracles de Jésus. Luc met l'accent sur le fait que Jésus, avant et après sa mort, donne pouvoir à ses disciples de poursuivre sa mission en proclamant son message.

Jésus réunit les douze apôtres choisis et leur donne « puissance et autorité ». Ce sont des qualités spirituelles qu'il possède personnellement et peut donc transmettre aux autres. La puissance s'attache essentiellement à vaincre les démons et à guérir les maladies. Mais le but prioritaire de cette transmission de puissance est de proclamer le royaume de Dieu. Les miracles sont des signes de puissance et des moyens de communication, mais l'œuvre primordiale qu'ils accomplissent est d'attester du royaume de Dieu : le royaume est à l'intérieur de nous et immédiatement accessible. Dans l'Évangile de Marc, un passage nous montre Jésus demandant de ne pas répandre la nouvelle de ses miracles.

Ailleurs, on demande à Jésus quand viendra le royaume des cieux. Les gens pensaient à un événement ou à un état extérieur. À cela il répondit : « Le royaume de Dieu ne doit pas venir de manière ostensible… Car voyez, le royaume de Dieu est déjà au milieu de vous. »

Après la mort de Jésus, son Esprit Saint est descendu sur ses disciples et leur a donné le pouvoir de prêcher le mystère entier du salut et la vraie nature de Jésus. Mais au cours de sa vie terrestre, le message qu'ils prêchaient était la venue du royaume.

Le lien entre la prédication du royaume et la guérison des malades est un thème chrétien important. Le royaume n'est pas une abstraction à usage personnel. De toutes les défenses que les êtres humains dressent contre Dieu les plus vulnérables sont nos lieux de souffrance. La guérison atteint donc la part la plus profonde et souvent la plus cachée de nous-mêmes. On réalise (ou on entre) dans le royaume, dans le cadre de la vie humaine ordinaire. La souffrance suscite la compassion en Jésus comme en nous. Il est tentant naturellement de se focaliser sur la guérison physique et de négliger la guérison de la personne dans sa totalité, autrement dit le sens total du royaume.

Les instructions que Jésus donne à ses disciples avant de les envoyer prêcher la bonne nouvelle tracent les contours d'un style de vie et d'une attitude particuliers. L'attitude est celle d'un abandon total à Dieu. Leurs vies doivent témoigner d'un complet détachement quant au succès ou à l'échec de leur mission. Si leur message est rejeté, ils doivent « secouer la poussière de leurs pieds » et partir pour un autre lieu.

Le mode de vie du disciple de Jésus se reconnaît à sa pauvreté matérielle et à sa simplicité radicale. Au sens strict, c'est le mode de vie monastique, mais au niveau symbolique il s'agit de la voie à suivre pour tout vrai quêteur spirituel, ou disciple. Ce mode de vie suppose également que les gens spécialement chargés d'enseigner puissent légitimement être entretenus par la communauté au sens large.

LA FOI
Évangile de Jean 12, 44-50

« Cependant, Jésus dit d'une voix forte : "Qui croit en moi, croit, non pas en moi, mais en Celui qui m'a envoyé ; et qui me voit, voit Celui qui m'a envoyé. C'est comme lumière que je suis venu dans le monde ; ainsi celui qui croit en moi ne reste pas dans les ténèbres. Si quelqu'un entend mes paroles et ne les observe pas, ce n'est pas moi qui le condamnerai ; car je ne suis pas venu condamner le monde, mais sauver le monde. Celui qui me méprise et qui n'accepte pas mes paroles a déjà son juge : la parole que j'ai exprimée, c'est elle qui jugera au dernier jour. En effet, ce n'est pas de mon propre chef que j'ai parlé, mais le Père, qui m'a envoyé, m'a dicté ce que je dois dire et m'a prescrit ce que je dois enseigner. Et son commandement, je le sais bien, c'est la vie éternelle. Les paroles que je profère, je les profère donc conformément à ce que m'a dit le Père." »

Le contexte chrétien

La tradition identifie l'auteur de l'Évangile de Jean au « disciple que Jésus aimait ». Cet auteur présente Jésus comme le *Logos* (mot grec signifiant Parole). La vie et l'enseignement de Jésus sont identifiés à la lumière de la Sagesse universelle qui confère un sens symbolique à chaque détail de la vie de Jésus. Jean parle de la relation intime liant Jésus et Dieu. Il se plaçait par rapport à Dieu dans une relation singulière de *Fils à Père.*

Ce passage résume maints discours de Jésus dans l'Évangile de Jean. Dans ces mots, nous devons entendre à la fois la voix de Jésus et ce que les premiers chrétiens pensaient de Jésus.

Jésus situe toujours son centre de conscience dans le Père. Si donc on croit en lui, on croit réellement en Dieu, pas seulement en lui. Il dit que le Père l'a envoyé – ce qui signifie que sa vie était une mission. Voir Jésus c'est voir le Père qui l'a envoyé. Le lien qui unit Jésus à son Père est indissoluble (ou *advaitique* comme le dirait la doctrine hindouiste[59]).

Jésus se présente comme la lumière venant dans le monde pour dissiper les ténèbres. La foi en Jésus est donc bien plus qu'une croyance dogmatique. Elle est relation personnelle avec lui et donc avec la réalité avec laquelle il est en communion. Cette relation constitue elle-même le processus d'illumination qui dissipe les ténèbres de l'ignorance et de la peur qui règnent sur le cœur humain. Le lien de foi est le *hodos* (grec de l'évangile) ou Chemin de la vie chrétienne. Jésus a dit : « Le Père et moi nous sommes un. » Il a également dit : « Le Père est plus grand que moi. » Ce sont deux aspects de la relation de Jésus à son Père qui est aussi notre Père.

Au cours des siècles, les penseurs chrétiens ont développé la doctrine de la Trinité pour rendre compte de ce lien qui sauve, transforme et parachève. Le Père est le fondement de l'Être invisible et inconnaissable, le Fils (qui s'est incarné en Jésus) est aimé par le Père et leur amour mutuel est l'Esprit Saint, la troisième personne de la Trinité. Dieu est donc « trois en un ». Jésus avait promis d'envoyer l'Esprit Saint au monde après qu'il eut cessé d'être visible sur terre – après sa mort, sa résurrection et son retour final au Père.

Dans ce passage Jésus établit clairement qu'il ne juge pas le monde. Si quelqu'un rejette sa vérité son rejet est en soi un jugement ; ceci parce que tout ce que Jésus a dit renferme la Vérité du Père.

Jésus déclare que les commandements du Père sont « vie éternelle ». Il a également dit qu'il est venu pour que les hommes aient la vie en plénitude. La vie éternelle ne désigne pas seulement une existence sans fin. Elle représente le plein épanouissement du potentiel humain de conscience. Le seul commandement sur lequel Jésus a insisté est l'amour mutuel. La pleine conscience est donc la réalisation complète de la capacité des hommes à s'aimer. L'amour est la substance même de Dieu (le Père aime le Fils et cet amour **est** l'Esprit Saint). Tout homme est appelé à avoir part à la surnature de Dieu, à être rendu divin par l'amour pour apprendre (comme nous l'avons vu dans le premier extrait de Matthieu) à aimer Dieu comme Dieu aime – inconditionnellement et universellement.

LA RÉSURRECTION
Évangile de Jean 20, 10-18

« Puis les disciples s'en retournèrent chez eux. Cependant Marie se tenait dehors, près du tombeau, et pleurait. Tout en pleurant, elle se pencha pour regarder dans le tombeau ; elle aperçut alors deux anges vêtus de blanc, assis à l'endroit où avait reposé le corps de Jésus, l'un à la tête, l'autre aux pieds. "Femme, lui dirent-ils, pourquoi pleures-tu ? – Parce qu'on a enlevé mon Seigneur, leur dit-elle, et

je ne sais où on l'a mis. " À ces mots, elle se retourna et aperçut Jésus debout, mais sans le reconnaître. " Femme, lui dit Jésus, pourquoi pleures-tu ? Qui cherches-tu ? " S'imaginant que c'était le jardinier, elle lui dit : " Si c'est toi qui l'as enlevé, dis-moi où tu l'as mis, et j'irai le prendre. " Jésus lui dit : " Marie ! " Elle se retourna et lui dit en hébreu : " Rabbouni ! " (c'est-à-dire Maître très aimé). Jésus lui dit : " Ne me retiens pas, car je ne suis pas encore monté vers le Père ; va plutôt trouver mes frères et dis-leur : Je monte vers mon Père et votre Père, vers mon Dieu et votre Dieu. " Marie de Magdala courut donc annoncer aux disciples : " J'ai vu le Seigneur, et voici ce qu'Il m'a dit... " »

Le contexte chrétien

La Résurrection de Jésus est le fondement de la foi chrétienne. Aucun des Évangiles ne décrit le moment même de la résurrection. Mais tous décrivent l'apparition de Jésus à ses disciples sous une forme corporelle – corps subtil ou spirituel – après sa mort. Dans les quatre Évangiles canoniques, le récit de la vie de Jésus est écrit (rétrospectivement) à partir de cette expérience de la Résurrection.

Dans tous les Évangiles, Jésus ressuscité apparaît d'abord aux femmes. Dans le passage de Jean cité ici, c'est à Marie de Magdala, une disciple proche de Jésus, traditionnellement identifiée à la prostituée repentie qui apparaît dans le courant de l'Évangile. La première rencontre avec le Ressuscité engendre confusion, méprise et même incrédulité totale parmi les disciples bien que Jésus ait prédit sa résurrection « au bout de trois jours ». Trois jours est un symbole biblique désignant un cycle de temps complet.

Marie de Magdala regarde dans le tombeau vide et voit deux « anges ». Le mot *angelos* en grec désigne un messager. Elle ne les reconnaît pas en tant que tels. Mais quand ils lui demandent pourquoi elle pleure elle demande où a été mis le corps de Jésus. Puis **elle se retourne** et voit Jésus à ses côtés. Il lui demande aussi pourquoi elle pleure. Elle pense qu'il est le jardinier et demande où il a mis le corps de Jésus. Puis il l'appelle par son nom, ce qui lui ouvre le cœur et l'esprit ; elle reconnaît alors Jésus et l'appelle affectueusement « Maître ».

L'appel de Marie par son nom fait écho à un passage antérieur de l'Évangile de Jean où Jésus se compare au bon berger qui appelle ses brebis par leur nom. Dans la tradition biblique, le nom désigne le moi réel. Pour connaître le Ressuscité il est nécessaire de connaître son Vrai Moi en se laissant appeler par son nom, ce qui révèle chacun à soi-même.

Jésus lui dit de ne pas le retenir parce qu'il n'est pas encore monté vers le Père. L'ancienne forme de relation terrestre à Jésus n'a plus cours. Le stade final de sa vie est d'être réintégré à sa source. L'Ascension se produit quarante jours, chiffre symbolique, après la Résurrection, mais Jésus a promis de rester avec ses disciples tous les jours jusqu'à la fin des temps. Aujourd'hui les chrétiens conçoivent Jésus comme à la fois « ici » et « dans l'au-delà ».

Jésus dit à Marie de Magdala qu'il va rejoindre son propre Père qui est son Père à elle, son Dieu à lui qui est son Dieu à elle. On pense alors à ce qu'il disait à ses disciples peu de temps avant sa mort, qu'ils n'étaient pas ses serviteurs mais ses amis parce qu'il avait partagé avec eux tout ce qu'il avait appris de son Père. Les chrétiens, par conséquent, croient que, par l'union avec l'humanité glorifiée, transfigurée, de Jésus, ils peuvent avoir part à sa relation unique avec le Père, « avoir part à l'être même de Dieu ».

Un changement ontologique s'est produit dans la nature humaine à la suite de la naissance, de la vie, de la mort, de la résurrection et de l'ascension de Jésus. Mais ce changement se réalise dans chaque personne au cours de chaque étape de sa vie, par l'incorporation de l'expérience de Jésus à notre corps.

Dans un dialogue se situant à un niveau doctrinal et philosophique, l'importance de la Résurrection consiste en ce qu'elle témoigne du caractère unique, de l'*unicité* de Jésus. Unicité ne veut pas dire exclusivisme. Son unicité n'exclut pas d'autres révélations de la Vérité, mais la croyance chrétienne voit en Jésus la pleine révélation de Dieu sous forme humaine. Elle manifeste également la vraie nature de l'humanité, sa pleine révélation à elle-même dans la substance divine et la plénitude de sa capacité de vie, de conscience et d'union à Dieu.

La Résurrection est également importante parce qu'elle montre que la plus grande terreur de l'homme, celle de la mort, repose sur l'illusion. La mort n'est pas la fin de la vie, mais l'entrée finale dans la plénitude de vie qui est partage de l'être de Dieu.

GLOSSAIRE DES TERMES CHRÉTIENS

Aelred de Rievaulx (1109-1167). Saint Aelred de Rievaulx fut un abbé cistercien et un théologien anglais renommé pour sa conception christocentrique de l'amour. Fortement influencé dans sa réflexion sur le lien entre amour humain et amour divin, par le traité de Cicéron *L'Amitié*. Il est l'auteur du *Miroir de la Charité* ainsi que de *Quand Jésus eut douze ans* (Éditions du Cerf, 1987). Voir aussi **Cicéron.**

Amour. Un seul mot sert à désigner l'amour d'amitié, l'amour de désir et l'amour de Dieu. L'*agapè,* amour divin désintéressé, est celui dont parle saint Jean quand il dit « Dieu est amour ».

Anges. Les anges, présents dans la plupart des religions anciennes, sont des êtres spirituels qui servent d'intermédiaires entre les mondes céleste et humain. Le mot dérive du grec *angelos* signifiant « messager », bien que dans la Bible les anges apparaissent à plusieurs reprises comme une manifestation directe de Dieu. On croit en outre qu'un ange est assigné à chaque être humain à sa naissance. Des réflexions complexes établissent une hiérarchie céleste parmi les anges, que l'on peut aussi interpréter comme des stades ou puissances à l'intérieur de l'âme humaine.

Apophatique. Le terme qualifie une approche du discours sur Dieu et sur l'expérience mystique qui affirme l'inconnaissabilité, la transcendance et le caractère indicible de Dieu et de toute expérience de Dieu. « Par l'amour nous pouvons le connaître, jamais par la pensée » (*Le Nuage d'inconnaissance,* Éditions du Seuil, 1980). Voir **Catophatique.**

Apôtres. Les douze apôtres appelés par Jésus et ayant formé le groupe des disciples proches de Jésus symbolisent les douze tribus d'Israël. Le mot vient du grec et signifie « l'envoyé ». Le chiffre douze est symbole de l'élection par Dieu.

Aquin, Thomas d' (1225-1274). Saint Thomas d'Aquin fut un grand théologien et philosophe catholique dont le chef-d'œuvre d'architecture intellectuelle, la méthodique *Somme théologique,* exerça une influence décisive sur la pensée chrétienne jusqu'à nos jours. L'ouvrage est une somme de commentaires sur Aristote, la Bible et la tradition patristique traitant exhaustivement de tous les domaines de la pratique et de la foi chrétiennes.

Ascension. Quarante jours après sa Résurrection, Jésus quitta complètement le monde de forme perceptible. Il fut réabsorbé dans la réalité supra-sensorielle de Dieu sous sa pleine réalité humaine de corps, intellect et esprit. Pour décrire cet événement, on parle d'Ascension vers le Père dans le ciel. (Voir *Actes des Apôtres,* 1, 9.)

Augustin d'Hippone (354-430). Originaire d'Afrique du Nord, saint Augustin fut l'un des plus grands théologiens de l'Église des premiers siècles. Il est l'auteur de *La Cité de Dieu* et des *Confessions.* Comme saint Aelred de Rievaulx, le moine anglais, il fut influencé dans sa réflexion sur le lien entre amour humain et amour divin par le thème de l'amitié chez Cicéron. Voir aussi **Cicéron ; Aelred de Rievaulx.**

Baptême. Le baptême est le rite de l'initiation chrétienne, par immersion ou ablution, au nom de la Trinité. Il peut être pratiqué par n'importe qui et, le cas échéant, peut être effectif même sans actes extérieurs. Le baptême est le sacrement de l'identification de toute l'existence du chrétien avec la vie, la mort et la résurrection de Jésus. On le considère comme le point de départ d'une nouvelle façon de vivre. Expression, à l'origine, d'un choix de vie manifesté à l'âge adulte, le rite du baptême a ensuite été reculé dans l'enfance.

Béatitudes. Traduction latine du grec *makarios* qui signifie « béni » et « heureux », les Béatitudes forment le début du Sermon sur la Montagne décrivant les caractéristiques de l'expérience humaine du Royaume de Dieu, et les qualités de la « perfection » chrétienne. Voir **Écritures ; Évangiles ; Nouveau Testament ; Royaume de Dieu ; Sermon sur la Montagne.**

Benoît de Nursie (mort vers 580). Tout ce que l'on sait de la vie de saint Benoît est contenu dans le récit semi-légendaire du quatrième livre des *Dialogues* de saint Grégoire le Grand. Sa personnalité d'une grande humanité et profondément équilibrée transparaît dans les détails législatifs de sa *Règle pour les monastères.* Voir **Règle de saint Benoît.**

Bernard de Clairvaux (1090-1153). Saint Bernard de Clairvaux entreprit de réformer la vie monastique et devint l'un des personnages les plus influents d'Europe. Ses écrits témoignent d'une grande intelligence doublée d'un sens mystique de la poésie de l'Écriture, comme en témoignent ses *Sermons sur le Cantique des cantiques.*

Bible. Le mot « Bible » vient d'un mot grec qui signifie « livre ». La Bible est une véritable bibliothèque de différents livres à teneur historique, prophétique, juridique et poétique. Au corpus biblique juif, les chrétiens ont ajouté les quatre Évangiles, les Actes des Apôtres, les Épîtres du Nouveau Testament ainsi que l'Apocalypse. Voir **Écritures ; Évangiles ; Nouveau Testament.**

Catophatique. Approche de la théologie et de l'écriture mystique complémentaire de l'approche apophatique. Elle est fondée sur ce qui peut être dit de Dieu, mais toujours par analogie. Les mots se rapportant à Dieu ont un sens différent des mêmes mots employés dans la vie quotidienne. Voir **Apophatique.**

Cène. La Cène, ou dernier repas de Jésus avec ses disciples la veille de sa mort, est liée au repas juif rituel de la Pâque que Jésus a ainsi tenu à célébrer et à s'approprier de manière nouvelle. Les chrétiens la commémorent spécialement le Jeudi Saint avant Pâques. Avant de manger avec eux Jésus leur lava les pieds et les pressa de rester unis par l'amitié et non par des liens de pouvoir. Ce repas est revécu chaque jour ou occasionnellement (selon les diverses traditions chrétiennes) dans l'eucharistie où le pain et le vin acquièrent la réalité sacramentelle de la totalité physique et spirituelle de Jésus ressuscité. Voir **Apôtres ; Cène ; Corps ressuscité de Jésus ; Eucharistie.**

Le Chemin. Le Chemin (*hodos* en grec) qualifie Jésus en tant que passage ou pont entre l'humanité et Dieu. Le terme désigne également le mode de vie qui découle de cette croyance. Les premiers chrétiens étaient connus sous le nom d'adeptes du Chemin, et leurs premières communautés comme la voie nouvelle ou le « chemin neuf ».

Christ. Jésus Christ est en réalité Jésus *le* Christ. Ce terme d'origine grecque signifie « l'Oint » (du Seigneur) et traduit l'hébreu *messiah*. À l'origine, c'était un titre à connotation royale, mais il devint un nom appliqué à Jésus de Nazareth du fait qu'aux yeux des disciples, il avait réalisé dans sa personne l'attente juive du Messie ou Sauveur d'Israël : une figure universalisée dans la notion chrétienne plus tardive de Christ cosmique. L'appellation de « chrétiens » pour désigner les adeptes de Jésus apparaît pour la première fois à Antioche au premier siècle. Voir **Fils ; Incarnation ; Jésus ; Logos.**

Cicéron (106-43 av J.-C.). Cicéron est l'auteur du traité *De Amicitia* (L'Amitié), une œuvre qui résume la pensée classique sur le sujet de l'amitié et qui a grandement influencé les auteurs chrétiens ultérieurs, en particulier saint Aelred de Rievaulx et saint Augustin. Voir **Aelred de Rievaulx ; Augustin d'Hippone.**

Contemplation. D'après Thomas d'Aquin, la contemplation est « la simple jouissance de la vérité ». Les nombreuses écoles de spiritualité chrétienne proposent des voies complémentaires d'approfondissement de cette jouissance. On peut la comprendre comme un mouvement dépassant la pensée et la représentation imagée pour atteindre l'union et l'amour.

Corps ressuscité de Jésus. Le corps ressuscité de Jésus n'est pas, selon saint Paul, l'ancien corps physique de Jésus mais un « corps spirituel ». Il est donc libre de toute contrainte matérielle et mentale, et modifié, non abandonné, après la mort. Quoique ayant une existence propre, la forme corporelle nouvelle ou glorifiée de Jésus agit et se manifeste dans d'autres dimensions : par exemple, en tant que présence du Christ dans l'eucharistie sous la forme du pain et du vin ; en tant qu'un avec ses disciples, ce qui nous permet de dire que l'Église est le Corps du Christ ; et aussi en tant que coextensible à l'univers matériel dont la Création a été réalisée par la seconde personne de la Trinité, incarnée en Jésus. Voir **Christ ; Esprit Saint ; Fils ; Résurrection ; Trinité.**

Créateur. La doctrine de base de l'accession à l'existence de l'univers par un acte libre de Dieu le Créateur est une donnée centrale du judéo-christianisme. Dieu, simultanément, soutient et parachève la Création dans le même acte de Création parce que le temps et l'espace sont aussi des « créatures » dans lesquelles Dieu est présent mais reste illimité. La connaissance scientifique apporte des réserves aux images utilisées pour exprimer cette doctrine (telles les images employées dans le livre de la Genèse) sans nécessairement entrer en conflit avec elles. La créativité humaine est conçue comme une participation et une réflexion dans le grand acte de la Création.

Croix. La Croix rappelle la mort de Jésus par crucifixion, un mode d'exécution capitale couramment pratiqué pour les criminels dans l'Empire romain. À la lumière de la Résurrection, la tragédie de la Croix fut comprise comme une préparation à la libération de l'énergie fortifiante et salvatrice de l'Esprit. Nombre de métaphores tentent d'expliquer la place de la Croix dans « l'économie du salut » : rédemption, sacrifice, offrande de soi, obéissance à la vérité. L'idée qu'elle aurait constitué un châtiment exigé par Dieu de son Fils pour les péchés d'Adam n'est qu'une explication parmi d'autres, qui a malgré tout, au cours des siècles, été artificiellement privilégiée dans la théologie historique de la Croix. De nos jours, on préfère les images psychologiques aux images mythologiques : la Croix représente la puissance de projection et l'effort de l'ego pour nier le Soi véritable. Si puissante que soit l'identification personnelle permise par la Croix, sa signification cosmique reste féconde mais ne devrait être envisagée qu'en relation avec la Résurrection dont dérive son importance. Voir **Résurrection ; Salut.**

Crucifixion. Voir **Croix.**

Dieu. Dieu désigne l'absolu de l'être, du sens, de la vérité et de la vie. D'après saint Jean, Dieu est amour. En termes philosophiques, selon la formulation de saint Ambroise, Dieu est plus grand que tout ce qui peut être pensé ou imaginé, et en tant que tel inexprimable et impossible à conceptualiser ou objectiver. L'ineffable mystère et l'inconnaissabilité de Dieu s'affirment paradoxalement dans le fait que, selon l'enseignement de la mystique chrétienne, l'on connaît par l'amour et non par la pensée. L'intuition chrétienne de la réalité personnelle de Dieu est la Trinité : Dieu est communion de trois « personnes » (Père, Fils et Esprit) qui sont co-égales, co-éternelles, et infiniment présentes l'une à l'autre dans l'unité. Tout ce que l'on peut dire de Dieu est une métaphore inadéquate, et si les mots et les images sont inévitables, ils présentent le danger d'être pris à la lettre. D'après saint Thomas d'Aquin, le formulateur médiéval du système théologique chrétien le plus complet, les mots dont on se sert à propos de Dieu ont un sens intrinsèquement différent des mêmes mots appliqués à l'expérience humaine. Voir aussi **Père ; Esprit Saint ; Incarnation ; Fils ; Trinité.**

Dix Commandements. Selon Exode 20, 1-17 et Deutéronome 5, 6-21, les Dix Commandements, ou Décalogue, furent révélés à Moïse sur le mont Sinaï. Quelques spécialistes les font remonter aux communautés nomades ou sédentaires d'Israël du VIIe siècle av. J.-C., mais des arguments sérieux militent aussi en faveur d'une origine plus ancienne. Les Dix Commandements constituent le noyau des systèmes éthiques de la Bible. Ils concernent à la fois la relation des hommes avec Dieu (honorer Dieu et rejeter l'idolâtrie) et les relations entre les hommes (justice sexuelle et économique). Le Décalogue est écrit à la deuxième personne (« tu »). C'est un tutoiement de Dieu envers l'homme. Ce n'est pas un catalogue de contraintes mais avant tout il s'agit d'un **dialogue** vital sur les conditions de possibilité de la vie. Voir **Moïse.**

Écritures. Toutes les religions distinguent les écritures essentielles (tels la révélation ou les enseignements du fondateur) et les écrits secondaires que constituent les commentaires des premiers. Les écritures chrétiennes essentielles sont rassemblées dans le *Nouveau Testament* mais on les considère aussi comme un accomplissement et une conclusion de la Bible juive ou *Ancien Testament*. Nul ne comprend vraiment les Évangiles sans connaître la Bible juive. Pendant des siècles, le discours mystique et théologique chrétien s'est appuyé sur les commentaires des Écritures, notamment ceux des Pères de l'Église datant des six premiers siècles du christianisme. Voir **Béatitudes ; Bible ; Évangiles ; Nouveau Testament ; Sermon sur la Montagne.**

Élie (IXe siècle av. J.-C.). Le prophète hébreu Élie maintint le culte de Yahvé face à la montée des cultes païens en Israël. Il dénonça l'injustice sociale et exhorta au renouveau intérieur. À l'époque de Jésus, on croyait généralement que son retour préluderait à la libération d'Israël. Jésus fut parfois identifié au second Élie. (Voir les études sur Élie aux Éditions Bellefontaine, diffusion Brepols.)

Enfer et enfers. L'enfer est à la fois le séjour des morts hérité du judaïsme et le lieu du châtiment, hérité des Grecs. Dans la pensée chrétienne, la douleur de l'enfer, symbolisée par le feu, est d'être séparé de Dieu. Le Credo stipule que le Christ est « descendu aux enfers », ce que l'on interprète à la fois comme l'accession des générations précédentes à la Résurrection et comme le salut ultime de toutes les âmes. Cela signifie aussi qu'il n'y a pas de douleur, de détresse ni de souffrance humaines que le Christ ne prenne en compassion et ne puisse remonter dans la consolation.

Esprit Saint. L'Esprit Saint, ou troisième personne de la Trinité qui représente la vision chrétienne de la réalité personnelle de Dieu, est le défenseur ou conseiller que Jésus promit d'envoyer au monde après sa mort et sa résurrection. L'Esprit (auquel on attribue fréquemment des caractères féminins) est présent dans la pensée biblique depuis la création où il plane sur les eaux du chaos d'avant la création. Il se manifeste lors du baptême de Jésus et lui donne la force d'accomplir son ministère public. Saint Jean nous montre Jésus insufflant l'Esprit dans ses disciples après la Résurrection. L'Esprit est également assimilable à l'esprit personnel de Jésus en vertu de sa propre identité de deuxième personne de la Trinité. L'Esprit procède du Père et peut donc être compris comme l'amour de Dieu ou l'esprit non duel de l'unicité divine présent, sans forme, dans toutes les formes d'existence. Voir aussi **Baptême ; Christ ; Père ; Dieu ; Trinité.**

Eucharistie. L'eucharistie, ou messe (au sens littéral « action de grâce ») est l'adaptation chrétienne de la Pâque juive telle qu'elle fut célébrée par Jésus lors du Dernier Repas (Cène). L'eucharistie est célébrée diversement selon les traditions chrétiennes, avec des théologies sous-jacentes variées ; néanmoins, toutes se rejoignent dans l'idée du « ressouvenir » du lien du Christ avec toutes les générations. La foi catholique affirme une « présence réelle » du Christ dans le pain et le vin de même que dans la foi des participants. La Sainte Communion est l'accueil rituel par les participants de la communion avec le Christ en mangeant et en buvant le pain et le vin consacrés. Voir **Cène ; Corps ressuscité de Jésus ; Résurrection ; Sacrement.**

Évangiles. Les Évangiles sont les quatre livres canoniques essentiels de Matthieu, Marc, Luc et Jean. Il existe plusieurs autres « évangiles apocryphes », et un grand nombre a disparu. Les quatre grands Évangiles s'accordent sur les points essentiels de la vie et de l'enseignement de Jésus de Nazareth et les présentent à la lumière de l'expérience de la Résurrection. Mais, ayant été écrit pour un public différent, chaque évangile se distingue des autres par des accents et une couleur interprétative particulière. Voir **Béatitudes ; Bible ; Nouveau Testament ; Écritures ; Sermon sur la Montagne.**

Évangélistes. Le terme « évangéliste » est généralement appliqué aux auteurs des quatre Évangiles canoniques. Le mot dérive du terme grec signifiant « bonne nouvelle ».

Fils. Le terme Fils caractérise la relation de la deuxième personne avec la première de la Trinité en ce sens que le Fils procède éternellement du Père, source de l'être. Identifié dans la pensée grecque avec le *Logos* universel, le Fils peut être comparé au *purusha* de la théologie hindoue. Le Fils est le principe de la Création et le moyen de toute connaissance de la Vérité ; dans le monde matériel et temporel, il s'est incarné en Jésus. Voir **Christ ; Dieu ; Esprit Saint ; Incarnation ; Jésus ; Logos ; Père ; Trinité.**

Foi. La foi est comprise comme un moyen de voir ce que l'esprit et l'œil physique ne perçoivent pas. Elle est la capacité de perception transcendante de chaque individu. C'est une attitude de confiance.

Grâce. La grâce est l'énergie perceptible mais supra-conceptuelle de l'amour et de la créativité divine dans chaque atome de la Création et chaque mouvement de la conscience humaine, s'exerçant dans et par la nature et non contre elle. La grâce est l'assistance directe donnée par Dieu aux êtres humains en vue de leur libération et de leur salut, dans les moyens et les circonstances de cette vie. Depuis Augustin, les théologiens se sont efforcés de définir son sens et sa relation avec le libre arbitre. Les catholiques, notamment, considèrent les sacrements comme des moyens de recevoir la grâce, mais les interprétations divergent sur les modalités de cette descente de la grâce et sur ce qui est requis de la personne célébrant le sacrement. Voir **Sacrement.**

Grégoire de Nysse (vers 330-395). Saint Grégoire de Nysse, frère de saint Basile et contemporain de saint Augustin, fut un des pères mystiques de la Cappadoce. Il fit preuve d'une grande originalité dans son enseignement sur la Trinité, l'incarnation et d'autres articles essentiels de la foi chrétienne, en les reliant à la vie intérieure de prière et aux sens mystiques de l'Écriture.

Grégoire le Grand (vers 540-604). Saint Grégoire le Grand vécut d'abord dans la richesse, à Rome, avant de donner ses biens aux pauvres et de fonder plusieurs monastères dont celui auquel il appartint. Il devint pape en 590 et stabilisa la position de l'Église à une époque très troublée. Il envoya saint Augustin de Canterbury et d'autres moines évangéliser l'Angleterre. Il eut des propos émouvants sur la difficulté de réconcilier la vie spirituelle avec les charges d'un administrateur, et montra une grande sympathie pour la vie monastique qu'il encouragea en recommandant la *Règle de saint Benoît* comme ligne de conduite privilégiée en Occident. Écrivain prolifique, il rassembla dans ses *Dialogues* les sources légendaires de la vie et des miracles de saint Benoît, à l'évidence plus précieuses pour l'éclairage qu'elles donnent sur la théologie et la spiritualité du saint que pour la connaissance des événements de sa vie. Voir aussi **Benoît de Nursie ; Règle de saint Benoît.**

Griffiths, révérend père Bede (1906-1992). D'origine anglaise, le père Griffiths est l'auteur, entre autres ouvrages, de *The Golden String, The Marriage of East and West.* Depuis l'ashram chrétien qu'il fonda en Inde et où il passa les quarante dernières années de sa vie, il fut un précurseur du dialogue Orient-Occident. Bede Griffiths rencontra le Dalaï-lama pour la dernière fois en avril 1992 en Australie.

Incarnation. En tant que source, guide, et fin de tout ce qui existe, Dieu s'exprime dans toutes les formes de réalité. L'Incarnation, dans la foi chrétienne, est le fait pour le Fils éternel de Dieu, seconde personne de la Trinité, d'assumer la nature et la conscience humaines dans leurs dimensions physique et psychologique. À un moment précis de l'histoire, la nature humaine et la substance divine furent unies dans un seul être humain. La signification, la finalité et les conséquences de cet événement unique ont radicalement transformé la compréhension que l'homme a de lui-même et du sens de l'histoire. Dès le début de la réflexion sur l'Incarnation, la théologie chrétienne affirma que Dieu s'était fait homme pour que l'homme puisse devenir Dieu. Le caractère unique de la révélation de Dieu par lui-même dans l'Incarnation affecte le sens mais ne diminue pas la valeur des autres moyens d'expérimenter la vérité absolue, ou des autres religions par lesquelles le mystère de Dieu se fait connaître. Voir **Christ ; Jésus ; Logos ; Fils.**

Instruments des bonnes œuvres. Dans le chapitre quatre de sa *Règle,* saint Benoît dresse la liste de soixante-quatorze « instruments » des bonnes œuvres allant de « ne point aimer à parler beaucoup » à « prier pour ses ennemis dans l'amour du Christ ». Il les appelle les « instruments de l'art spirituel » qu'il faut employer jour et nuit sans relâche, le monastère étant « l'atelier » où ces tâches sont accomplies. En tant que moyen pratique et simple de parvenir à la cohérence entre l'idéal et la pratique dans la vie quotidienne, les instruments des bonnes œuvres de Benoît sont à comparer au concept bouddhique des moyens habiles. Voir **Benoît de Nursie ; Règle de saint Benoît.**

Inverbation. Ce terme décrit le processus par lequel les mots sacrés de l'Écriture se transforment par une lecture et une réflexion profondes en une part vivante du lecteur. Elle exige que le lecteur soit saturé des paroles de l'Écriture au point que penser et sentir dans leurs domaines de signification devienne un processus inconscient.

Jérusalem. Jérusalem fut probablement habitée dès 3000 av. J.-C. Son histoire chrétienne est centrée sur la crucifixion et la résurrection de Jésus survenues approximativement en l'an 33. Elle renferme des lieux sacrés juifs, chrétiens et musulmans et constitue donc, à notre époque, un symbole très puissant de convergence interreligieuse.

Jésus. Selon l'usage chrétien, le nom de *Jésus* renvoie à la nature humaine accessible et bienveillante de Jésus de Nazareth. *Christ,* le titre qu'il reçut dans sa vie ressuscitée, élève notre compréhension à son identité divine. Selon la foi chrétienne, il fut et il reste pleinement humain *et* pleinement divin, et non moitié humain et moitié divin. Dans l'équilibre et l'intégration des identités humaine et divine de Jésus se fonde la tension créative de toute la pensée chrétienne. Les théologies et même les divers types de vie chrétienne expriment l'importance relative accordée à cet équilibre.

La variété des noms par lesquels Jésus peut être désigné dans le christianisme dérive de la doctrine de l'union dans sa personne humaine unique des deux réalités distinctes de l'humanité et de Dieu. Pour les hommes, il est donc à la fois Seigneur et Frère. Pour se désigner, Jésus employait des images simples. En se dénommant Fils de l'Homme, il ne disait guère plus qu'« une personne ». Il est inconcevable qu'il se soit dit « Dieu » bien qu'il semble avoir été plongé dans une expérience d'union avec Dieu que, par intimité, il appelait son « Père ». Lui-même se désigne comme un berger, une porte, un chemin, la lumière, le pain de vie, un cep, etc. Au cours du dernier repas, il déclara à ses disciples : « Je ne vous appelle plus serviteurs, parce que le serviteur ignore ce que fait son maître ; je viens de vous appeler amis, parce que je vous ai fait connaître tout ce que j'ai appris de mon Père » (Jean 15, 15). Voir aussi **Cène ; Christ ; Fils ; Incarnation ; Logos ; Père ; Trinité.**

Jean. Saint Jean, le quatrième évangéliste, à qui l'on attribue également trois épîtres du Nouveau Testament et l'Apocalypse, appartenait au groupe des disciples rapprochés de Jésus, présent avec Jacques, son frère, et Pierre, lors des moments importants tels que la Transfiguration ou l'Agonie. La tradition l'identifie au « disciple que Jésus aimait » qui s'inclina sur la poitrine de Jésus pendant la Cène. Son Évangile est remarquable par le symbolisme intense de sa présentation de la vie de Jésus, son sens de la puissance de Jésus, et la description de ses émotions et réactions humaines.

Jugement. Traduction du mot grec signifiant « crise ». Jésus a dit qu'il n'était pas venu pour juger le monde mais pour le sauver. Dieu ne punit pas ; le péché renferme son propre jugement et châtiment. Quand les êtres humains se pardonnent les uns les autres, la vie divine se manifeste. Voir **Péché ; Pénitence.**

Lectio divina. On désigne ainsi la pratique monastique de la lecture lente, méditative de l'Écriture qui nourrit l'esprit et le cœur et prépare le lecteur aux stades plus profonds de la prière. Voir **Écritures.**

Logos. Le *logos,* terme qui signifie « parole », « verbe » ou « raison » en grec, est un vieux mot du vocabulaire philosophique grec que les chrétiens emploient quand ils se réfèrent à la deuxième personne de la Trinité. Saint Jean est le premier à en faire un usage remarquable dans son Évangile : « Au commencement était le Verbe » (Jean 1, 1). Il définit le *Logos* comme le principe créateur éternel qui s'est incarné en Jésus de Nazareth. Par la suite, les penseurs chrétiens comme Clément d'Alexandrie ont vu dans la relation du *Logos* avec le Fils le moyen de rendre le christianisme compatible avec les systèmes de croyance non chrétiens. Voir **Christ ; Fils ; Incarnation ; Parole de Dieu ; Trinité.**

Luc. Saint Luc, d'après une tradition très ancienne, était un médecin d'origine païenne. Il fut le compagnon de saint Paul dans certains de ses voyages missionnaires. Son Évangile est le troisième des quatre et pourrait dater d'avant 64. Luc affirme avoir enquêté auprès des témoins oculaires, mais son Évangile s'inspire fortement de celui de Marc et d'une autre source commune que les exégètes appellent « source Q ». Luc souligne l'universalité du sens de la vie de Jésus et insiste sur la valeur des déshérités et des marginaux que la société rejette. En outre, il mentionne les femmes présentes dans la vie et le ministère de Jésus, avec une fréquence et un respect inhabituels.

Maître Eckhart (1260-1327). Maître Eckhart était un dominicain allemand célèbre pour sa prédication sur l'intuition mystique. Accusé d'hérésie, il mourut pendant son procès. Il enseignait l'« unicité » de Dieu dans la tradition platonicienne, qu'il reliait audacieusement à la Trinité chrétienne. D'après Eckhart, Dieu se « reproduit » dans la deuxième personne de la Trinité et dans chaque homme.

Marc. Saint Marc accompagna Paul dans ses voyages missionnaires et se trouva plus tard à Rome en même temps que saint Pierre qui, selon la tradition, lui aurait transmis la matière de son Évangile. Il fut probablement l'une des sources des Évangiles de Matthieu et de Luc. Écrit en grec, il est du point de vue littéraire le plus court et le moins élégant des quatre. Se présentant sous la forme d'un récit continu de la vie de Jésus, il est néanmoins l'un des textes favoris des lectures et des mises en scène devant un public.

Marie-Madeleine. Figure de l'Évangile et disciple de Jésus dont la légende s'est emparée, Marie-Madeleine, originaire de Magdala au bord du lac Tibériade, fut dès les premiers temps identifiée par la croyance populaire à la « pécheresse » qui oignit les pieds de Jésus (Luc 7, 37) et à la femme dont il expulsa sept démons (Luc 8, 20). Elle se trouvait au pied de la Croix avec Marie, la mère de Jésus. Plus tard, elle trouva le tombeau vide et reçut la première l'apparition de Jésus ressuscité, et le même jour fut la première personne à reconnaître le Ressuscité.

Matthieu. Saint Matthieu fut l'un des douze apôtres. L'Évangile qui porte son nom lui est attribué par une tradition qui remonte au IIe siècle. Cependant, comme toujours en matière d'attribution et de datation des Évangiles, rien n'est certain. En Matthieu 10, 3, il est présenté comme collecteur d'impôt (« publicain »). L'Évangile de Matthieu, anciennement considéré comme le premier en date, accentue le lien de l'enseignement de Jésus avec la Loi juive qu'il « accomplit », et souligne la primauté de Pierre au sein des Douze.

Merton, Thomas (1915-1968). Merton fut un moine trappiste, poète et écrivain. Le succès de son autobiographie, *The Seven Storey Mountain* (1948), l'imposa comme voix contemplative adaptée au monde moderne. Son évolution personnelle le conduisit sur la voie du dialogue avec l'Orient et à s'opposer vigoureusement à la guerre du Viêt-nam. Il se retira dans un ermitage du monastère de Gethsémani dans le Kentucky où il écrivit sur la prière, la paix et la justice sociale. Il mourut lors d'une rencontre de contemplatifs asiatiques à Bangkok.

Moïse. Moïse fut le grand fondateur du judaïsme et l'intermédiaire entre Dieu et le peuple pour instituer la Loi d'Israël. Né en Égypte au temps de l'esclavage des Israélites, il reçut de Dieu la mission de conduire son peuple vers la Terre promise. Il l'aperçut de loin après quarante ans d'errance dans le désert, mais il mourut à Moab avant d'y entrer. La tradition voit en Moïse l'auteur du Pentateuque (les cinq premiers livres de la Bible). Dans la pensée chrétienne Moïse symbolise la Loi qui régit les rapports d'Israël et de l'humanité avec Dieu. Moïse est aussi considéré comme un précurseur prophétique du Christ qui conduit l'humanité de l'esclavage du péché à la terre promise du Royaume de Dieu. Voir **Dix Commandements ; Royaume de Dieu.**

Nicolas de Cues (1401-1464). Cardinal philosophe allemand. Dans son ouvrage majeur, *De Doctora Ignorantia,* il défend l'idée que la vérité qui est absolument simple, est inconnaissable par l'intelligence humaine sauf par le « non-savoir » et que la vérité, par conséquent, conduit au-delà de la raison. En Dieu, toutes contradictions se résolvent : ni un ni deux mais trois, infiniment petit et grand ici et partout.

Nouveau Testament. Les Évangiles et les épîtres (lettres) du Nouveau Testament constituent les deux principaux éléments des écritures chrétiennes fondamentales. S'y ajoutent les Actes des Apôtres (de Luc) et l'Apocalypse (de Jean). Les Évangiles sont des récits de la vie et de l'enseignement de Jésus à la lumière de l'expérience communautaire du Ressuscité. Les épîtres de Paul, Jean, Pierre, Jacques et l'épître aux Hébreux présentent la théologie chrétienne essentielle sous forme de lettres d'exhortation ou de correction adressées aux premières églises, entre autres celles de Corinthe, Rome et Éphèse. Voir **Bible ; Évangiles.**

Origène (vers 185-254). Origène fut un disciple du grand Clément d'Alexandrie. Malgré les troubles politiques auxquels il fut mêlé, il écrivit abondamment sur la critique biblique et les questions spirituelles telles que la prière. En définissant les trois niveaux de sens des écritures (littéral, moral et allégorique) il fournit une clef de lecture aux générations futures de chrétiens pour qui bien souvent la lecture de la Bible était elle-même une rencontre mystique. Sur le plan philosophique, il faisait preuve d'audace et affirmait qu'à la fin des temps toutes les créatures, le diable y compris, seraient sauvées par l'amour de Dieu (apocatastase).

Pape Jean-Paul II. D'origine polonaise, Sa Sainteté le pape Jean-Paul II est le chef de l'Église catholique et l'évêque de Rome (fonction attachée au titre depuis saint Pierre, le premier pape) depuis 1978. Sa papauté se caractérise par un attachement passionné à la justice sociale d'une part et aux valeurs catholiques traditionnelles en matière de hiérarchie, de dogme et de morale, d'autre part.

Paradis. Le paradis est la demeure de Dieu et de ceux qui ont été purifiés. Dans la vision biblique du monde, on se représente le paradis au-dessus du ciel terrestre, mais son sens profond est non spatial. Être en paradis veut dire vivre en Dieu définitivement. L'entrée de l'homme au paradis peut être comprise comme un processus graduel ; la création dans son entier sera intégrée à la fin des temps dans le paradis du Créateur.

Parole de Dieu. (*Davar* en hébreu.) La Parole de Dieu est un concept biblique central exprimant la communication de Dieu par lui-même qui se produit toujours par le don de la vie, la régénération, la guérison, et le *Logos* créateur. Dans la croyance chrétienne, Jésus est l'incarnation humaine de cette Parole-action de Dieu qui a opéré la Création. Voir **Bible ; Écritures ; Lectio divina ; Logos.**

Paul. Saint Paul, dont le premier nom fut Saül de Tarse, vécut une conversion au Christ sur la route de Damas alors que, haut responsable pharisien, il persécutait la jeune mouvance chrétienne au sein du judaïsme. Ayant seulement rencontré le Ressuscité, et non le Jésus historique, Paul devint l'« apôtre des gentils » (les non-Juifs) et parcourut sans relâche le monde méditerranéen jusqu'à son martyre à Rome, vers l'an 65. Il est sans doute la personnalité la plus marquante de toute l'histoire du christianisme après Jésus. Dans ses lettres (rassemblées dans le Nouveau Testament) il posa les fondements de la future théologie chrétienne. Au centre de sa vision du Christ figure la doctrine de l'Esprit qui l'habite et du Christ cosmique ; dans l'Esprit, nous sommes radicalement libres à l'égard des contraintes extérieures (religieuses) et intérieures (psychologiques).

L'épître de Paul aux Éphésiens fut écrite pendant qu'il était en prison. Elle se distingue par ses considérations sur le sens mystique et cosmique du Christ, et par des instructions pratiques pour la vie quotidienne de la jeune communauté.

Péché. Littéralement, en grec, le mot signifie « manquer la cible » ; le péché est ce qui détourne la conscience humaine de la vérité. Conséquence de l'illusion et de l'égoïsme, le péché renferme son propre châtiment (Dieu ne punit pas), mais ses origines sont à la fois personnelles et sociales. L'analyse du concept de péché soulève la question du libre arbitre, comme dans le cas de dépendance à des drogues, et oblige les théologiens moraux d'aujourd'hui à développer un nouveau langage faisant apparaître que l'expérience du péché est partagée par tous, bien qu'il soit compris très diversement. À la lumière de la psychologie moderne, les théologiens d'aujourd'hui, plus que par le passé, commencent à reconnaître le rôle de l'inconscient dans le péché. Le péché n'est pas la culpabilité ; c'est une atteinte à l'ordre de Dieu. Voir aussi **Jugement ; Péché originel ; Pénitence ; Rédemption ; Salut.**

Péché originel. Le péché originel n'a jamais été mieux décrit ni présenté dans un mythe plus universel que la chute d'Adam et Ève (Genèse 2). Il n'est plus possible de croire comme autrefois à la vérité historique du récit. Mais, comme tous les mythes, il contribue à expliquer l'état présent du monde. L'inhumanité de l'homme, le manque de liberté et l'impossibilité de réaliser son potentiel sont autant de symptômes de cette « faute » dans la nature humaine pour laquelle il ne convient pas de blâmer *une* personne. On a voulu voir dans le mythe une illustration du développement psychologique personnel (le passage de l'état indifférencié de l'enfance à l'âge adulte). Dans un sens plus social, les conséquences d'un « péché originel », telles que des violences sur enfants ou la haine raciale, expliquent l'interdépendance des générations. Dans le contexte de l'histoire biblique de la Création et de la Rédemption, l'idée de péché originel est un diagnostic fondamentalement optimiste sur la faiblesse et la maladie humaine. Voir **Jugement ; Péché ; Pénitence.**

Pénitence. La pénitence est la discipline purificatrice de la connaissance de soi par laquelle nous reconnaissons nos fautes, nous apportons réparation à ceux qui ont été offensés, et nous formons la résolution d'éviter définitivement ces fautes et l'égotisme qui les engendre. Voir **Jugement ; Péché.**

Père. Le Père, première personne de la Trinité, est souvent décrit comme l'aspect inconnaissable et infiniment transcendant de Dieu, « ... qui habite une lumière inaccessible, que nul homme n'a vu ni ne peut voir », comme il est dit dans la première épître à Timothée (6, 16). Le Fils est l'« image » du Père ; aussi, dans l'Évangile, Jésus peut dire que lui et le Père sont un (Jean 10, 30) et que celui qui l'a vraiment vu a vu le Père (Jean 14, 9). Le terme « Père » reflète le caractère patriarcal du monde antique. De nos jours, les théologiens féministes, entre autres, soulignent sa nature métaphorique. Voir aussi **Dieu ; Esprit Saint ; Incarnation ; Fils ; Trinité.**

Pères du désert. Le terme désigne les fondateurs du monachisme chrétien qui s'installèrent dans le désert égyptien, d'abord comme ermites puis en communauté, aux IVe et Ve siècles. Jean Cassien (360-435) introduisit leur enseignement en Occident depuis son monastère de Marseille. La lecture des *Conférences* de Cassien, suivant la recommandation de saint Benoît dans sa *Règle,* était à la base de la formation spirituelle des moines.

Pharisiens. Les pharisiens étaient l'un des quelques groupes de Juifs actifs en Israël à l'époque de Jésus. En hébreu, leur nom signifie « les séparés ». Ils étaient passés maîtres dans les interprétations légalistes de la Loi qui autorisaient les compromis sans préjudice pour la vertu. Jésus, bien qu'il fût proche d'eux, les combattit et s'en fit des ennemis. Les pharisiens semblent disparaître après la chute de Jérusalem en 70.

Pierre. Saint Pierre est le chef des apôtres du Christ. Son nom lui fut donné par Jésus en annonçant qu'il bâtirait son Église sur cette « pierre ». Malgré cela, on nous montre l'apôtre reniant et abandonnant le Christ pendant le procès, une faute pour laquelle il se repentit amèrement par la suite. Après l'Ascension, Pierre prit la direction du groupe des apôtres et parla en leur nom. Il fut exécuté à Rome en 64 lors de la persécution des chrétiens sous Néron. L'archéologie est venue étayer la tradition selon laquelle la basilique Saint-Pierre à Rome fut construite sur sa tombe.

Praktike. Terme grec de la théologie mystique chrétienne utilisé par les pères du désert pour décrire le travail pratique et la discipline que le disciple engagé sur la voie du dépassement de soi se doit d'accomplir et de suivre. C'est une condition préalable essentielle si l'on veut enseigner la vie spirituelle.

Présence. Le mot hébreu désignant la gloire éternelle de Dieu, *shekhinah,* évoque la présence qui embrasse tout, perceptible dans certaines formes d'expériences et de rencontres humaines.

Rédemption. Libération, grâce à l'amour, de la force égocentrique du péché et de l'isolement. Voir **Péché ; Pénitence.**

Règle de saint Benoît. Rédigée par saint Benoît de Nursie (mort vers 580), la *Règle de saint Benoît* destinée aux moines a été pendant plusieurs siècles l'écrit le plus influent sur la vie chrétienne après la Bible. Elle organise la vie monastique de manière saine, équilibrée et modérée, en tenant compte des besoins du corps, de l'intellect et de l'âme, en équilibrant les facteurs individuels et sociaux et en mettant l'accent sur l'amour en tant que puissance créative et facteur de cohésion dans les relations personnelles et institutionnelles. Elle continue d'inspirer des hommes et des femmes de tous les milieux. Voir **Benoît de Nursie.**

Résurrection. La résurrection est le principe de régénération à travers et au-delà de la mort. En tant que tel, il est illustré dans les cycles de la nature et dans le cycle pascal de la mort et de la résurrection de Jésus. Spécifiquement, la Résurrection est l'élévation totale de Jésus à la vie illimitée, le troisième jour après la Crucifixion. C'est le fondement de la foi chrétienne et le noyau de la première prédication de l'Évangile de Jésus, bien que les auteurs des Évangiles divergent dans le détail de leurs récits. Le mode de connaissance de la personne de Jésus ressuscité n'est « plus celui de la chair » ; cette connaissance se réalise dans l'Esprit. La résurrection est l'expérience centrale de la vie et de la foi chrétienne parce qu'elle anticipe le destin de chaque être humain qui est de jouir de la plénitude de l'être dans la vie de la divinité. Voir **Corps ressuscité de Jésus ; Croix ; Vie éternelle.**

Royaume de Dieu. Le royaume, ou règne, de Dieu est la traduction du mot grec *basileia.* Son origine remonte à la notion juive de la puissance de Dieu dans les cieux, qui n'est pas toujours visible sur terre. Jésus insista sur la vie intérieure requise pour « entrer dans le royaume ». Le Royaume est donc à la fois en nous et parmi nous (Luc 17, 21). Le terme revêt aussi un sens social et eschatologique lié à ses sens plus mystiques. Dans le Royaume, les êtres humains sont égaux et la justice prévaut. C'est aussi une rencontre avec la condition mortelle de l'homme.

Sacrement. Dans son sens général, un sacrement est un signe sensible et opératoire de la grâce efficace dans la nature. Spécifiquement, c'est un des sept rites principaux, dont un certain nombre correspondent aux grands rites de passage, au moyen desquels les chrétiens reçoivent la vie même de Dieu. Voir **Grâce.**

Sainte communion. Voir **Eucharistie.**

Salut. Telle que l'envisagent les chrétiens, la nature humaine, blessée et incomplète, est guérie (*sauvée*) et accomplie par son union avec la vie divino-humaine de Jésus, et est rendue capable par cette union d'entrer pleinement dans la vie divine. Ainsi, la blessure de la séparation est guérie par la puissance de l'amour divin unificateur. Voir **Amour ; Christ ; Jésus.**

Satan. Satan est l'incarnation et la personnification du mal dans la pensée judéo-chrétienne. Dans le mythe de la chute, le serpent est vu comme le démon, et dans le traitement philosophique de la souffrance, sujet du Livre de Job, le personnage apparaît également explicitement. Jusqu'à l'époque moderne, on a beaucoup spéculé sur la nature du péché qui causa la chute de Lucifer de l'ordre angélique le plus élevé. L'interprétation contemporaine est moins encline à l'extériorisation et à la projection du mal hors de la sphère de la responsabilité humaine bien que cette approche ne nie pas la possibilité de forces autonomes à l'intérieur de la psyché et du cosmos. Voir **Péché ; Péché originel ; Rédemption ; Salut.**

Sermon sur la Montagne. C'est l'enseignement spirituel sur le Royaume de Dieu et la voie qu'il convient de suivre pour le réaliser, ou y entrer. Jésus prononça ce sermon au début de son ministère public. Il est retranscrit avec de légères variantes par deux des évangélistes.

Saint Luc le situe sur un endroit plat plutôt qu'au sommet d'une montagne. Jésus y expose l'éthique chrétienne fondée sur l'expérience du Royaume ; il comprend les *Béatitudes* et la *Prière du Seigneur.* Matthieu en donne une version particulièrement développée (chapitres 5 à 7). Voir **Béatitudes ; Écritures ; Évangiles ; Nouveau Testament ; Royaume de Dieu.**

Transfiguration. La Transfiguration est l'événement décrit comme un fait historique dans les trois Évangiles synoptiques (Matthieu, Marc et Luc). En présence de trois de ses plus proches disciples, Jésus fut illuminé physiquement et glorifié sous leurs yeux, et il apparut entouré de Moïse et d'Élie. C'est à cette occasion que Jésus annonça à ses disciples l'épreuve imminente de sa mort. L'événement est commémoré chaque année le 6 août, lors d'une fête majeure de l'Église catholique. Voir **Moïse** et **Élie.**

Trinité. La Trinité exprime la perception chrétienne de la vie de Dieu, non comme une monade isolée mais comme une communion d'amour vécue dans le mystère de *trois personnes* (Père, Fils et Esprit Saint) qui partagent une même substance et en qui toute existence « possède le mouvement, l'être et la vie ». Voir aussi **Christ ; Dieu ; Esprit Saint ; Fils ; Incarnation ; Jésus ; Logos ; Père.**

Vie éternelle. Selon la doctrine chrétienne, la vie éternelle n'est pas un écoulement infini et ennuyeux du temps, mais le présent intemporel qui préexiste à la création de toute dualité, même la dualité du commencement et de la fin.

Vierge Marie. Marie, la mère de Jésus, a fait l'objet d'une attention extrême de la part des adeptes de Jésus, dès l'époque de l'Évangile. À partir du Ve siècle, la doctrine de sa virginité perpétuelle souligna l'identité unique de Jésus. Son titre de « Mère de Dieu » et la doctrine plus tardive de son Assomption corporelle et de sa nature immaculée illustrent la valeur théologique et syrnbolique qu'elle avait acquise, surtout dans le catholicisme et l'orthodoxie. L'Église catholique a souvent dû mettre un frein à la dévotion mariale, mais chaque génération lui donne un nouveau visage. Voir **Jésus.**

LE CONTEXTE BOUDDHISTE

Thupten Jinpa : Ce séminaire sur les Évangiles fut pour moi une expérience profondément émouvante. Il me suffit d'y penser pour retrouver l'atmosphère de sérénité vibrante qui l'imprégna tout entier. Avec le recul, j'ai l'impression qu'un esprit invisible m'a guidé tout au long de ces journées. La clarté d'esprit et le partage spirituel avec tous ceux qui étaient présents sont marqués dans ma mémoire à tout jamais. Mon implication personnelle en tant que traducteur du Dalaï-lama fit de cette rencontre une expérience encore plus enrichissante. Je me demande si la communication spontanée et chaleureuse entre le Dalaï-lama et le père Laurence Freeman, les deux personnages clefs de cette rencontre, n'a pas imprégné le séminaire tout entier. À moins que ce ne soit la solennité même de cet événement remarquable…

En effet, ce dialogue fut d'une importance historique. C'est sans doute la toute première fois que le chef spirituel d'une grande religion non chrétienne présente et commente les Évangiles en public. Entendre le Dalaï-lama prononcer ces mots sacrés fut bouleversant. La juxtaposition entre une voix au timbre si familier et les mots et images d'un texte sacré mais non tibétain offrit à la congrégation une expérience totalement nouvelle. De nombreux participants ont ressenti l'authentique portée spirituelle de ces journées. En de telles occasions, chacun trouve la force de transcender les perceptions ordinaires et séparatistes. En effet, dès que l'on dépasse les contraintes de la pensée rationnelle et cognitive, tout concept d'« isme » s'efface. Peu importe le nom que l'on donne à cette expérience, peu importe qu'on la nomme transcendance, éveil spirituel ou expérience religieuse. L'essentiel, c'est que toutes les grandes religions possèdent des enseignements sacrés capables de nous conduire à cette même profondeur spirituelle.

Voilà les sentiments qui surgissent en moi au moment d'écrire une courte présentation du bouddhisme pour accompagner ce très beau livre. Je voudrais offrir une perspective assez large de la voie bouddhiste, pour que le lecteur peu averti puisse apprécier les commentaires du Dalaï-lama dans un contexte plus complet. Dans un certain sens, une telle introduction paraît superflue, car le titre même du séminaire, « Entretiens sur l'ouverture du cœur », exprime déjà l'essence du message bouddhiste. Quand on demande au Dalaï-lama de résumer l'enseignement bouddhiste, il répond avec simplicité : « Aidez autrui si vous le pouvez ; si vous ne le pouvez pas, évitez au moins de nuire à qui que ce soit. » Cet enseignement est le cœur de la voie bouddhiste. À ce niveau-là, il n'y a aucune différence fondamentale entre les enseignements du Christ et ceux du Bouddha. Servir autrui par amour et compassion, voilà le chemin du salut. Les deux enseignements présentent aussi un moyen de dépasser les limitations étroites d'une existence égocentrique. Tous deux reconnaissent que chacun de nous possède la graine de l'éveil spirituel. Et pourtant, les qualités spécifiques de chaque voie méritent d'être connues et appréciées, ne serait-ce par exemple que la terminologie, l'imagerie et les conditions culturelles et historiques sous-jacentes. Il ne faut pas que la diversité nous éloigne de l'essentiel, ni que les ressemblances effacent les traits distinctifs. L'approche du Dalaï-lama à l'égard des Évangiles, avec sa pleine acceptation de ce double aspect, est remarquable. Afin de mieux cerner les traits marquants du commentaire du Dalaï-lama, essayons d'identifier les caractéristiques qui définissent son monde spirituel – le monde du bouddhisme tibétain.

Le Bouddha et ses enseignements

La religion et la vie spirituelle du Dalaï-lama sont profondément enracinées dans les premiers enseignements du Bouddha et les transformations qu'y apportèrent vingt-cinq siècles d'histoire. L'entraînement philosophique bouddhiste constitue le fondement de son développement intellectuel et continue à former sa perspective du monde. Dans l'orientation bouddhiste, une association étroite entre études et réflexion sera vue comme le point focal de la vie et nous retrouvons cette influence dans l'attitude générale de Sa Sainteté vis-à-vis des choses.

Qu'est donc le bouddhisme ? Il est facile, et même évident, de répondre : le bouddhisme est la religion du Bouddha. Mais ce faisant, il faut éviter le piège consistant à penser qu'il existe une tradition homogène appelée « Bouddhisme », avec un système unique de croyances et de pratiques. Comme toutes les grandes traditions religieuses, au fil du temps le bouddhisme s'est transformé en de multiples lignées – toutes détentrices « des enseignements du Bouddha ». Chacune de ces écoles retrace son évolution historique jusqu'aux paroles de Gautama Bouddha, le Bouddha historique qui a vécu environ six cents ans avant l'ère chrétienne.

Il est très difficile de dire avec précision lesquels des nombreux écrits des différents canons bouddhistes rapportent les paroles exactes prononcées par le Bouddha. (Le Canon tibétain compte à lui seul plus de cent gros volumes qui lui sont attribués.) On peut cependant distinguer un certain nombre d'idées clefs qui sont au cœur de son message spirituel. La voie vers la libération de la souffrance enseignée par le Bouddha demande une compréhension profonde de la nature même de l'existence. L'existence n'est qu'un cycle perpétuel d'insatisfactions et le moyen de mettre fin à ce cycle passe par une profonde lucidité quant à sa véritable nature. Tout individu qui entreprend une quête spirituelle doit comprendre le mouvement incessant reliant causes, conditions et effets. Rien ne vient à exister sans cause, et une fois toutes les conditions créées, rien ne peut empêcher la conséquence. Toujours selon le Bouddha, c'est notre attachement profond et habituel au concept d'un « moi » permanent qui est la cause principale de notre cycle individuel de souffrance. De cette saisie naît toute une armée de poisons – les plus importants étant le désir égoïste, l'aversion et l'ignorance – qui jettent les fondations d'une vie aux multiples perturbations psychologiques et émotionnelles. Notre mode d'interaction avec nos semblables consiste à s'attacher à ceux que nous considérons comme proches de ce « moi » et à rejeter ceux que nous percevons comme menaçants pour lui. Sur cette base, nous accomplissons des actes aussi néfastes pour nous que pour autrui. Le chemin vers la libération consiste à développer une claire compréhension de l'absence de tout « soi » qui existerait de façon permanente.

Le Bouddha était donc très différent des autres maîtres religieux de son époque : il enseignait « l'absence de soi » (*anatman*), voie qui désigne la notion d'une essence (ou « soi ») individuelle et fixe comme source de toute souffrance. Les arguments philosophiques servant à démontrer l'impossibilité d'une essence fixe ou immuable sont souvent subtils et très détaillés, mais la plupart s'appuient sur le flux constant qui sous-tend toute existence causale. En bref, tout ce qui provient d'une cause est forcément transitoire, une des raisons étant que rien ne peut exister avant d'avoir été produit. Nous, qui provenons aussi de causes, n'avons donc aucune nature permanente. En tant qu'êtres « transitoires », il est impossible que nous soyons pourvus d'un soi ou d'une essence fixe ou immuable, malgré la conviction injustifiée qui nous porte à croire le contraire.

Les principes énoncés ci-dessus sont contenus dans les *Quatre Axiomes,* une formule traditionnelle qui, dit-on, condense toute la pensée bouddhiste : 1) tout ce qui est conditionné est transitoire ; 2) ce qui est pollué par des états mentaux négatifs produit forcément de la souffrance ; 3) tout est dépourvu d'essence ou de soi ; et 4) le nirvana est la paix véritable.

Ces mêmes principes sous-tendent les *Quatre Nobles Vérités,* autre formule traditionnelle qui oriente la pratique bouddhiste : 1) la souffrance existe ; 2) cette souffrance a une origine ; 3) il y a une cessation de la souffrance ; 4) il existe une voie menant à cette cessation. La première des *Quatre Vérités,* la souffrance, est liée à la notion d'impermanence. En effet, une grande partie de notre souffrance provient de notre présomption que le monde et la vie doivent fournir un point de référence fixe et immuable, alors que tout dans notre expérience quotidienne démontre la nature inévitable et omniprésente du changement. La deuxième vérité, l'origine de la souffrance, se rapporte aux états mentaux négatifs ou « obscurcis », car ces états nous poussent à accomplir des actes qui produisent de la souffrance. La cessation de la souffrance, la troisième vérité, est déjà le nirvana, un état de paix parfait, puisque toute souffrance a été éliminée. Enfin, la quatrième vérité, qui stipule l'existence d'une voie menant au nirvana, est étroitement liée au principe de l'absence de soi, car toutes les pratiques bouddhistes visent essentiellement la réalisation de ce « non-soi ». C'est en effet cette réalisation qui permet d'éliminer les états mentaux négatifs sources de souffrance.

Les *Quatre Axiomes* et les *Quatre Nobles Vérités* offrent un aperçu concis de la pensée et de la pratique bouddhistes, mais il nous reste à présenter un élément qui leur est tout à fait crucial : la grande compassion. Si l'amour du prochain et la compassion ont joué un rôle prépondérant dans la pratique bouddhiste depuis les origines de cette religion, c'est dans la tradition du *mahayana* (« Grand véhicule ») que la compassion prend toute son envergure. Tous les bouddhistes épousent certes les doctrines citées ci-dessus, mais encore faut-il préciser la finalité réelle de la pratique. Dans quelle mesure le pratiquant cherche-t-il à faire cesser la souffrance d'autrui en même temps que la sienne ? Pour les adeptes du mahayana, dont Sa Sainteté le Dalaï-lama, le but de la pratique n'est pas simplement de mettre un terme à sa propre souffrance et d'obtenir un bonheur personnel, c'est de faire cesser la souffrance de tous les êtres et de leur assurer un bonheur durable. Seul un être totalement éveillé peut espérer atteindre un tel but. Pour cela, l'adepte du mahayana s'efforce d'atteindre le parfait éveil (*bodhi*) de la bouddhéité. Dans leur forme la plus concise, les pratiques du mahayana se composent de six perfections orientées vers le développement de l'individu, et de quatre moyens visant à faire s'épanouir l'esprit d'autrui. La générosité, l'éthique, la patience, l'effort enthousiaste, la concentration et la sagesse sont les six perfections. Les quatre moyens sont : donner ce dont les autres ont un besoin urgent, user de paroles bienveillantes en toutes circonstances, offrir des conseils éthiques à autrui et être un exemple vivant de ces principes. Les six perfections et les quatre moyens forment « l'idéal du bodhisattva », sujet que nous allons maintenant aborder.

L'idéal du bodhisattva

L'idéal du bodhisattva fut certainement le plus important des concepts religieux à naître du mouvement bouddhiste mahayana. Le bodhisattva, littéralement « celui dont l'aspiration héroïque est d'atteindre l'éveil », est un être altruiste doté d'un courage incroyable. Les bodhisattvas ont la capacité de se libérer de la souffrance, mais ils préfèrent assumer en premier la tâche d'en libérer les autres. La compassion de tels êtres est sans bornes et transcende toute pensée de division. Le bodhisattva est l'ami, le serviteur et le parent spirituel de tous sans distinction. La force de la compassion du bodhisattva est représentée par divers moyens, dont l'art visuel. Dans la culture tibétaine, l'expression la plus largement connue de cette compassion infinie est celle décrite dans la légende de Tchènrézi (le bodhisattva de grande compassion) à Mille Bras. Tchènrézi ressentait pour les êtres en nombre infini un souci et une compassion si intenses qu'il pensât qu'à moins d'avoir mille bras et mille yeux il ne pourrait jamais accomplir les souhaits de tous. Par la force de son aspiration parfaite, un jour il obtint d'avoir mille bras et mille yeux. Pour les disciples du bouddhisme mahayana cette image est encore de nos jours un symbole religieux puissant.

La compassion que ressent le bodhisattva pour les êtres n'est pas une simple expérience émotionnelle, car son sentiment ne se fonde ni sur l'attachement ni sur des considérations égocentriques, comme de penser qu'être bienveillant contribue à notre propre bien-être physique ou spirituel. C'est, au contraire, un sentiment qui surgit spontanément au plus profond de nous quand nous percevons la souffrance d'autrui et reconnaissons à quel point tous les êtres vivants nous ressemblent. En d'autres termes, nous nous sentons reliés aux autres et nous éprouvons à leur égard une grande empathie, tout en restant relativement libre d'attachement. Il n'y a ni attachement ni détachement. Évidemment, une telle compassion demande à être cultivée de manière délibérée. Et c'est là qu'intervient la vue pénétrante – la compréhension profonde. Celle-ci est le navigateur adroit qui dirige le bateau de la compassion. Selon les écritures du mahayana, c'est par compassion qu'un bodhisattva repousse sa propre atteinte de l'éveil alors que la compréhension profonde lui permet de transcender le monde fluctuant de l'existence. Autrement dit, le bodhisattva suit une route médiane entre la paix solitaire de la non-existence et le flux perpétuel du devenir.

La première étape sur la voie du bodhisattva consiste à « développer la motivation héroïque ». Le bodhisattva fait le vœu solennel de rechercher l'éveil total dans le but de libérer tous les êtres de la souffrance. Ce vœu doit se fonder sur une compassion profonde et sur la conviction inébranlable de l'importance extrême de dédier sa vie au bien d'autrui. La conviction d'un bodhisattva sera telle qu'il ou elle est prêt(e) à passer un nombre infini de vies, s'il le faut, à accomplir les souhaits de tous les êtres sans exception. La strophe suivante, que le Dalaï-lama cite très souvent, contient l'essence de cette aspiration :

Tant que l'espace durera,
Tant qu'il restera des êtres,
Puissé-je moi aussi demeurer
Pour enrayer la souffrance de tous.

Une fois développée cette motivation héroïque, le bodhisattva s'attellera à pratiquer les six perfections et les quatre moyens. Il fera de cet entraînement le but principal de sa vie. Pour de tels individus, la pratique religieuse ne pourra jamais être simplement une des facettes de la vie, elle sera le fondement et l'unique finalité de la vie. Nombreux sont les textes classiques du mahayana qui décrivent la vie du bodhisattva. Parmi eux, le plus important et le plus célèbre est sans aucun doute *La Marche vers l'éveil* de Shantidéva (publié en France par les Éditions Padmakara, 24290 Saint-Léon-sur-Vézère). Poète indien bouddhiste qui vécut au VIIe siècle, Shantidéva est vénéré comme un saint par tous les bouddhistes du mahayana. Au Tibet son texte est la référence de base pour tous ceux qui étudient et pratiquent l'idéal du bodhisattva. Quiconque a entendu le moindre enseignement du présent Dalaï-lama aura remarqué l'immense influence qu'exerce cet ouvrage sur sa façon de penser et d'agir. Notre lecteur notera aussi avec quelle spontanéité et quelle aisance le Dalaï-lama s'appuie ici sur ce célèbre texte du mahayana.

L'importance de la compréhension profonde

Nous l'avons vu, la compréhension profonde est la clef de la libération. Pour un bouddhiste, une vie religieuse est une vie passée à rechercher l'éveil total. Puisque notre état de « sommeil » s'enracine dans une méconnaissance fondamentale de la nature du soi et de la réalité, il est crucial, pour s'éveiller, de réaliser quelle est cette nature. Mais la connaissance seule ne suffit pas, la compréhension « du mode d'être des choses » doit devenir une partie intégrale de notre vie quotidienne. En d'autres termes, elle doit être profonde au point d'affecter la totalité de notre être. Cette

« connaissance intégrée » est appelée sagesse, sagesse qui ne peut naître qu'au sein d'un esprit véritablement en paix. Dans le jargon bouddhiste, nous parlons d'un état qui est « la conjonction de la tranquillité qui demeure (*s_amatha*) et de la vue pénétrante (*vipas_yana*) ». Au début de ce commentaire des Évangiles, ces deux aspects de la voie contemplative bouddhiste sont appelés « méditation analytique » et « méditation contemplative ». Dans la deuxième l'esprit se mêle à l'objet de la méditation, dans la première il sonde la nature profonde de l'objet. Un pratiquant authentique doit arriver à réunir ces deux aspects dans un seul et même moment de cognition.

Quelle est la nature exacte de la compréhension profonde « du mode d'être des choses » ? Dans l'Inde ancienne, quatre écoles philosophiques principales se sont développées pour répondre à cette question. L'école *vaibhasika* nie effectivement l'existence d'un « soi » permanent et immuable, mais admet celle d'une réalité qui prendrait la forme d'unités indivisibles appelées *dharmas*. L'école *sautrantika* rejette cette vue pour concevoir la réalité en termes d'atomes et d'unités de temps objectifs et indivisibles. Les adeptes de l'école *cittamatra* réfutent toute vue qui attribue un fondement objectif au monde matériel et soutiennent que seul l'esprit possède une réalité ultime. Le *madhyamaka* considère tout ce qui précède comme de simples postulats, postulats que cette école rejette car, selon le madhyamaka, soutenir de telles vues reviendrait à réifier une chose qui, en réalité, n'existe pas. Pour cette école, la vacuité est la nature véritable de tous les objets et de tous les événements – en d'autres termes, aucun objet ou événement ne possède une existence ou une identité intrinsèque. La vacuité est la vérité, la réalité ultime et le statut final de toute chose. La compréhension authentique de cette vacuité profonde ouvre la porte vers l'éveil et la libération spirituelle. Le bouddhisme tibétain soutient que la philosophie de l'école madhyamaka est le point culminant de la pensée philosophique bouddhiste et aussi celle qui se rapproche le plus du noble silence du Bouddha. La relation entre l'importance capitale accordée à l'approche rationnelle et la nature fondamentalement silencieuse de son ultime vision spirituelle est l'un des paradoxes majeurs du bouddhisme. Les enseignements du madhyamaka sur la vacuité paraissent les plus aptes à résoudre ce paradoxe. Les principaux maîtres de cette ligne de pensée furent Nagarjuna (qui fonda l'école madhyamaka au IIe siècle), son disciple principal, Aryadéva, Chandrakirti (qui fonda, au VIe siècle, l'école *prasangika,* une subdivision du *madhyamaka*) et Shantidéva (auteur de *La Marche vers l'éveil*).

Le bouddhisme tibétain

Le bouddhisme arriva au Tibet au VIIe siècle et devint rapidement la philosophie et la religion dominantes de son peuple. Au cours des siècles sont apparues quatre écoles tibétaines principales : les écoles *nyingma, kagyud, sakya* et *guéloug.* Les différences entre ces écoles tiennent plus à la chronologie et aux lignées de leurs maîtres qu'à des positions doctrinales proprement dites. Ces quatre traditions adhèrent au mahayana ; toutes considèrent la vue du madhyamaka comme le point culminant du discours philosophique bouddhiste. Encore plus important, elles sont unanimes à déclarer le bouddhisme *vajrayana* comme la voie spirituelle ultime vers l'éveil. Le vajrayana ou « véhicule de diamant » représente le bouddhisme ésotérique. Parmi les traits caractéristiques de cette voie, notons l'importance de la non-dualité en tant que perspective fondamentale, le fait de reconnaître dans les émotions, tel l'attachement, des moyens qu'il est possible d'intégrer au chemin de l'éveil, et le riche symbolisme psychologique qui est l'un des éléments clefs de la méditation contemplative.

L'école nyingma est la plus ancienne parmi les quatre écoles du bouddhisme tibétain. Ses origines remontent aux enseignements des maîtres bouddhistes indiens, Padmasambhava et Shantarakshita, qui se rendirent au Tibet au viiie siècle. Les trois autres écoles sont dites « écoles des traductions nouvelles ». (Cette distinction entre « ancienne » et « nouvelles » se réfère aux deux périodes où le canon bouddhiste fut traduit en langue tibétaine). L'école kagyud fut fondée au xie siècle par le traducteur Marpa Lotsawa (1012-1097), qui lui-même était disciple du maître indien Naropa (1016-1100). Khon Konchog Gyalpo, disciple du traducteur tibétain Drogmi Lotsawa (992-1072), fonda l'école sakya vers la même époque. L'école guéloug émergea comme une école indépendante à la suite de la réforme radicale du bouddhisme tibétain initiée par Tsongkhapa (1357-1419). Tsongkhapa s'inspira fortement de l'esprit réformateur du mouvement *Kadam,* introduit au Tibet par le grand missionnaire indien Atisha (982-1054) et son principal disciple tibétain, Dromtompa. Pour cette raison, l'école guéloug est parfois souvent appelée « la nouvelle école kadam ». À partir du XIVe siècle l'école réformée devint la tradition dominante au Tibet, en Mongolie et dans de nombreux pays bouddhistes de l'Asie centrale. Le Dalaï-lama et le Panchen-lama, deux des plus hautes autorités religieuses du Tibet, sont traditionnellement issus de cette école réformée.

L'école guéloug de Tsongkhapa peut être sommairement décrite comme une synthèse authentique. À l'instar des premières écoles du bouddhisme, elle préconise que toute vie spirituelle soit fondée sur une stricte adhésion à la discipline morale. Quant à la pratique sur la voie, cette école adopte une série d'instructions chères aux enseignements kadam, et donc à Tsongkhapa, instructions appelées *lo djong* – terme tibétain que l'on peut traduire par « entraînements propres à dresser l'esprit » ou « transformation de la pensée ». Le propre des enseignements de *lo djong* est d'offrir au pratiquant des techniques pour transformer même les circonstances les plus défavorables en conditions propices à l'épanouissement de la compassion et de l'altruisme. Quant à l'orientation philosophique, l'école guéloug embrasse pleinement la doctrine du madhyamaka sur la vacuité. Elle reconnaît, de plus, l'analyse critique comme une partie importante et intégrale du chemin vers l'éveil. Malgré son approche plutôt rationnelle, cette tradition trouve dans les enseignements du vajrayana sa vision finale de l'accomplissement de la bouddhéité. Une telle approche demande nécessairement une appréciation authentique de perspectives qui, pour être très différentes, n'en sont pas moins justes et valables dans le cadre et le contexte qui leur sont propres. Ce sont ces multiples strates qui rendent le bouddhisme tibétain aussi profond que complexe. Nous avons vu que parler de *la* position bouddhiste ne se justifie pas ; il serait tout aussi inexact d'évoquer *la* vue du bouddhisme tibétain. En lisant ces commentaires du Dalaï-lama sur les Évangiles, il faut penser aux multiples perspectives et aux immenses ressources spirituelles qui nourrissent sa compréhension. Une lecture attentive des écritures sacrées requiert toujours des capacités herméneutiques sophistiquées, car seulement ainsi peut-on apprécier toute la profondeur de ces textes.

Avant de conclure, j'ajouterai un mot sur les attitudes généralement adoptées par le bouddhisme à l'égard des autres religions. À l'instar de toutes les grandes religions du monde, le bouddhisme perçoit sa voie comme universelle ; cette voie traite en effet des problèmes fondamentaux de l'existence humaine. Dans ce sens, le bouddhisme estime que son message et ses doctrines de base ne se limitent pas à un contexte historique ou culturel particulier. Cela étant, dès les débuts de la tradition *mahayana*, le bouddhisme a accepté l'existence d'autres voies, mieux adaptées aux différents tempéraments spirituels des individus. C'est donc une tradition qui reconnaît la diversité du choix spirituel au niveau le plus fondamental. Un des textes classiques du mahayana dit : « Il existe des inclinations différentes, des intérêts différents et des chemins spirituels différents. » Voilà, je pense, l'origine du terme « supermarché des religions » que le Dalaï-lama emploie si souvent. Pour le bouddhisme, toutes les grandes voies spirituelles sont valables en soi car elles répondent à une demande fondamentale de millions d'individus. Ce n'est pas la revendication de la vérité métaphysique qui permet de juger si un enseignement spirituel est valable ou non. Le critère essentiel est son efficacité à offrir le salut ou la libération spirituelle. La longue histoire du bouddhisme et de la chrétienté témoigne de leur efficacité dans ce domaine. Un dialogue sincère entre ces deux grandes traditions peut ainsi contribuer non seulement à enrichir les enseignements de chacune d'elles mais aussi à accroître l'intérêt que les gens portent à la dimension spirituelle de l'homme. Le célèbre philosophe et historien religieux Paul Tillich avait peut-être raison de dire que la rencontre du christianisme et du bouddhisme déclencherait une véritable révolution spirituelle…

Thupten Jinpa

GLOSSAIRE
DES TERMES BOUDDHIQUES

A_tman. Terme sanskrit, généralement traduit par « soi » ou « âme ». Voir **absence de soi.**

Absence de soi (*Ana_tman*). La doctrine de l'absence (ou non-existence) du soi ou de l'âme est l'un des concepts philosophiques clefs du bouddhisme. En bref, cette doctrine se rapporte à la compréhension profonde du Bouddha : l'état de profonde ignorance de l'existence conditionnée provient d'une croyance erronée en un « soi » pourvu d'une existence permanente, durable. La vue pénétrante qui permet d'entrevoir l'absence d'un tel soi ouvre la porte vers la libération de la souffrance inhérente à l'existence conditionnée. Les différentes écoles du bouddhisme comprennent cet enseignement de diverses façons. Voir ***Ana_tman*** **; Vacuité.**

Ana_tman. Absence d'âme ou de soi en tant que tel. La doctrine du Bouddha qui contredit la notion d'un soi (*a-tman*) subtil, pur ou éternel. Cette doctrine a pour but d'éliminer tout attachement ou saisie à l'égard d'un soi, car cette saisie est l'ignorance fondamentale qui emprisonne les êtres dans la souffrance de l'existence conditionnée. Voir **Absence de soi ; Vacuité.**

Aryadéva (*A_ryadeva*). Le disciple principal de Nagarjuna. Voir **Nagarjuna.**

Bhiks_u (Pali : *bhikkhu*). Un moine pleinement ordonné dans la tradition monastique bouddhiste. Dans la tradition monastique tibétaine, un moine ordonné maintient 253 vœux, un moine novice, 36.

Bhiks_uni. Une nonne pleinement ordonnée dans la tradition monastique bouddhiste. La lignée de transmission de l'ordination complète des nonnes dans la tradition tibétaine a été perdue, mais elle existe encore dans la tradition chinoise. Une nonne novice doit maintenir 36 vœux, une nonne pleinement ordonnée, 264.

Bodhisattva. Un concept religieux essentiel dans le bouddhisme mahayana. Un bodhisattva est un être qui, ayant développé une compassion impartiale envers tous, se dirige vers la bouddhéité parfaite. Il ou elle consacre sa vie au bien-être d'autrui : en effet, le bodhisattva est celui qui a pris le vœu de conduire les êtres sans exception à l'éveil parfait de l'état de bouddha. Voir **Idéal du bodhisattva ; Bouddhéité.**

Bouddha Shakyamouni. Voir **Bouddhéité ; Shakyamouni.**

Bouddha. Littéralement, « l'éveillé ». Une personne qui a atteint l'éveil ou l'illumination, c'est-à-dire qui est libérée de tous les défauts et qui a parfait toutes les qualités. Cette personne a donc la pleine capacité d'aider les autres. Voir **Bouddhéité.**

Bouddhéité. État d'éveil total où les fautes et les voiles, physiques et mentaux, ont tous été purifiés et éliminés, où toutes les capacités et les vertus ont été atteintes et parfaites. « Bouddha » est en fait un terme générique, applicable à tous ceux qui ont atteint l'éveil total. Il faut donc faire la différence entre le Bouddha historique – le Bouddha Shakyamouni – et un bouddha ou tout être parfaitement éveillé. Voir **Éveil ; Trois *ka_yas*.**

Brahman. Concept métaphysique clef de certaines écoles philosophiques non bouddhistes de l'Inde ancienne. De façon très sommaire, *brahman* est l'absolu, le fondement de l'être, la source première de tout ce qui existe. Dans ce contexte, le monde phénoménal n'est qu'illusion. L'illusion existe tant que demeurent nos perceptions d'ego (*a-tman*) séparés, individuels. Elle prend fin dès que l'on réalise la véritable nature de *brahman.* Voir **Absence de soi.**

Buddhadasa Bhikkhu (1906-1993). Ajahn Buddhadasa fut, en Thaïlande, un maître bouddhiste aussi révéré que controversé. Ses enseignements inspirants et ses conseils pratiques encourageaient tous les bouddhistes, moines et laïcs, à s'engager activement dans des œuvres utiles à la société. Depuis sa mort, en 1993, de nombreux disciples de toutes nationalités continuent la vaste œuvre humanitaire qu'il avait entreprise.

Demeurer dans la tranquillité ou le calme mental (*s_amatha*). État mental développé au travers de la méditation, caractérisé par l'absence de toute distraction provenant d'objets extérieurs et par une parfaite focalisation sur un objet donné. Le *s_amatha* possède deux aspects : d'une part, l'esprit est libre de distractions, donc « calme » et, d'autre part, parfaitement concentré, c'est-à-dire capable de rester focalisé en un seul point. Le *s_amatha* est souvent associé au *vipas_yana_* quand la littérature bouddhiste aborde le sujet de la méditation. Voir ***Sama_dhi*** ; ***Vipas_yana.***

Canon Pâli (le). Il s'agit des « Trois Corbeilles » (*Tipit_aka*) du Canon bouddhiste qui, selon l'acceptation de la tradition du théravada, contiennent les paroles du Bouddha. Certains de ces textes existent en français (*Les Moyens Discours du Bouddha,* coll. « Les textes du Canon Bouddhique Pâli », Les Deux Océans, Paris)

Causalité. Le principe de causalité joue un rôle essentiel dans la pensée et la pratique bouddhistes. Du point de vue de la pratique, la voie bouddhiste est spécifiquement causale, car elle présume que la cessation de la souffrance est obtenue en éliminant les causes de cette dernière. La cause immédiate de la souffrance est le *karma* négatif, ou les traces négatives imprimées dans l'esprit quand un être s'engage de corps, de parole ou d'esprit dans des actions négatives. Ces empreintes finissent par « mûrir » en produisant des états mentaux ressentis comme désagréables ou douloureux. Les causes moins immédiates de la souffrance sont les attitudes et les habitudes mentales qui nous entraînent dans les actions négatives. Au premier rang se trouve l'ignorance : cette constante méprise qui nous fait prendre une réalité changeante et relative pour quelque chose de fixe et d'absolu. D'un point de vue plus philosophique, la causalité est le mode le plus évident pour prouver l'interdépendance des choses. L'interdépendance liée aux causes est très souvent utilisée pour démontrer que, toutes les choses étant nécessairement interconnectées, elles sont forcément dépourvues d'une quelconque essence permanente ou intrinsèque. Voir **Quatre Nobles Vérités ; Interdépendance ; Karma.**

Chandrakirti (*Candraki_rti*). Un des principaux philosophes de l'école *pra_san_gika,* subdivision de l'école *madhyamaka.*

Cinq agrégats (les). Selon la pensée philosophique du bouddhisme, tous les phénomènes physiques et mentaux sont classifiés en cinq agrégats, ou *skandhas.* Ces *skandhas,* parfois appelés les cinq composants psychophysiques sont : la forme, la sensation, la perception, la volition, et la conscience. Ensemble, ils forment la base qui conduit l'individu à se percevoir comme pourvu d'une identité personnelle, d'un soi.

Compassion. Voir ***Karun_a_.***

Deux Vérités (les). La doctrine des deux vérités – la vérité ultime, ou absolue, et la vérité relative, ou conventionnelle – est certainement l'un des concepts essentiels de la philosophie bouddhiste. Cette doctrine expose les grandes lignes permettant de comprendre les rapports complexes entre le monde phénoménal qui est un flux de changement incessant, et la réalité sous-jacente de la vacuité qui reste inchangée. La vérité ultime est la nature vide de tous les phénomènes ; c'est l'absence de réalité ou d'identité intrinsèque de toute chose et de tout événement. Selon le bouddhisme mahayana, réaliser cette vérité ultime est ce qui nous libère de l'existence et de la souffrance. À l'opposé, tout ce que nous ressentons dans notre état ordinaire comme, par exemple, la naissance et la mort, le plaisir et la souffrance, et ainsi de suite, relève du monde relatif. Ces choses et ces événements ne sont réels qu'au niveau des vérités relatives, ou conventionnelles. Voir **Vacuité ; Méthodes ; Sagesse.**

Dhammapada. Connue dans sa version sanskrite sous le nom de *Dharmapada,* cette collection des paroles du Bouddha figure certainement parmi les plus célèbres des écritures bouddhistes. Le *Dhammapada* comporte 423 vers et présente les grandes lignes de la compréhension bouddhiste sur la condition humaine. Il existe en français plusieurs traductions de ce texte. (3617 Electre en liste 6).

Dharma (*Pâli : Dhamma*). Dérivé de la racine étymologique qui signifie « tenir », le mot *Dharma* indique les enseignements du Bouddha, la « vérité », ou la « voie », ainsi que les pratiques reliées à ces enseignements. Dans ce contexte, le *Dharma* est ce qui nous retient de tomber dans la souffrance et ses causes. Le terme équivalent en langue tibétaine est *Chos* dont le sens littéral est « changement » ou « transformation » ; *Chos* se réfère tant au processus de transformation spirituelle qu'au résultat transformé. Mais ce terme a de nombreuses autres connotations. Un texte tibétain classique énumère dix sens différents pour ce mot : phénomène perceptible, voie, nirvana, objet de conscience, mérites, vie, écritures, objet matériel, régulation, et tradition doctrinale. Voir **Trois *ka_yas.***

Dharmaka_ya. Le corps de vérité d'un bouddha. Voir **Trois *ka_yas.***

Dispersion mentale. Un niveau d'agitation mentale qui fait obstacle au calme de l'état méditatif. La dispersion mentale surgit quand l'esprit est distrait par des objets extérieurs. C'est une forme d'attirance ou d'attachement vis-à-vis des objets qui a pour conséquence de faire perdre au méditant la concentration qu'il cultivait. Voir **Calme mental.**

Dzogtchèn. Littéralement « la grande perfection ». Les enseignements du *dzogtchèn* appartiennent au vajrayana et préconisent la réalisation de la conscience primordialement éveillée comme méthode pour atteindre l'éveil.

Éveil. Ce mot français, qui remplace de plus en plus *illumination,* est employé dans le contexte bouddhiste pour désigner l'état de parfait éveil spirituel atteint par un individu. Le terme tibétain, *djang tchoup,* signifie littéralement « celui ou celle qui a purifié les voiles et qui est parfaitement réalisé ». Un être parfaitement éveillé est appelé un bouddha. Voir **Bouddhéité ; Trois *ka_yas.***

Existence conditionnée. Voir **Samsara.**

Gourou. Ce terme sanskrit (tibétain : *lama*) désigne un maître ou un guide spirituel qui possède les qualifications décrites dans les écritures. Au minimum, un gourou doit posséder les qualités de compassion à l'égard de son disciple, de discipline intérieure, un certain degré de sérénité, et une connaissance du sujet enseigné supérieure à celle de l'élève.

Guéloug. École réformée du bouddhisme tibétain, fondée par Tsongkhapa (1357-1419). Le Dalaï-lama, tout en ayant étudié les enseignements des quatre écoles du bouddhisme tibétain, a été principalement formé dans l'école guéloug.

Guéshé (Tibétain). Littéralement, « ami spirituel ». Actuellement ce titre est conféré dans la tradition guéloug à ceux qui ont complété de longues années de formation monastique et ont ainsi atteint un haut niveau d'érudition doctrinale.

Hinayana (*Hi_naya_na*). Littéralement, « petit véhicule ». Le terme *hinayana* est surtout employé par les pratiquants du mahayana pour désigner ceux qui pratiquent le bouddhisme en vue d'atteindre la libération individuelle. Les pratiquants inspirés par la motivation du mahayana s'engagent, eux, dans la voie spirituelle avec l'intention de libérer *tous* les êtres de la souffrance. La plupart des érudits bouddhistes actuels trouvent cette division artificielle et les pratiquants des écoles bouddhistes dites du Sud (les traditions de Sri Lanka, Thaïlande, Birmanie, Cambodge, Indonésie et Viêt-nam) la perçoivent comme péjorative à leur égard. Voir **Théravada.**

Idéal du bodhisattva. L'idéal du bodhisattva recouvre les *six paramitas* ou *perfections* visant le développement de l'individu lui-même et les *quatre moyens* visant l'épanouissement d'autrui. Les six perfections sont : la générosité, l'éthique, la patience, l'effort enthousiaste, la concentration et la sagesse. Les quatre moyens sont : donner aux autres ce dont ils ont un besoin urgent, parler de manière bienveillante en toute circonstance, offrir aux autres des conseils éthiques et être un exemple vivant de ces principes. Un bodhisattva cultive d'abord l'intention héroïque de rechercher l'éveil total pour le bien de tous et s'engage ensuite à suivre ces dix pratiques.

Impermanence (*Anityata_*). Avec la souffrance et l'absence de soi, l'impermanence est, selon le bouddhisme, l'une des caractéristiques fondamentales de l'existence. Ce concept recouvre aussi bien la nature transitoire des choses que la nature momentanée de la transformation subtile qui se produit à un niveau plus profond. Le bouddhisme considère que rien n'est permanent, le processus de transformation est mouvant et incessant.

Interdépendance (*Prati_tyasamutpa_da*). Souvent présenté comme le concept central de la philosophie bouddhiste, la doctrine de l'interdépendance soutient que toute chose réelle doit nécessairement dépendre d'autre chose. L'interdépendance est étroitement liée à la vacuité car du point de vue causal les choses dépendent les unes des autres si, et seulement si, toutes sont nécessairement dépourvues d'une nature intrinsèque ou d'une essence indépendante. Trois formes d'interdépendance plus subtiles sont souvent citées :
1) l'interdépendance causale selon laquelle tout objet (un arbre, par exemple) provient nécessairement de causes et de conditions (telles qu'une graine, de la terre, de la lumière du soleil et ainsi de suite); 2) l'interdépendance des parties d'une totalité, selon laquelle tout objet (ex. une voiture) dépend nécessairement d'un ensemble de parties ou de caractéristiques (pneus, moteur, essieux, etc.) ; et 3) l'interdépendance cognitive, ou réciproque, selon laquelle un objet peut seulement être défini comme existant si une conscience l'identifie comme « x » par opposition à ce qui est « non x ». Voir **Causalité ; Vacuité.**

Jataka (contes de). Ces contes relatent les vies passées du Bouddha Shakyamouni. Ils décrivent comment, dans ses vies antérieures, le Bouddha s'est consacré à l'idéal du bodhisattva, en œuvrant pour le bien des êtres par des moyens variés et sous des aspects différents. Le Canon Bouddhiste tibétain contient une anthologie de ces contes composée par A_ryasura qui s'intitule le *Ja_takama_la_*.

Kagyud. Littéralement, « lignée orale ». Une des quatre principales écoles du bouddhisme tibétain, fondée au XIe siècle par Marpa Lotsawa.

Kangyour. Le Canon Bouddhiste tibétain, qui contient plus de cent gros volumes de discours et de textes attribués au Bouddha. Le terme tibétain *Kangyour* signifie « la traduction des paroles sacrées » ; en effet, tous les textes de la collection sont des traductions faites à partir des textes sanskrits originaux. La compilation du *Kangyour* est l'œuvre de Bu-tön Rinchen Droup, encyclopédiste tibétain du XIVe siècle.

Karma. Ce terme sanskrit désigne un concept métaphysique important qui traite de l'action et de la conséquence de l'action. C'est une doctrine qui est commune à toutes les philosophies religieuses de l'Inde. Le principe recouvre aussi bien les actes eux-mêmes que les traces et tendances psychologiques que ces actes impriment dans l'esprit. Dans son emploi usuel, le terme *karma* se réfère à tout le processus de l'action causale et des effets qui en résultent. Voir **Causalité.**

Karun_a_. Bien qu'habituellement traduit par le mot « compassion », *karun_a_* ne doit pas être confondu avec la pitié, le merci ou la miséricorde. Étymologiquement, on y trouve le sens de s'impliquer dans la douleur ou la souffrance d'autrui. Littéralement, *karun_a_* veut dire « arrêter la félicité », se référant à une expérience de compassion si empathique à l'égard de la souffrance d'autrui qu'il devient impossible de ressentir du plaisir.

Lam_rim. Sens littéral : « les étapes de la voie ». Le *lam_rim* désigne une présentation graduelle des enseignements et pratiques bouddhistes qui permet à des pratiquants spirituels de niveaux différents d'aborder la voie de l'éveil. La tradition du lam_rim naquit au XIe siècle quand Atisha, le grand missionnaire bouddhiste indien qui se rendit au Tibet, écrivit son court texte intitulé *Lampe pour éclairer la voie de l'éveil.*

Libération. Voir **Nirvana.**

Lo djong. Voir **Transformation de la pensée.**

Lourdeur mentale. Avec la dispersion mentale, la lourdeur mentale est l'un des plus gros obstacles rencontrés par le pratiquant qui s'efforce d'atteindre une méditation stable. Ce facteur mental sous-tend divers états obstructifs comme la somnolence, la torpeur et la léthargie. Le pratiquant se sent vidé, fatigué, sans énergie ni vivacité. Dans les manuels de méditation bouddhiste, la lourdeur mentale est décrite comme une forme subtile de dispersion mentale. Voir **Demeurer dans la tranquillité.**

Mahayana (le bouddhisme). Littéralement *mahaya_na_* signifie « le Grand véhicule ». C'est l'une des deux traditions bouddhistes qui prirent naissance en Inde (l'autre étant le *hinayana*). Le *mahayana,* dont l'attitude caractéristique est de poser comme condition nécessaire à l'obtention de l'éveil un sentiment altruiste et compatissant de responsabilité universelle, s'est surtout propagé dans le nord de l'Asie (traditions tibétaine, chinoise, japonaise et coréenne). Voir **Hinayana.**

Maitreya. Maitreya, dont le nom signifie « bonté » ou « amour », est le bouddha des temps à venir et la manifestation de l'amour infini de tous les bouddhas. Il y a aussi un *bodhisattva* du nom de Maitreya, ainsi qu'un personnage historique qui composa plusieurs textes essentiels du *mahayana.*

Mandala (*Man_d_ala_*). De manière usuelle, le terme *mandala* désigne un symbole cosmique, souvent construit de cercles concentriques et de symétries. Les *mandalas* sont souvent utilisés comme des outils visuels dans les méditations contemplatives bouddhistes qui comportent des techniques de visualisation. Dans ce dernier contexte, les mandalas représentent toujours les états purifiés de l'esprit du méditant.

Manjushri (*Man_jus_ri_*). *Manjushri* est le *Bodhisattva* de la connaissance et de la sagesse ; il représente la vue pénétrante de tous les bouddhas. Traditionnellement, il brandit l'épée de la sagesse de la main droite et tient dans sa main gauche la tige d'une fleur de lotus sur laquelle repose le sutra de *La perfection de la sagesse.*

Metta (Maitri). Si la compassion est le désir de partager la souffrance d'autrui, *metta,* l'amour (la bienveillance, la bonté) est le souhait que tous les êtres soient heureux. Comme *karun_a_* (la compassion), *metta* est un sentiment véritablement altruiste, qui provient d'une empathie profonde à l'égard d'autrui.

Milarépa (1040-1123). Saint et poète révéré des Tibétains, Milarépa, au travers de ses difficultés, de sa dévotion parfaite envers son maître Marpa Lotsawa, de ses longues années de pratique et de vie errante, est resté pour des générations de Tibétains une source inaltérée et constante d'inspiration spirituelle. Sa vie et ses chants existent en français. (Milarépa, *Les Cent Mille Chants de Milarépa,* trad. M.-J. Lamothe, éditions Fayard ; *Milarépa, la vie,* Le Seuil.)

Méthode (ou Moyens). Dans le bouddhisme mahayana, ce terme se réfère à tous les aspects de la voie qui sont reliés au développement et à l'épanouissement de la compassion et des actes altruistes du *bodhisattva*. Par contraste, l'aspect de la voie relatif à la *sagesse* traite directement de la compréhension profonde (ou vue pénétrante) de la vacuité. Parmi les six perfections, les cinq premières sont *méthodes* et la dernière, *sagesse*. Selon le mahayana, pour être qualifié d'authentique, une voie spirituelle doit indissolublement mêler la sagesse à la méthode. Cette union est parfois appelée « union de la sagesse et de la compassion ». Voir **Idéal du bodhisattva ; Deux vérités (les) ; Sagesse.**

Nagarjuna (*Na_ga_rjuna*). Fondateur du *mahayana*. Pour le bouddhisme *mahayana*, Nagarjuna est sans doute, après le Bouddha, le deuxième personnage historique le plus important. Les ouvrages religieux et philosophiques de Nagarjuna représentent, encore de nos jours, la plus haute autorité sur de nombreux concepts philosophiques de la pensée bouddhiste. Son livre principal est le *Mulamadhyamaka* (il n'existe pas en français). Tous les ouvrages ultérieurs traitant de la philosophie bouddhiste de la vacuité s'appuient sur ce texte capital. (Seul ouvrage *madhyamaka* de Nagarjuna en français : *Traité du milieu*, G. Driessens, éditions du Seuil, 1995.)

Nature de bouddha. Voir ***tatha_gata_garbha.***

Nirma_n_aka_ya. Corps de manifestation d'un bouddha. Voir **Trois *ka_yas*.**

Nirvana (*Nirva_n_a* ; Pali : *nibba_na*). Sens littéral « passé au-delà de la souffrance et de la douleur ». Le *nirvana* est totalement libre aussi bien de la souffrance que des causes de la souffrance. Une telle libération ne peut être atteinte que lorsque toutes les afflictions mentales et physiques ont cessé de se produire. Le *nirvana* est aussi dit *nirodha,* la cessation ou extinction véritable, ou *moks_a,* la libération.

Nyingma. La plus ancienne des écoles du bouddhisme tibétain, fondée au VIIIe siècle par Padmasambhava.

Parinirva_n_a. Le *nirvana* ultime du Bouddha au moment de sa mort à Kushinagar, dans le nord de l'Inde.

Pra_n_a. Terme sanskrit qui veut dire « vent » ou « souffle ». Dans le tantra bouddhiste, *pra_n_a* désigne les diverses énergies subtiles qui animent l'ensemble esprit/corps. Ces « vents », ou énergies psychophysiques, suivent les canaux subtils du corps et sont intimement liés à toutes nos fonctions physiques et mentales. L'aspect le plus subtil du *pra_n_a* est identique à l'aspect le plus subtil de l'esprit lui-même. L'un des buts principaux de la pratique tantrique est d'arriver à maîtriser ce vent extrêmement subtil, de manière à transformer l'esprit à son niveau le plus subtil. Selon la théorie tantrique, un pratiquant qui maîtrise les « vents » grossiers et subtils est capable de les manipuler de diverses manières et de produire différents effets, dont certains sont décrits comme des émanations.

Pra_san_gika-madhyamaka. Branche du *madhyamaka* fondée sur l'interprétation que fit Buddhapalita des écrits de Nagarjuna. Les principes de cette école constituent la philosophie principale des quatre écoles du bouddhisme tibétain. Voir **Nagarjuna.**

Quatre facteurs excellents (les). Ce sont : 1) la libération spirituelle, 2) la prospérité mondaine, 3) la pratique du *Dharma* et 4) la richesse. Les deux premières sont de nature résultante alors que les deux dernières sont causales. Les deux premiers facteurs désignent deux sortes de bonheur, le bonheur spirituel et le bonheur temporel. Ces facteurs étant de nature différente, les moyens servant à les obtenir sont différents : la libération est atteinte par la pratique du Dharma, alors que la prospérité mondaine dépend de la richesse.

Quatre Nobles Vérités (les). Les Quatre Nobles Vérités sont : 1) la souffrance (*duh_kha*) existe ; 2) l'origine de la souffrance est l'attachement ; 3) il existe une cessation de la souffrance ; et 4) il existe une voie menant à la cessation de la souffrance. Toutes les traditions bouddhistes placent ces quatre principes au cœur du message spirituel du Bouddha. Les Quatre Nobles Vérités peuvent être scindées en deux groupes selon le principe de cause et d'effet. Le premier groupe – la vérité de l'origine (cause) et la vérité de la souffrance (effet) – traite de l'existence cyclique et conditionnée. Le deuxième – la voie véritable (cause ou moyen menant à la libération) et la cessation véritable (résultat, qui est la libération) – traite de ce qui libère de l'existence conditionnée. En résumé, l'enseignement sur les Quatre Nobles Vérités présente la compréhension bouddhiste de la nature même du samsara et du nirvana. Voir **Samsara ; Nirvana.**

Rinpotché. Littéralement « très précieux ». Titre employé quand on parle de ou à un lama réincarné, un maître spirituel hautement réalisé ou un chef monastique. Voir **Tulkou.**

Sadhou. Un mendiant traditionnel de l'Inde.

Sagesse (*Prajn_a_*). La sagesse et la méthode sont deux aspects complémentaires de la voie bouddhiste.

Tout comme un oiseau qui ne peut voler sans ses deux ailes, un pratiquant spirituel ne peut se passer de la sagesse et de la méthode dans sa quête de l'éveil. Sur la voie, la sagesse demande que l'on cultive une compréhension directe et profonde de la vacuité. Le terme sanskrit, *prajn_na_*, est généralement traduit par « sagesse », mais « compréhension profonde » serait tout aussi approprié. La définition traditionnelle est « la claire conscience qui discerne l'essence, les traits distinctifs et les caractéristiques particulières ou générales de tout objet appartenant à notre champ de perception et qui, par voie de conséquence, élimine tous les doutes ». Il ne s'agit pas d'un état de connaissance passif ni d'une somme de connaissances. La sagesse est, au contraire, un processus cognitif actif. Dans le contexte du mahayana, la sagesse se réfère surtout à la compréhension profonde de la nature vide de choses et des événements. Voir **Vacuité ; Méthode ; Deux Vérités.**

Sakya. Une des quatre écoles du bouddhisme tibétain, nommée d'après la région où vécut l'un de ses fondateurs (au XIe siècle).

Sama_dhi. Stabilisation méditative. La capacité de concentrer ou focaliser parfaitement l'esprit sur un objet désigné, sans distraction aucune. Le *samadhi* est un état qui précède le développement du *s_amatha* – la faculté de demeurer dans la tranquillité. Voir **Demeurer dans la tranquillité ; *Vipas_yana.***

S_amatha. Voir **Demeurer dans la tranquillité.**

Sambhogaka_ya. Corps de jouissance parfaite d'un bouddha. Voir **Trois *ka_yas* (les).**

Samsara (*Sam_sa_ra*). Le *samsara* est le cycle de l'existence conditionnée qui, par la force de leur *karma* et de leurs perceptions erronées, entraîne sans cesse et malgré eux tous les êtres vivants. C'est l'état non éveillé. La véritable cessation, quatrième parmi les Nobles Vérités, se réfère à la cessation de cette existence conditionnée, ou *samsara* ; la libération, ou *nirvana,* est atteinte quand cesse le cycle de l'existence conditionnée. Voir **Quatre Nobles Vérités ; Nirvana.**

Sangha. Le terme *sangha* désigne tantôt la communauté des pratiquants de la voie bouddhiste, tantôt la communauté des moines et nonnes ordonnés, tantôt celui qui a atteint la réalisation directe de la sagesse qui perçoit la vacuité de tous les phénomènes. Voir **Trois Joyaux.**

Sermon du Parc des Cerfs. Le premier sermon que délivra le Bouddha historique, Shakyamouni. Après avoir atteint l'éveil sous l'arbre pipal, dans une localité indienne qui aujourd'hui s'appelle Bodhgaya, le Bouddha se dirigea vers la ville de Sarnath, près de Bénarès. Il retrouva en ce lieu cinq ascètes avec qui il avait vécu de longues années d'austérité rigoureuse. En le voyant arriver, les cinq compagnons décidèrent de ne pas lui adresser la parole, car le Bouddha avait manifestement abandonné ses vœux ascétiques. À mesure que le Bouddha s'approchait, les cinq hommes furent bouleversés par la joie et la réalisation qui émanait de sa présence et le supplièrent de partager avec eux sa découverte. Le Bouddha Shakyamouni donna alors son premier enseignement formel : il encouragea ses anciens compagnons à éviter les extrêmes de l'attachement charnel et de l'ascétisme, chemins qui ne mènent qu'à une plus grande souffrance ; il leur expliqua la « voie médiane », libre de tous extrêmes ; il fit des Quatre Nobles Vérités le point central de son sermon, car elles résumaient tout ce qu'il avait réalisé et montraient la manière de mettre fin à la souffrance. Voir **Quatre Nobles Vérités.**

Shakyamouni (*S_a_kyamuni* ; 563-483 av. J.-C.). Quatrième parmi les mille bouddhas de l'âge actuel, Shakyamouni prit naissance comme un prince du clan des Shakyas dans le nord de l'Inde. Il enseigna les *sutras* et les *tantras* comme voie vers la libération et l'éveil parfait, et fut le fondateur de ce que l'on appelle le bouddhisme. *Shakyamouni* veut dire « le sage du clan des Shakyas ». Voir **Éveil ; Sutra ; Tantra.**

Shantidéva (*S_a_ntideva*). Sage et philosophe bouddhiste qui vécut en Inde au VIIe siècle. Shantidéva, dont le nom signifie « dieu paisible », composa le *Bodhicarya_vata_ra,* ou *La Marche vers l'éveil,* un des textes les plus aimés du mahayana. Le Dalaï-lama fonde très souvent son enseignement sur ce texte connu et en cite régulièrement des passages, car *La Marche vers l'éveil* est une mine de conseils éclairés pour le pratiquant qui suit la voie altruiste du bodhisattva. Shantidéva est aussi renommé pour la lucidité de ses arguments philosophiques qui présentent la vacuité selon la perspective de l'école *pra_san_gika.* Il écrivit aussi le *S_iks_a_samuccaya,* le *Compendium des Pratiques. La Marche vers l'éveil* (éditions Padmakara, 1992) est une version française du *Bodhicarya_vata_ra* qui se fonde sur la traduction originale de Louis Finot révisée d'après les textes et commentaires sanskrits et tibétains.

Souffrance (sanskrit *duh_kha*). Dans le contexte bouddhiste, la notion de souffrance recouvre toutes les sensations physiques de douleur, mais aussi et surtout les afflictions psychologiques et émotionnelles. Il englobe aussi les sensations sous-jacentes d'ennui et d'insatisfaction qui caractérisent la plupart de nos expériences mondaines. Les écritures bouddhistes parlent de trois types ou niveaux de souffrance : 1) la souffrance de la souffrance, qui se réfère à tout ce que nous ressentons normalement comme une expérience désagréable ; 2) la souffrance du changement, qui recouvre toutes les expériences que nous considérons normalement comme agréables mais qui, de par leur nature transitoire, sont nécessairement souffrance ; et 3) la souffrance inhérente à l'existence conditionnée. Le troisième type de souffrance se réfère à un état fondamental qui sous-tend toute existence conditionnée : c'est l'insatisfaction permanente, la tendance naturelle à la souffrance et la prédisposition à l'erreur. Voir ***Duh_kha*** **; Quatre Nobles Vérités ; Samsara.**

Sutra. Le terme sanskrit *su_tra* (Pâli : *sutta*) désigne toute écriture attribuée au Bouddha historique, *Shakyamouni.* Par conséquent, le mot est devenu un suffixe attaché au titre des écrits que les traditions bouddhistes acceptent comme étant les paroles authentiques du Bouddha. (Ex. : Le *Sutra* du Cœur de la Sagesse). Dans un deuxième sens, le terme *sutra* est employé par opposition à *tantra* et désigne les enseignements exotériques généraux du *mahayana* et les pratiques qui leur sont reliées. Voir **Tantra.**

S_u_nyata_. Voir **Vacuité.**

Tantra. Littéralement « continuum ». Le terme *tantra* se réfère aux enseignements et pratiques ésotériques du bouddhisme, par opposition à la voie du *sutra,* reliée aux enseignements et pratiques exotériques du *mahayana.* Voir **Sutra ; Vajrayana.**

Tara (*Ta_ra*). Une des principales déités féminines de l'iconographie du bouddhisme *mahayana. Tara,* généralement de couleur verte, représente l'énergie et l'activité éveillées de tous les bouddhas. La légende de *Tara,* merveilleuse illustration de la force spirituelle et du potentiel féminins, est une source d'inspiration profonde pour des millions de femmes dans le monde du bouddhisme *mahayana.* Selon cette légende, voyant le petit nombre de bouddhas femmes, *Tara* jura qu'elle garderait sa forme féminine tout au long de son voyage spirituel et qu'elle atteindrait l'éveil parfait sous cette même forme.

Tatha_gata-garbha. Littéralement « l'essence de celui ou celle qui est parti ainsi ». Le *tatha_gata-garbha* désigne l'essence ou le potentiel de bouddhéité présent dans chaque être vivant. Selon le bouddhisme *mahayana,* tous les êtres possèdent un potentiel inhérent qui leur permet d'éliminer toutes les formes d'ignorance et d'atteindre l'éveil parfait. Voir **Bouddhéité ; Éveil.**

Tatha_gata. Littéralement « parti ainsi ». Ce terme est une épithète désignant les êtres éveillés en général et *Shakyamouni* en particulier.

Tchènrézi. *Tchènrézi* est le nom tibétain d'*Avalokites_vara,* le *Bodhisattva* de la Compassion qui représente la grande compassion de tous les bouddhas. Les Tibétains croient que *Tchènrézi* est la déité protectrice du Tibet et que tous les dalaï-lamas successifs en sont des manifestations humaines.

Tengyour. Si le Kangyour contient les traductions des textes attribués au Bouddha, le Tengyour, lui, contient les traductions des traités et commentaires composés par les érudits bouddhistes indiens. Cette collection contient plus de deux cents volumes qui traitent de tous les différents sujets relatifs aux études religieuses et philosophiques du bouddhisme, y compris la médecine et l'astrologie.

Terre Pure. Dans le bouddhisme mahayana une terre pure est une dimension purifiée, créée par la force de la compassion et la sagesse d'un bouddha ou d'un bodhisattva, une « terre » où les êtres aspirent à renaître afin de parfaire l'atteinte de l'éveil dans des circonstances plus propices. Les écoles ou sectes Terre Pure sont des écoles bouddhistes (d'origine chinoise et japonaise) où toutes les pratiques visent à assurer une renaissance dans une terre pure.

Théravada. La tradition bouddhiste dite « du Sud », qui fleurit au Sri Lanka, en Thaïlande, en Birmanie, au Cambodge, en Indonésie et au Viêt-nam. Voir **Hinayana ; Mahayana.**

Transformation de la pensée ou entraînement de l'esprit. Le terme *lo djong* en tibétain fait référence à une catégorie d'enseignements et de pratiques qui visent exclusivement le développement de la compassion et de la motivation altruiste. Une des caractéristiques principales du *lo djong* est de fournir au pratiquant des conseils précis sur la manière de transformer même les situations les plus difficiles en conditions propices à la pratique spirituelle. Le *lo djong* est associé au mouvement Kadam qui fleurit au Tibet vers le XIe siècle.

Triratna. Voir **Trois Joyaux.**

Trois Joyaux (les) (Triratna). Dans le bouddhisme, le Bouddha, le Dharma et le Sangha sont les Trois

Joyaux du Refuge car ils offrent un vrai refuge à tous ceux qui recherchent sérieusement la libération spirituelle. Parmi ces trois, le Dharma est dit le refuge véritable, car seule une expérience vivante de la vérité peut conduire à la libération. Le bouddha est le maître éveillé qui, par son expérience et ses qualités, nous montre le chemin à suivre. Le sangha, ou la communauté spirituelle, nous offre des compagnons de voyage fiables. Ces trois aspects du refuge sont des « joyaux » car ils sont rares et précieux. Voir **Bouddhéité ; Dharma ; Sangha.**

Trois *ka_yas* (les). Le principe des trois *kayas* présente la vue du *mahayana* quant à la nature de l'éveil total ou de la bouddhéité. Le terme sanskrit *ka_ya* signifie corps, incarnation ou personnification. Le *dharmaka_ya,* ou « corps de vérité », est, pour un bouddha, l'étendue ultime de la réalité finale de son éveil total. C'est l'espace inexprimable d'où surgissent spontanément les nobles actes d'un bouddha ou d'un être éveillé. Le *sambhogaka_ya,* ou « corps de jouissance parfaite » est la forme elle-même de l'esprit éveillé qui demeure dans les mondes, ou dimensions, parfaits. Cette manifestation subtile des êtres éveillés ne peut être perçue que par des bodhisattvas hautement réalisés. Aussi, afin d'accomplir le bien des êtres ordinaires que nous sommes, les bouddhas sont obligés d'adopter des formes physiques qui ressemblent à celles de notre mode d'existence. En d'autres termes, ils sont obligés de manifester des formes adaptées à notre tempérament et à nos perceptions : ce sont les « corps de manifestation » ou *nirmanaka_ya.* On voit bien le parallèle possible entre cette doctrine et celle de la Trinité chrétienne. Le *dharmaka_ya* ressemble au Père, le *sambhogaka_ya* à l'Esprit Saint, le *nirmanaka_ya* au Fils. Le parallèle devient encore plus frappant quand on examine les fonctions des trois corps et les rapports qui existent entre eux. Dans le bouddhisme *vajrayana,* ce principe des trois *ka_yas* va plus loin : chacun des trois est associé à la purification d'un des trois états, mort, état intermédiaire et renaissance. La doctrine des trois *ka_yas* recouvre ainsi une perspective fondamentale à l'égard de tous les phénomènes. Voir **Bouddhéité ; Éveil.**

Vacuité. Concept clef du bouddhisme mahayana, la doctrine de la vacuité, ou *s_u_nyata_,* remonte aux *Sutras sur la Perfection de la Sagesse* dans le Canon Bouddhiste *mahayana.* La vacuité se réfère à l'absence d'existence inhérente aussi bien des personnes que des choses. Il faut constamment se rappeler que la vacuité n'est pas un état ontologique, car elle est elle-même dépourvue d'existence inhérente. Nagarjuna fut le premier à développer pleinement cette doctrine dans son célèbre *Mulamadhyamaka.* Voir ***Ana_tman*** **; Nagarjuna ; Absence de soi.**

Vajrayana (*Vajraya_na*). Littéralement, le « véhicule de diamant ». L'aspect ésotérique du bouddhisme. Voir **Tantra.**

Vinaya sutra. Écriture des enseignements du Bouddha faisant autorité en matière de préceptes et de codes éthiques destinés aux moines et aux nonnes. Ce texte traite aussi de diverses questions concernant l'administration des monastères et la résolution des situations de conflit. Il est de tradition que l'abbé du monastère lise un passage de ce texte au moment des cérémonies de confession qui rassemblent les membres de la communauté deux fois par mois.

Vipas_yana. « Vue supérieure », « vision pénétrante » ou « compréhension profonde » sont des traductions possibles de ce terme sanskrit. Il s'agit en fait d'une capacité d'introspection profonde et pénétrante que l'on peut acquérir en associant analyse subtile et concentration parfaitement focalisée. Ensemble, *vipas_yana* et *s_amatha,* vision pénétrante et tranquillité mentale, forment le point culminant de l'union entre la méditation analytique et la méditation contemplative. Voir ***Sama_dhi*** **; Calme mental.**

Voie Octuple (la). La quatrième Noble Vérité, la voie juste comporte huit aspects : 1) la compréhension juste, 2) la pensée juste, 3) la parole juste, 4) l'action juste, 5) les moyens d'existence justes, 6) l'effort juste, 7) l'attention juste, et 8) la concentration (ou méditation) juste. Ensemble, ces huit aspects forment le cœur de la pratique spirituelle authentique.

NOTES

1. Le John Main Seminar est une rencontre annuelle en l'honneur du fondateur de la *World Community for Christian Meditation.* On trouvera des informations complémentaires sur John Main, la WCCM et le John Main Seminar à la fin de ce livre.

2. Charles Taylor est un philosophe canadien (auteur d'un livre sur la modernité traduit aux Éditions du Cerf, 1995). Jean Vanier est le fondateur de L'Arche, une communauté internationale d'inspiration chrétienne au service des handicapés mentaux.

3. Le christianisme est formé de plusieurs communautés qui partagent une foi commune, mais avec des accents différents dans l'interprétation des dogmes. Le catholicisme romain et les Églises orthodoxes orientales incarnent une tradition plus sacramentelle, hiérarchique et mystique, tandis que certaines branches de l'anglicanisme et des Églises réformées soulignent l'importance de l'Écriture, de la prédication et de l'action sociale. C'est ainsi que les ordres monastiques et religieux catholiques se sont multipliés, alors que les Églises protestantes ont insisté sur la vocation de tout le peuple à la sainteté. Le désaccord et la compétition qui ont marqué les rapports entre ces traditions tendent à disparaître aujourd'hui sous la poussée d'un esprit œcuménique nouveau

favorisant le respect mutuel et le partage des points de vue.

4. On fait ici allusion à trois des principaux ordres religieux catholiques : l'ordre bénédictin, qui s'enracine dans la *Règle de saint Benoît* (vers 480-550) se caractérise par l'autonomie des communautés monastiques locales, la vie commune préparant à la solitude de l'ermitage, la prière quotidienne régulière en communauté et l'équilibre entre l'action et la contemplation. L'ordre franciscain donna une expression institutionnelle à la grâce de la pauvreté et de l'amour de la nature que François d'Assise (1181-1226) fit rayonner au cours d'une vie itinérante de prédication, mettant l'accent sur l'humanité du Christ. L'ordre jésuite, ou Société de Jésus, créé par le mystique espagnol Ignace de Loyola (1491-1556), devait être une sorte de milice spirituelle de l'Église catholique, n'obéissant qu'au pape et se consacrant spécialement à la conversion des personnes les plus influentes de la société, une priorité qui a récemment fait place à « l'option pour les pauvres ».

5. En maintes occasions, comme une arrivée, un départ, un événement particulier, les Tibétains s'offrent de longues écharpes blanches en soie appelées des *katags,* en signe de bienvenue, de générosité et de respect pour la personne qui la reçoit.

6. Eileen O'Hea, sœur américaine de Saint-Joseph, est thérapeute et directeur spirituel ; John Todd est un auteur anglais et l'éditeur de John Main ; Isabelle Glover est une spécialiste anglaise de sanskrit ; William Johnston est un auteur jésuite d'origine irlandaise qui enseigne et étudie au Japon depuis 1951.

7. Au cours de sa première et dernière visite en Asie, le moine trappiste américain Thomas Merton eut plusieurs conversations avec le Dalaï-lama, que les deux hommes évoquèrent par la suite en termes chaleureux. Les commentaires de Merton figurent dans *Le Journal d'Asie* et dans le volume de ses *Lettres*.

8. John Henry Newman (1801-1890) se convertit au catholicisme romain à l'âge de 45 ans, venant de l'Église d'Angleterre. Il fut professeur à l'université d'Oxford. Auteur prolifique (lire surtout *Apologia Pro Vita Sua*, de 1864 [DDB, 1970], et *A Grammar of Assent*, de 1870). Il insista sur la différence entre le consentement réel et le consentement spéculatif, et analysa le rôle de la conscience. Il fut fait cardinal en 1879. Son intelligence brillante, sa grâce littéraire et sa profonde intériorité lui valent depuis quelque temps un regain d'attention de la part du public.

9. *Spiritual Friendship*, Washington, Cistercian Publications, 1974, chapitre 3, verset 62.

10. *Ibid.*, chapitre 1, verset 9.

11. Évangile de Jean, chapitre 15, verset 15.

12. Thich Nhat Hanh, un moine bouddhiste vietnamien vivant en exil en France depuis ses prises de position en faveur de l'arrêt de la guerre du Viêt-nam, est réputé pour enseigner le chemin de l'attention ordinaire, quotidienne. Son livre, *Bouddha vivant, Christ vivant* (Lattès, 1996), met en lumière les nombreux points communs aux pratiques spirituelles chrétienne et bouddhiste, tandis que le livre du pape, publié peu de temps auparavant, mettrait plutôt l'accent sur les importantes différences de croyances séparant les deux traditions.

13. L'Opus Dei est une organisation catholique romaine traditionaliste souvent critiquée par ses frères catholiques pour son manquement à vivre l'esprit d'ouverture et de renouveau inauguré par le Second Concile du Vatican (1962-1965). Le révérend Ian Paisley est le leader des extrémistes protestants d'Irlande du Nord, connu pour ses propos tranchés.

14. Évangile de Luc, chapitre 11, versets 9 et 10.

15. Saint Irénée (vers 130-200) fut le premier grand théologien catholique. Il était évêque de Lyon, mais il écrivait en grec. Dans la controverse avec le gnosticisme, il développa l'idée de la « récapitulation » selon laquelle l'évolution humaine serait comme résumée dans l'incarnation humaine de Jésus.

16. Dieu est inclusif dans le sens où rien d'existant ou de non existant ne peut lui être extérieur. Tout est en Dieu et Dieu est dans tout. D'après saint Paul, « Dieu est tout en tous ». La non-dualité de Dieu signifie que si Dieu ne peut pas être identifié à quelque chose, rien ne peut être dit séparé de Dieu. Dieu est donc le fondement de tout l'être : le « Je suis qui je suis » de la révélation biblique initiale à Moïse.

17. *Règle de saint Benoît,* chapitre 4.

18. La « culpabilité post-impérialiste » se réfère ici au sentiment collectif de honte que ressentent les générations actuelles en prenant connaissance des abus de pouvoir dont les générations précédentes se sont rendues coupables dans leur communauté. Une telle culpabilité doit être tempérée par la reconnaissance de la force du conditionnement.

19. Dans cette citation de son épître aux Colossiens (2, 9) saint Paul affirme que la totalité de la Réalité divine, ou Divinité, est présente dans l'humanité de Jésus. « Car en lui habite corporellement toute la plénitude de la divinité. »

20. Lao Tseu (vers 570-490 av. J.-C.) est un fondateur du taoïsme et l'auteur du livre chinois le plus traduit, le *Tao Te king*. Il enseigne que le *tao,* ou *voie,* se réalise idéalement en abandonnant les catégories et les valeurs pour accéder à une perception directe de la réalité.

21. Les premiers penseurs chrétiens héritèrent de la foi juive en un seul Dieu personnel qui œuvre dans l'histoire pour le bien du monde. Ils durent affronter la spéculation philosophique et mythologique des Grecs, le système de croyance prédominant de l'époque, caractérisé par sa tendance à l'abstraction, opposée au réalisme juif, et par un panthéon de divinités, incompatible avec la Divinité unique de la conception judéo-chrétienne.

22. Héraclite (vers 540-475 av. J.-C.) fut un fondateur de la philosophie et de la métaphysique grecques. Il s'attacha à montrer la nature transitoire de toute chose, même de celle qui paraît la plus stable (« On ne peut se baigner deux fois dans le même fleuve »), et sur le plan éthique, il attaqua la superstition et souligna l'importance de la soumission individuelle à l'harmonie universelle. La seule œuvre qui lui soit attribuée en toute certitude est le traité *De la nature,* mais on conserve plusieurs recueils de fragments de sa pensée.

23. Le point important, ici, est que l'affirmation de l'unicité n'entraîne pas obligatoirement l'exclusi-

visme. À un certain niveau de notre individualité l'unicité nous sépare de nos congénères bien qu'elle ne nous rende pas forcément « meilleur ». À un niveau plus profond, une plus haute réalisation de la vérité, l'individualité est un état où nous sommes uniques mais indivisibles de tous les autres. L'unicité chrétienne peut donc être comprise comme divisante à un niveau et intégrante à un autre.

24. François-Xavier (1506-1552) prêcha la foi chrétienne sur de vastes territoires et obtint un grand nombre de conversions en Inde et au Japon. Originaire d'une riche famille espagnole, il fut l'un des premiers jésuites.

25. Le *Vedanta* (*vedanta*) est la plus répandue des six écoles de l'ancienne philosophie spéculative indienne. Son plus grand maître, Shankara (vers 788-850), prônait la voie de la connaissance. Il formula un système de non-dualisme (*advaita*), et fonda un ordre monastique. Ce système affirme que seul le brahman est réel et que la non-réalité est dissipée par la méditation et l'illumination. On trouvera une brève introduction historique à ces quatre écoles du bouddhisme tibétain par les chefs de ces traditions, dans Graham Coleman (ed.), *A Handbook of Tibetan Culture* (Rider, 1993).

26. Le jésuite Matteo Ricci (1552-1610) fut missionnaire en Chine. Il gagna le respect de ses hôtes grâce à sa culture et à sa connaissance scientifique. Il s'habillait et pensait à la manière d'un philosophe chinois, mais à Rome son attitude fut considérée avec suspicion et lui valut une désapprobation officielle. La question de l'« inculturation » est toujours une médiation essentielle pour la vie chrétienne hors de l'influence occidentale.

27. La *Bhagavad Gita* (« chant de Dieu ») est l'un des textes sacrés indiens les plus marquants et les plus appréciés. Elle fait partie du monument de la littérature sanskrite qu'est le *Mahabharata,* et traite de thèmes essentiels : le *karma,* le non-attachement et la *bhakti* ou dévotion à Dieu, sous la forme d'un dialogue entre Krishna et Arjuna sur le champ de bataille.

28. Ces termes clefs du vocabulaire chrétien peuvent facilement être mal compris par une spiritualité qui serait obsédée par le péché aux dépens de la ressemblance divine des êtres humains. Les envisager sous l'angle suivant devrait aider à renouveler leur sens : la pauvreté, comme non-possessivité sur le plan spirituel autant que matériel ; le repentir, comme acceptation de la part d'ombre de la psyché ; la perte de soi, comme le dépassement de l'ego ; être en Christ, comme l'union de notre conscience avec la sienne ; la simplicité, comme l'état d'une conscience non divisée ; l'Esprit, comme la forme la plus haute de communication ; le mystère, comme ce qui se situe au-delà de la compréhension mentale mais est ressenti comme la réalité la plus forte.

29. Cette histoire est racontée dans le *Culamalunkyasutta* ou *Courts discours à Malunkyaputta,* qui figure dans le *Majjhima Nikaya* ou *Moyens Discours du Bouddha* (collection des textes du canon bouddhique pâli, éd. Les Deux Océans, 1987).

30. Évangile de Luc, chapitre 10, verset 21.

31. Seconde épître aux Corinthiens, chapitre 10, verset 3.

32. Naturellement, ceci ne signifie pas que le bouddhisme soit théiste, même « inconsciemment ». *Dieu* est un terme qui englobe de multiples sens. L'orateur et le contexte préciseront son sens à chaque occasion. Cependant, le Bouddha n'a pas présenté le nirvana comme une expérience purement subjective : « Il existe un non-né, non-devenu, non-fait, non-composé et sans ce non-né... aucune issue ne pourrait être indiquée à ce qui est né, est devenu, est fait, est composé » (*Udana* 18). Chrétiens et bouddhistes ne donneront pas la même interprétation de cette déclaration, mais les points de convergence sont nombreux. (Pour une étude plus poussée, voir *Mysticism : Buddhist and Christian, Encounters with Jan Van Ruysbroec, Paul Mommaers and Jan Van Bragt*, Crossroad, New York 1995, d'où cette citation est extraite.)

33. Le Nuage d'inconnaissance est un traité mystique anglais d'un anonyme du XIVe siècle, s'inscrivant dans la tradition apophatique de la prière chrétienne. Voir la traduction d'Armel Guerne (Le Seuil, 1977).

34. Sermon (LXXXIII).

35. Nicolas de Cues, *La Vision de Dieu*, chapitre 12.

36. La « fraction de la parole » désigne la lecture de l'Écriture et l'approfondissement de la connaissance intuitive de ses multiples niveaux de sens.

37. Saint Paul dit que la lettre tue tandis que l'esprit fait vivre. Il entend par là qu'une interprétation littérale de l'Écriture ou des commandements religieux étouffe l'esprit. Le vrai sens du langage et du comportement religieux est accessible au cœur et non à la pensée littérale (fondamentaliste).

38. Le Livre de Josué, qui fait partie de la Bible juive, ou Ancien Testament, rapporte les pérégrinations des Israélites après la mort de Moïse. L'histoire de Rahab relate comment elle cacha les espions israélites qui avaient pénétré dans la ville de Jéricho avant qu'ils n'y mettent le siège, sauvant ainsi sa famille après la chute de la ville (Josué 2, 1).

39. Commentaire sur l'épître aux Romains, chapitre 7, verset 1.

40. Voir la notice sur la *foi* dans le glossaire des termes chrétiens.

41. Ramana Maharshi (1879-1950) vécut une expérience d'immersion dans la mort à l'âge de 16 ans, d'où il ressortit avec une pleine conscience du Soi. Il vécut et enseigna la plupart du temps en silence, dans un ashram qui se forma autour de lui au pied de la montagne sacrée d'Arunachala en Inde du Sud. L'authenticité de son témoignage retint l'attention de Carl Jung, S. Radhakrishnan, Arthur Osborne, et un flot de visiteurs venus du monde entier et qu'attire, de nos jours encore, son *darshan.* Dans son enseignement, il rappelait vigoureusement ses disciples à leur vrai Soi par la pratique toute simple de l'« auto-interrogation » : Qui suis-je ?

42. Voir *Le Tibet depuis l'occupation chinoise en 1950,* p. 303.

43. En termes chrétiens, toute conscience dérive de l'Être de Dieu et participe à la vie divine. D'après saint Jean, « Dieu est lumière, et il n'y a pas de ténèbres en Dieu ». La lumière est un symbole privilégié de l'imagerie chrétienne, du Christ, d'une part (« Lumière du

monde »), et des hommes qui reflètent ou irradient la conscience divine (« Vous êtes la lumière du monde »), d'autre part.

44. Le monastère bénédictin de Montserrat près de Barcelone, datant du XIe siècle, est un lieu de pèlerinage. C'est là que saint Ignace de Loyola, fondateur des jésuites, abandonna sa carrière militaire après sa conversion. La légende y situe également le château du Saint-Graal. Le Dalaï-lama visita le monastère lors d'une tournée d'enseignement en Europe en septembre-octobre 1982.

45. En octobre 1986, Sa Sainteté le pape Jean-Paul II invita des chefs religieux du monde entier à venir prier pour la paix à Assise. Tous les grands leaders spirituels, dont Sa Sainteté le Dalaï-lama, étaient présents. L'événement a marqué les mémoires, et des rencontres similaires se sont déroulées depuis lors à Rome, en Pologne et en Asie.

46. Lourdes est devenu un grand centre de pèlerinage, où se produisent des guérisons physiques et mentales, depuis que la Vierge Marie est apparue à Bernadette Soubirous, une paysanne de 14 ans, en 1858.

47. Traduit en anglais par John Dunne.

48. La lumière est un symbole important du culte chrétien. Dans les églises catholiques, une lumière brûle en permanence pour signifier la présence du Saint Sacrement, et les bougies placées sur l'autel pendant la célébration eucharistique symbolisent la présence du Christ en tant que « lumière du monde ».

49. Le titre sanskrit est *Siksasamuccaya.*

50. Il est clair, d'après son traité *Sur les Premiers Principes* et sa théorie de l'âme qu'Origène, au IIIe siècle, pensait que la croyance en la réincarnation méritait d'être discutée avec sérieux ; lui-même l'avait étudiée dans la *métempsycose* des Grecs et des gnostiques. Moins claires sont ses propres vues sur le sujet telles qu'elles apparaissent dans son commentaire sur la phrase de l'Évangile souvent citée pour montrer qu'une telle croyance était possible à l'époque de Jésus (Matthieu 11,14).

51. Le terme de *saisie égoïste* désigne ici la tendance psychologique innée à « saisir » ou à rester attaché à un moi, ou ego, illusoire. Cette tendance est l'ignorance fondamentale que le Bouddha enseigna comme source essentielle de la souffrance continuelle des êtres dans l'existence conditionnée.

52. En tant que source unitaire de toute diversité et dualité dans le monde, il n'est pas possible de restreindre Dieu à un sexe masculin ou féminin bien qu'en même temps il demeure réellement personnel. Cependant, les racines patriarcales du christianisme ont conduit à l'attribution d'un caractère masculin à Dieu, renforcé par la masculinité humaine de Jésus et le fait qu'il était vu comme le « Fils » du « Père ». Deux personnes de la Trinité étant considérées comme masculines, la troisième, l'Esprit Saint, a traditionnellement été ressentie comme le côté féminin de Dieu. De nos jours, les théologiens féministes soulignent la possibilité d'une perception féminine de la divinité et la largeur de l'éventail des images bibliques à notre disposition pour décrire Dieu. Voir par exemple, *She Who Is* d'Elizabeth Johnson.

53. « Les Huit Strophes de la Transformation de la Pensée » de Geshe Langri Thangpa. Ce court texte appartient aux enseignements sur le *lo jong,* ou transformation de la pensée, et fut composé à l'époque où l'école bouddhique kadam était florissante au Tibet. La traduction s'appuie sur une version de Lama Thubten Zopa Rinpoche.

54. L'image d'arc-en-ciel la plus célèbre de la Bible figure dans l'épisode du Déluge (Genèse 6, 5-9) que Dieu déchaîna sur la terre pour tout détruire à cause de la méchanceté des hommes. Seul Noé et un couple de chaque espèce animale furent sauvés dans l'Arche. On relève des récits de déluges analogues dans la mythologie mésopotamienne. L'arc-en-ciel qui apparaît après le retrait des eaux était le signe que Dieu s'engageait solennellement à ne plus jamais punir le monde de cette manière. Les nuages sont des symboles de la présence du mystère de Dieu, comme, par exemple, la nuée qui couvre le mont Horeb pendant que Moïse s'entretient avec Dieu, ou la nuée qui mène les Israélites à travers le désert.

55. Pour en savoir plus sur ce célèbre lac et le rôle qu'il a joué dans la découverte du jeune garçon qui allait devenir Sa Sainteté le Dalaï-lama, voir *Au loin la liberté* (autobiographie du Dalaï-lama) ; et le livre de Vicki Mackenzie *L'Enfant lama* (Laffont, 1992).

56. Saint Paul déclare que « le mystère est ceci : Christ en vous ». L'intériorité de la présence personnelle du Christ est un article essentiel de la foi chrétienne. Elle complète plus qu'elle ne contredit la croyance en la dimension cosmique de la présence du Christ.

57. Traduit en anglais par Jeffrey Hopkins et Lati Rimpoche dans *The Buddhism of Tibet* (George Allen & Unwin, 1975).

58. Il ne convient pas de restreindre notre compréhension de la perfection au sens moral. Par exemple, nous disons d'une paire de chaussures qu'elle est « parfaite » quand elle est bien faite et en bon état. La conception hébraïque de la perfection recouvre ce sens pratique et le sens moral d'être en harmonie avec l'Esprit de Dieu qui inlassablement fait miséricorde et apporte la guérison. Aussi, Jésus nous demande d'« être parfait comme votre Père du ciel est parfait ». Ici, la perfection est celle de l'amour et non celle d'une simple obéissance à la loi.

59. *Advaitique* au sens littéral signifie *non-deux* et se réfère à la doctrine hindouiste de la non-dualité. Dieu et le monde, par exemple, ne sont pas un, mais ne sont pas deux non plus. Voir note 25.

LE TIBET
DEPUIS L'OCCUPATION CHINOISE EN 1950

Depuis 1959, une résistance plus vigoureuse a été écrasée par une répression impitoyable. Un cinquième de la population, soit 1,2 million de Tibétains, ont péri sous l'occupation chinoise. Plus de 6000 monastères et lieux sacrés ont été détruits. L'enseignement du bouddhisme est interdit, et les moines et nonnes sont systématiquement expulsés de leurs monastères. Les ressources naturelles et l'écologie fragile du Tibet subissent des dommages irréparables.

Des milliers de prisonniers religieux et politiques sont aujourd'hui emprisonnés ou internés dans des camps de travail où la torture est monnaie courante. Les femmes tibétaines sont soumises à des stérilisations obligatoires et des avortement forcés. Autrefois paisible État tampon entre l'Inde et la Chine, le Tibet a été transformé en une vaste base militaire abritant le quart des missiles de la Chine.

Dès 1960, la Commission internationale des juristes déclarait qu'un génocide était bel et bien perpétré et que seize articles de la Déclaration universelle des droits de l'homme étaient violés. L'Assemblée générale des Nations unies a voté trois résolutions condamnant la Chine pour ces violations. Le Dalaï-lama continue de plaider la cause de son pays et de son peuple auprès des Nations unies et des chefs des nations du monde.

BIOGRAPHIES

Tenzin Gyatso, quatorzième Dalaï-lama

Sa Sainteté le Dalaï-lama, Tenzin Gyatso, est né le 6 juillet 1935 dans une famille de paysans pauvres de la province d'Amdo au nord-est du Tibet. De ses quinze frères et sœurs seuls six ont survécu : deux filles et quatre garçons. À l'âge de deux ans, il fut reconnu comme le quatorzième de la lignée des Dalaï-lamas, le précédent étant mort en 1933. Le titre de *Dalaï-lama* signifie « océan de sagesse », et ceux qui le portent sont considérés comme des manifestations du Bodhisattva de la Compassion, Chenrezig. Accompagné de sa famille, le jeune Dalaï-lama alla vivre à Lhassa où il reçut une formation religieuse et spirituelle complète. Il fut officiellement intronisé le 22 février 1940. En 1959, il passa son examen final à Lhassa au cours de la fête annuelle de prière du *Mönlam.* Il réussit brillamment, puisqu'on lui décerna le grade le plus élevé de *geshe,* qui équivaut approximativement au doctorat en philosophie bouddhique.

Tenzin Gyatso fut le premier Dalaï-lama à entrer pleinement en contact avec la technologie moderne, et il montre un vif intérêt pour la science. La radio est un de ses passe-temps favoris.

Avant les années 50, le Tibet était gouverné comme un État religieux où le Dalaï-lama exerçait le pouvoir à la fois spirituel et séculier. Chaque Tibétain se sent profondément et viscéralement lié au Dalaï-lama qui incarne le Tibet dans toute sa signification spirituelle et naturelle. Jusqu'à la nomination d'un ministre des Affaires étrangères en 1942, cette fonction paraissait inutile tant le Tibet était isolé du reste du monde. Le 7 octobre 1950, l'armée chinoise franchissait les frontières souveraines du pays. Dominé militairement, et partisan de la non-violence, le Dalaï-lama crut qu'un accord de cohabitation garantissant l'autonomie du Tibet pourrait être signé avec la Chine. Dans cet espoir, il se rendit à Pékin en 1954 pour négocier la paix avec Mao Ze Dong.

En mars 1959, les troupes chinoises d'occupation réprimèrent brutalement un soulèvement populaire. Sa position et sa vie étant en danger, le Dalaï-lama s'enfuit en Inde où le gouvernement lui accorda le droit de s'installer à Dharamsala dans l'État de l'Himachal Pradesh. Il fut suivi dans son exil par plusieurs milliers de Tibétains. Plusieurs milliers d'autres, restés au Tibet, ont été tués ou torturés par les forces chinoises d'occupation. Les monastères ont été détruits systématiquement et un véritable génocide culturel fut programmé et mis en place.

En 1963, le Dalaï-lama présenta un projet de constitution démocratique pour son pays et, en 1992, il prit l'engagement de renoncer à toute autorité politique et historique dès que le Tibet aurait retrouvé son indépendance.

Le Dalaï-lama a toujours déclaré que, tant qu'il dirigerait les affaires du Tibet, il poursuivrait une politique de non-violence. Selon lui, toute solution fondée sur l'usage de la force est, par nature, temporaire. « Le désarmement extérieur procède d'un désarmement intérieur. La seule garantie de la paix se trouve à l'intérieur de vous-même. » Son engagement inconditionnel en faveur de la paix a été reconnu par la communauté internationale, qui lui décerna le Prix Nobel de la Paix en 1989.

Le Dalaï-lama trouve des mots simples et touchants pour parler de la nature humaine. Sa maîtrise des arcanes et des complexités de la pensée bouddhique est telle qu'aux yeux de ses disciples il fait plus qu'enseigner le Dharma : il l'incarne. Pour lui, le bouddhisme n'est ni un dogme ni une religion mais un mode de vie dans la paix, la joie et la sagesse. Il met l'accent sur la responsabilité universelle et l'interdépendance des individus et des nations dans la réalisation de la bonté essentielle de la nature humaine. Pendant des années, le Dalaï-lama a voyagé inlassablement, pour enseigner la paix et dispenser la sagesse et la joie.

Lors du séminaire John Main de 1994, il a commenté les Évangiles chrétiens pour la première fois et a entamé un dialogue sur leur signification avec des chrétiens. Cette démarche s'inscrivait dans une longue suite d'engagements en faveur du dialogue interreligieux, qui l'avait amené à rencontrer le pape Jean-Paul II à plusieurs reprises. Le Dalaï-lama considère que le respect pacifique des religions entre elles, qu'exige l'ère dans laquelle nous vivons, doit naître non du partage de la seule pensée, mais plus profondément de celui de l'expérience contemplative. C'est pourquoi, trois fois par jour, il médita en silence avec les participants au séminaire.

Père Laurence Freeman, OSB

Laurence Freeman est né en Angleterre en 1951. Il étudia chez les bénédictins et passa un diplôme supérieur de littérature anglaise à l'université d'Oxford. Il devint moine bénédictin et étudia sous la direction de John Main, son ami et maître auquel il se joignit pour enseigner la tradition chrétienne de méditation à travers le monde. Moine au monastère de Christ the King à Londres, de la congrégation olivétaine, il est maintenant directeur de la *World Community for Christian Meditation.* Il enseigne beaucoup, et il écrit. Il est l'auteur de *Light Within, The Selfless Self, A Short Span of Days,* et *Web of Silence* ainsi que de nombreux enregistrements et articles.

Robert Kiely

Robert Kiely est professeur Donald P. et Katherine B. Loker de littérature américaine et anglaise, et maître de l'Adams House à la Harvard University. Il enseigne la fiction des XIXe et XXe siècles, la Bible anglaise, la littérature de réflexion chrétienne, et les origines du roman. Il concentre ses recherches sur le récit et sa théorie, et la communication. Il est l'auteur de *Robert Louis Stevenson and the Fiction of Adventure* (1964), *The Romantic Novel in England* (1972), *Beyond Egotism : The Fiction of James Joyce, Virginia Woolf, and D. H. Lawrence* (1980), et *Reverse Tradition : Postmodern Fictions and the Nineteenth-Century Novel* (1993). Robert Kiely est un oblat bénédictin et le président du Comité directeur de la *World Community for Christian Meditation.*

Geshe Thupten Jinpa

Il est le principal interprète du Dalaï-lama en philosophie, religion et sciences, depuis 1986. Depuis cette date, il a passé brillamment des diplômes supérieurs à l'université monastique Ganden en Inde, et à l'université de Cambridge en Angleterre où il poursuit des recherches au Girton College. Thupten Jinpa a publié de nombreux ouvrages. Il réside actuellement avec sa femme à Cambridge.

Les participants

Maureen Allan est née en 1923. Pendant la guerre, elle travailla au Women's Royal Naval Service à Colombo, Mombasa et Londres. Elle servit comme officier d'ordonnance au Chef de la Délégation de l'Amirauté britannique, et fut Chef d'État-Major interarmes à Washington DC. Elle a beaucoup travaillé bénévolement dans la circonscription électorale de son mari, Lord Allan of Kilmahew. Depuis 1955, elle vit sur ses terres à Froyle dans le Hampshire et participe activement à la vie de la paroisse anglicane locale. Elle pratique la méditation des mantras et étudie depuis trente ans l'*Advaita,* la philosophie du non-dualisme, en tant que membre de la Study Society. Lady Allan est membre du Lord Mayor Treloar Trust pour les enfants handicapés physiques, et du Comité directeur de la *World Community for Christian Meditation.*

Ajahn Amaro (Jeremy Horner) est né dans le Kent en Angleterre en 1956. Il étudia la psychologie et la physiologie au Bedford College de l'université de Londres. Avant de passer son diplôme, il visita le nord-est de la Thaïlande où il séjourna dans un monastère bouddhiste. En 1978, il devint *anagarika,* et quatre mois plus tard *samanera.* L'année suivante, il reçut l'*upasampada* d'Ajahn Chah.

Le Vénérable Amaro resta deux ans en Thaïlande. À son retour en Angleterre, il rejoignit Ajahn Sumedho au monastère nouvellement fondé de Chithurst.

En 1983, Ajahn Sumedho lui demanda d'aller résider au vihara de Harnham. Il demanda la permission, qui lui fut accordée, de faire le chemin à pied. En 1984, il écrivit un livre sur sa marche de 1 330 kilomètres intitulé *Tudong : The Long Road North.*

Isabelle Glover enseigne le sanskrit et le pâli dans deux centres de Londres, et dans un centre d'enseignement par correspondance qu'elle a contribué à créer. Elle étudie le *Vedanta* et sa pertinence pour les chrétiens depuis quarante ans. Isabelle a dirigé des retraites intitulées « Les écritures indiennes comme lecture spirituelle pour les chrétiens » et « Sanskrit facile pour professeurs de yoga ». Elle médite et est une oblate bénédictine. Elle aime la musique et le jardinage. Son mari Peter est ingénieur et professeur de yoga, de méditation et de relaxation par la conscience de la respiration. Ils ont trois enfants et neuf petits-enfants.

Peter Ng est directeur général adjoint de la Government of Singapore Investment Corporation qui gère les investissements de Singapour à l'étranger. Avec sa femme Patricia, il lança le premier groupe de méditation chrétienne à Singapour en 1988. Ils coordonnent maintenant les activités d'une vingtaine de ces groupes. Peter est membre du Comité directeur de la *World Community for Christian Meditation.*

Eileen O'Hea est sœur de Saint-Joseph à Brentwood, New York. Elle est titulaire d'un M.S.W. de l'université de Fordham et d'un M.A. de psychologie pratique du Manhattan College. Elle travailla trois ans comme thérapeute familiale au Center for Family Learning de New Rochelle, N.Y. Elle travaille en cabinet privé à Saint Paul dans le Minnesota, où elle fait de la psychothérapie et de la direction spirituelle.

Elle enseigne la méditation chrétienne et fait partie du Comité de la *World Community for Christian Meditation.* Elle est l'auteur du livre *Woman : Her Intuition for Otherness* et des enregistrements *Silent Wisdom/Hidden Light : Christian Meditation and the Transformation of Consciousness* et, en collaboration avec sœur Kate Martin, OPC, de *Rain for the Sea.*

John Main

John Main est né à Londres en 1926 dans une famille irlandaise. Il étudia le droit, apprit le chinois et servit dans le British Foreign Service en Malaisie. C'est là qu'il fut initié à la méditation par un moine indien. À cette époque, la prière silencieuse, non conceptuelle, était rare et inconnue de la plupart des chrétiens. La longue tradition contemplative chrétienne était tombée dans l'oubli et avait été largement remplacée par la « prière mentale » et le rituel. Après son service en Orient, John Main rentra en Europe où, méditant toujours, il devint professeur de droit international au Trinity College de Dublin.

Il se fit moine bénédictin en 1958 à Londres et on lui conseilla d'arrêter de méditer, car cette pratique n'était pas considérée comme faisant partie de la tradition chrétienne de prière. Mais en 1969, il redécouvrit une tradition chrétienne de méditation – ou prière pure, comme on l'appelait – enseignée au IVe siècle par Jean Cassien qui transmit les enseignements des Pères du désert, les premiers moines de la chrétienté, à saint Benoît et à l'Église d'Occident.

Étant revenu à sa pratique de la méditation, John Main consacra alors le reste de sa vie à enseigner aux laïcs cette tradition perdue. Il était convaincu de l'importance pour le monde de restaurer dans la vie quotidienne une pratique spirituelle de la profondeur.

Il recommandait deux périodes de méditation, le matin et le soir, qui pouvaient aussi être intégrées à d'autres formes de prière.

En 1980, le père John accueillit Sa Sainteté le Dalaï-lama lors d'une rencontre interreligieuse à la cathédrale de Montréal, ville où le père John avait été invité par l'archevêque à fonder une communauté bénédictine dédiée à la pratique et à l'enseignement de la méditation chrétienne au cœur de la ville. Quand Sa Sainteté rencontra la communauté, il eut un entretien privé avec le père John au cours duquel ils échangèrent leurs vues sur l'importance d'une coopération entre traditions spirituelles si l'on veut œuvrer pour la sagesse et la paix du monde moderne.

John Main mourut en 1982. Son œuvre est poursuivie aujourd'hui par un réseau mondial et en expansion de groupes de méditation chrétienne. La *World Community for Christian Meditation* possède maintenant un centre international à Londres et organise chaque année le John Main Seminar.

Le Séminaire John Main – De 1984 à 1996

1984 Isabelle Glover : Écritures indiennes comme lecture chrétienne.
1985 Robert Kiely : La quête de Dieu dans la littérature moderne.
1986 John Todd : La nouvelle Église.
1987 Derek Smith : Sur la lecture.
1988 Charles Taylor : Identité chrétienne et modernité.
1989 Balfour Mount : Sur la totalité.
1990 Eileen O'Hea : Esprit et psyché.
1991 Bede Griffiths : Méditation chrétienne : une tradition en évolution.
1992 Jean Vanier : De la fracture à la totalité.

1993 William Johnston : Le nouveau mysticisme chrétien.
1994 Le Dalaï-lama : Le bon cœur.
1995 Laurence Freeman : Sur Jésus.
1996 Raimon Panikkar : Le silence de la vie.

Medio Media

Medio Media est la branche éditoriale de la *World Community for Christian Meditation.* Elle s'emploie à faire connaître l'enseignement de la méditation selon la tradition chrétienne, en particulier dans les œuvres de John Main. Elle s'efforce également de faire avancer le dialogue croissant entre méditants et quêteurs spirituels de toutes traditions sur la base d'une expérience profonde du silence commune à toutes les religions.

Le catalogue des publications de Medio Media comprenant des livres, des cassettes et des vidéos de John Main, Bede Griffiths, Laurence Freeman, William Johnston et le Dalaï-lama, entre autres, est disponible auprès de :

Medio Media
23 Kensington Square
London W8 5HN
Royaume-Uni
tél. : 0171/937 4679
fax : 0171/937 6790

La World Community of Christian Meditation

La méditation crée la communauté. Depuis le lancement du premier Christian Meditation Center par John Main en 1975, une communauté de méditants chrétiens toujours plus nombreuse s'est créée dans le monde entier. Les méditants commencent souvent par se réunir en petits groupes hebdomadaires et le réseau de ces groupes soutient et encourage les personnes qui veulent persévérer dans leur pratique de la méditation, matin et soir.

Ces groupes se réunissent chez des particuliers, dans des locaux paroissiaux, des écoles, des prisons, des entreprises, des associations et des administrations. Les réunions commencent par un court enseignement sur la méditation, souvent extrait de la série d'exposés enregistrés de John Main, puis le groupe médite ensemble en silence pendant une demi-heure. Ensuite, un temps est prévu pour la discussion. Les groupes sont œcuméniques par nature et ouverts à tous ceux qui recherchent sincèrement le silence.

Vingt-sept Christian Meditation Centers, certains dans leurs propres locaux, d'autres domiciliés chez des particuliers, enseignent la voie du silence de tradition chrétienne. Les centres aident à coordonner les groupes hebdomadaires et à organiser des retraites régulières, des séminaires et d'autres rencontres.

Le Centre International de Londres coordonne cette communauté mondiale de méditants. Un bulletin trimestriel contenant un enseignement spirituel et des réflexions est envoyé de Londres et distribué par un certain nombre de centres nationaux, avec des informations locales et internationales sur les retraites et les autres événements organisés par la Community. Un John Main Seminar se tient annuellement en alternance en Europe et en Amérique du Nord. Ce Centre est entièrement financé par des dons, collectés essentiellement par l'association des Friends of the International Center.

Si vous voulez contacter un groupe proche de chez vous, vous pouvez écrire directement au Centre international de Londres :

The World Community
for Christian Meditation
International Center
23 Kensington Square
London W8 5HN
Royaume-Uni
tél. : 00 44 171 937 4679
fax : 00 44 171 937 6790
adresse Internet : 106636.1512@compuserve.com

Vous pouvez consulter sur Internet le site du Centre mondial de Méditation chrétienne (WWCCM) et son forum de discussion sur : http//www.wccm.org.

Adresse du bureau du Tibet à Paris :

Bureau du Tibet
84, boulevard Adolphe-Pinard
75014 Paris

Comité de soutien au peuple tibétain :

Comité de soutien au peuple tibétain
2, rue d'Agnou
78580 Maule

Minitel : 3615 Tibet-info

4739

Achevé d'imprimer en France (Malesherbes)
par MAURY-IMPRIMEUR
le 4 juin 2013

Dépôt légal novembre 2009.
EAN 9782290011881
1er dépôt légal dans la collection : janvier 1998
N° d'impression : 182328

ÉDITIONS J'AI LU
87, quai Panhard-et-Levassor, 75013 Paris

Diffusion France et étranger : Flammarion